NF文庫
ノンフィクション

証言・南樺太
最後の十七日間

知られざる本土決戦　悲劇の記憶

藤村建雄

潮書房光人新社

はじめに

皆さんは「樺太」という島をご存知であろうか。北海道の最北端である稚内から宗谷海峡を挟んで約四十三キロのところに位置し、現在、ロシアが「サハリン」と呼んで実効支配している島である。

昭和二十年七月、連合国は日本に対し、ポツダム宣言を発して降伏を迫っていた。第二次世界大戦は誰の目にも連合国の勝利は明らかで、それに抗っていたのは、日本だけであった。当時、日本は本土の一部である沖縄が陥落し、中規模以上の都市はほとんどB29による空襲で焼き尽くされながらも本土決戦に最後の望みをかけていたが、同時に藁にもすがる気持で、中立条約を結んでいたソ連に連合国との和平仲介を依頼していた。ソ連は日本の要望を聞きながらも、米英両国にその内容と和平仲介する意思のないことを通報していた上、対日戦に備えて、ドイツを降伏させた部隊をシベリア鉄道で極東地域に輸送していた。

日本側もソ連軍の動きを把握し、ソ連参戦時期の判断に違いはあっても、対日参戦そのものを疑う軍人はいなかった。それだけに、日本側がソ連の対日参戦意図に気付いているとソ連軍に悟られることが、逆に戦争を誘発すると考え、日ソ関係が極度の緊張状態にあることを民間人には一切知らせず、満州にいたってはソ連参戦直前まで開拓団を国境付近に送り込んでいた。

樺太防衛は昭和二十年二月に編成された第八十八師団に託されていた。樺太の日ソ国境であった北緯五十度線付近ではソ連軍を刺激しないよう、国境を監視する第八十八師団直属の向地《こうち》視察隊の兵士は陣地を出る際は、必ず黒色の警察官の制服に着替えていた。また、国境付近で陣地を構築中の兵士はヒグマが部隊のすぐそばに出没しても、はるか三百五十キロ離れた豊原《とよはら》の第八十八師団司令部にいる師団ナンバー2の参謀長の許可を得るまで発砲しないなど、細心の注意を払っていた。

樺太はこれまで一度も空襲を受けたことがなく、東京をはじめ、日本各地の空襲で焼け出された人達が疎開して来ていた。またソ連と国境を接していながらも、民間人はソ連軍が対日参戦準備をしているとは思わず、日ソ中立条約の有効期限があと一年残っているからまだ大丈夫と思う人が多かった。そのため、住民の中には「樺太天国」と呼ぶ者もいたくらいだ。その樺太が八月九日、国境地帯でのソ連軍の砲撃によって、沖縄に続き日本国内で二番目の住民を巻き込んだ戦場となったのである。

八月十五日に日本軍はソ連軍以外の連合国軍との戦闘が終了したが、樺太では民間人をも巻き込んだ戦闘が激化し、日ソ間に停戦交渉が成立したのは、八月二十二日。日本軍とソ連軍以外の連合国軍との戦闘終了から遅れること一週間である。民間人の死傷者はこの一週間に集中している。

しかし、ソ連軍は停戦協定成立後も軍事行動を継続し、それはソ連軍が大泊を占領する八月二十五日まで続いた（第八十八師団全体の武装解除完了は八月二十八日）。

樺太でも沖縄戦と同様に十五歳から六十歳の男性、十七歳から四十歳の女性からなる国民義勇戦闘隊が編成され、恵須取《えすとる》ではソ連軍と直接戦闘が行なわれた。

沖縄戦では疎開船である対馬丸が撃沈されたが、樺太戦では、樺太から北海道へ避難する老幼婦女子を満載した緊急疎開船三隻が、北海道留萌沖でソ連潜水艦の砲雷撃を受け、二隻が撃沈、一隻が大破して一七〇八名以上が命を落とすという痛ましい事件（三船殉難事件）も起きた。偶然にも、対馬丸が撃沈されたのは昭和十九年八月二十二日、三船殉難事件が起きたのは昭和二十年八月二十二日と一年違いの同月同日である。ただ、この二つの事件には決定的な違いがある。上記の日付からわかるように、対馬丸が撃沈されたのは「戦争中」であり、三船殉難事件が起きたのは、ポツダム宣言受諾後、つまり私たち日本人にとっての「戦後」である。

八月十五日以降に自分たちの故郷から避難する人々の行列にソ連機による空襲が行なわれたり、地上戦に巻き込まれた民間人による集団自決は、沖縄同様に樺太各地でも起きている。

北部国境地帯から着の身着のままで、はるばる樺太南部の豊原まで避難し、豊原駅前広場に集まっていた老幼婦女子に対し、ソ連軍機が銃爆撃を行ない、多くの死傷者をだしたのも

「戦後」、それもソ連との停戦協定成立後である。

樺太でのソ連軍の侵略により、公的、私的手段により樺太から北海道へ避難した人は、約八万七千六百人にも及ぶ。樺太が戦場であるにもかかわらず、全住民の二割以上が島外に避難できたのは軍官民の協力あってのことであり、大いに称賛されるべきことである。

日本国内最後にして、主に「戦後」に行なわれた地上戦の舞台となった島、樺太。

本書では、日本国内で住民も巻き込み、地上戦が行なわれた十七日間について、紹介したいと思う。

第一章では、日本軍が局地停戦協定をソ連軍と結ぶ八月十九日まで、民間人が南部に避難する時間稼ぎをした国境地帯の戦いを追う。日本軍は兵員数でも兵器の質でもソ連軍に対し劣勢であったが、古屯《ことん》と呼ばれた集落で、たった一門の大砲でソ連軍戦車三十二両を撃破した戦闘を取り上げた。これは帝国陸軍史上、一門の大砲による最多撃破記録であろう。

第二章では八月十六日にソ連軍が上陸し、沖縄同様に国民義勇戦闘隊が戦闘に参加した樺太西岸の恵須取での戦闘を取り上げた。本章では戦闘に参加した当時十六歳の国民義勇戦闘隊員へのインタビューや、民間人が戦闘を避け、ソ連軍機の空襲を受けながら徒歩で百キロ以上（避難ルートによるが）の山道を避難した悲劇についても描いた。

第三章では終戦から五日後の八月二十日に陸軍の戦闘部隊が存在しない西海岸の港町、真《ま》岡《おか》市街地で引き起こされた戦闘について取り上げた。ソ連軍は艦砲射撃を加えながら上陸し、多くの民間人が犠牲となった。この時の真岡町内の様子について、主に四人の旧制真岡中学一年生の体験を中心に紹介すると同時に、住民の豊原方面への避難路確保のために行なわれた荒貝沢、熊笹峠の戦闘についても描いた。

第四章では、樺太全島での日ソ両軍の停戦協定成立と豊原空襲について取り上げた。この停戦協定は八月二十二日に樺太中部の知取《しりとる》で締結されたが、ソ連軍は同日午後、南樺太の行政の中心地である豊原の駅前広場に集まっていた数千人とも言われる避難民に対し、爆撃を行ない多くの死傷者を出した。

第五章では三船殉難事件について取り上げた。本章では乗船者の船上からの視点だけでなく、監視哨や海岸等の陸からの視点にも注目、新たな証言を発掘した。

第六章ではソ連占領下の樺太で、日本政府統治地域への引揚の日まで、たくましく、しかし穏やかに生き抜いた人物を紹介した。

事実は雄弁である。

どうか、拙著を「頭」でなく、「心」でご一読いただけることを心から願うばかりである。

著　者

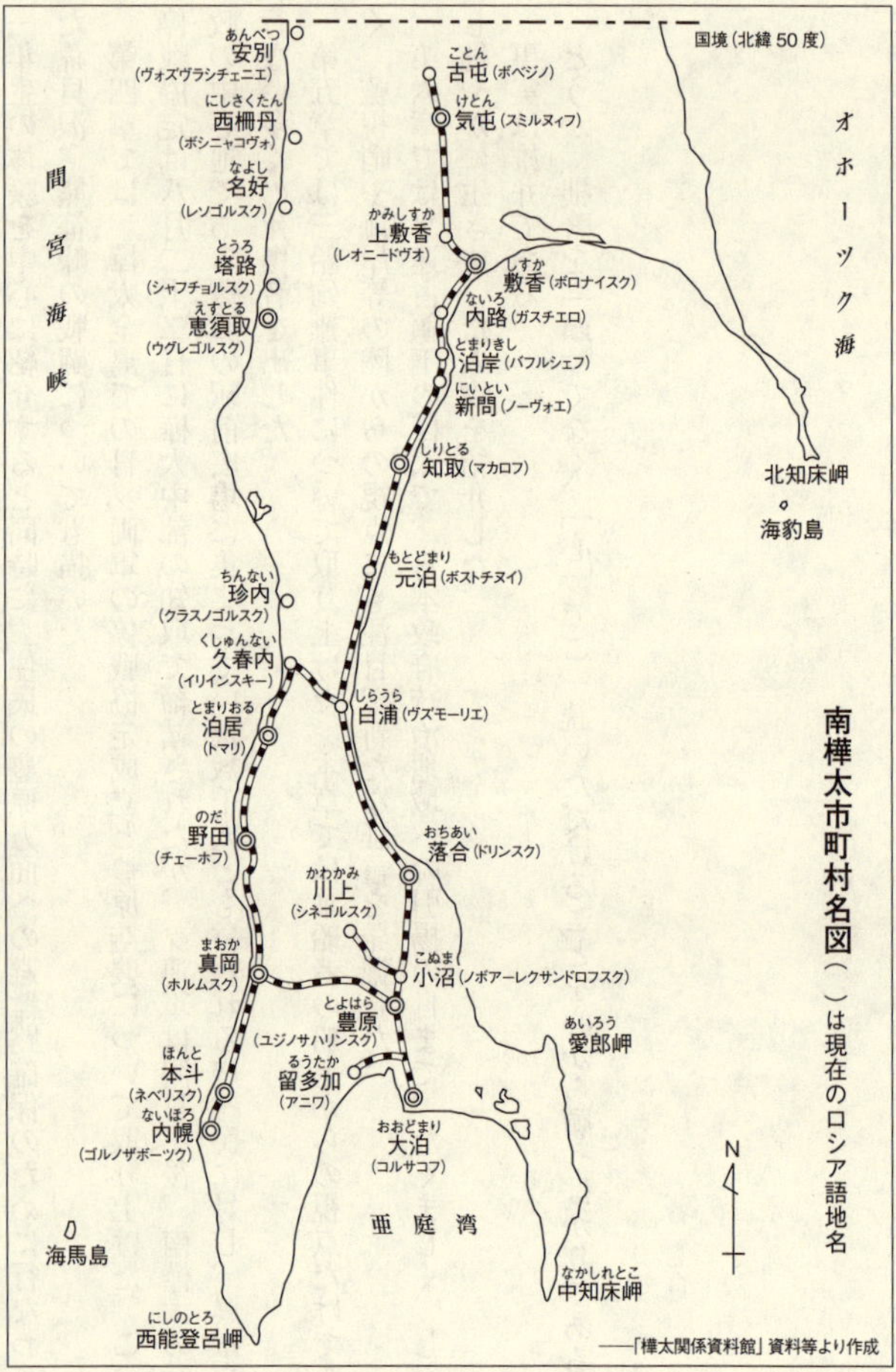

南樺太市町村名図（ ）は現在のロシア語地名

──「樺太関係資料館」資料等より作成

証言・南樺太 最後の十七日間——目次

第三章 真岡方面の戦闘

第六章　ソ連軍政下の樺太を生き抜いた一人の日本人

写真提供／雑誌「丸」編集部・産経新聞社・著者
図版作成／佐藤輝宣

証言・南樺太 最後の十七日間

第一章　日ソ国境地域での戦闘——歩兵第百二十五聯隊・警察官の奮戦

半田陣地

日ソ国境から南に四キロ離れた半田《はんだ》集落は駅逓《えきてい》がある開拓地であった。駅逓とは北海道や樺太のような開拓地で宿泊、運送、郵便業務を担当する、半官半民の施設であった。

当時、北樺太のオハでは、日ソ基本条約により日本の石油採掘権が認められたことにより設立された、北樺太石油会社が油田開発を行ない、石油を日本国内に送っていた。そこで働く従業員が故郷の家族に送る郵便は基本的に海路輸送されていたが、十二月から翌年四月の間の海象の厳しい時期は、陸路日ソ国境を超えて輸送された。これらの郵便には主にオハの油田から送られてくるものと、オハに送られるものがあり、郵便交換は半田の駅逓取扱人によって日ソ国境で行なわれた。駅逓取扱人には、通訳の他に、小銃に銃剣を付け実弾も装塡した護衛の警察官も同行していた。一行を乗せた馬そりは、乗っている人々の緊張とは対照的に、のどかな鈴の音を響かせていた。

樺太の警察は他の都道府県の警察とは違い、国境警備も担当していたため、軍隊と同じ重機関銃（以下、重機）や小銃も装備しており、六名の警察官がいる半田の派出所にも配備されていた。

また、警察だけでなく、陸軍の歩兵一個小隊約四十名の将兵も配備され、彼等と速射砲（対戦車砲）一門、重機一門を収容する陣地（半田陣地）も築城されていた。

昭和二十年八月九日、ソ連参戦の報とともに、小林聯隊長から「この小隊は攻撃を受けても一歩たりとも退いてはならぬ」との命令が半田陣地に届いた。

小雨の中、この命令を聞いた兵士は古兵、新兵を問わず、顔は真っ青、唇は紫になり、膝頭はガクガクと震えた。もちろん北国の小雨のせいではない。心には死守命令を、手には弾薬が渡された。

命令を受けた兵士達は緊張のあまり、誰もが便所に駆け込んだが、緊張で尿道が収縮してしまったのか、出るべき小便が一滴もでない。そして死を覚悟して、急ぎ、死に装束でもあり、負傷した際に雑菌よる感染症発症を少しでも防ぐため、新品の軍服、下着に着替え、着替えは持たず、訓練通りに背嚢には必要最低限の日用品をつめ、最新式の九九式歩兵銃を手に予め定められていた戦闘配置についた。誰もが緊張を紛らわすためか足踏みをしていた。また、陣地の各所では火が焚かれ、万が一のために重要書類が焼却されていた。

半田陣地は夕方になると濃い霧がかかり、一寸先すら見えなくなる。陣地の周囲はツンドラ地帯であり、気温の高い日中はその凍土が溶けて、空気中に蒸気となって、上がる。それ

歩兵第百二十五聯隊防御配備要図（昭和20年8月10日夕方頃）

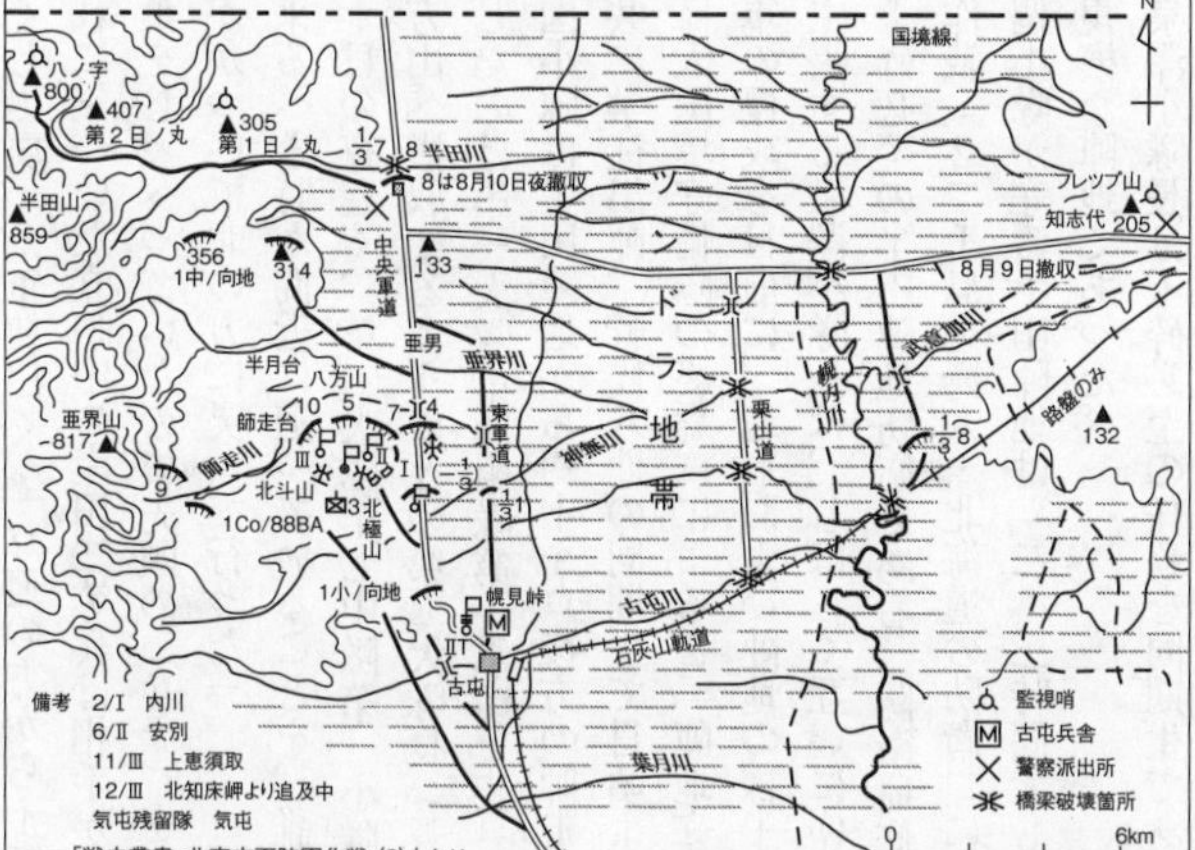

――「戦史叢書 北東方面陸軍作戦〈2〉」より

が夕方になると急速に冷えるために、空気中の蒸気が冷えて霧となり、数メートル先も見えなくなる。その中で兵士は二時間交代で歩哨に立つのであった。しかも、歩哨に立っている間は、ソ連兵がいつ攻撃してくるかもしれないという不安から逃れることは出来ず、兵士達の緊張と恐怖感は増すばかりであった。

　そして、九日の晩、突然、国境方面から半田陣地に一発の銃声が聞こえたかと思うと、「敵襲だ！　外に出ろ！」という声が響き渡り、塹壕内にいた兵士達は最寄りの出口から地上に出ると、地面に腹ばいになり射撃態勢をとった。

　声の主は指揮官壕にいた分隊長の滝内正雄軍曹であった。その後、銃声が聞こえなかったため、滝内軍曹は「前方を見てくる」と言って闇の中に消えて行った。しばらくして戻った軍曹曰く、「ソ連の方から十二〜三名の兵士が駅逓の近くまでやって来た。それに気づいた立哨中の岸田二等兵は相手が近づくまでじっと待っていたが、日本語でない言葉をしゃべっていたので先頭の（兵士）をドォーンと撃ったところ、一人が倒れ、他の兵士がかついで北の方に戻って行った」。

来るべき時が間近に迫っていることを、誰もが思わずにいられなかった。

十日の夜遅く、第二大隊第七中隊第一小隊（長：泉澤尚太郎少尉）は交代兵力の到着後に、八方山《はっぽうさん》へ撤収するようにとの第二大隊長（長：渡部辰夫少佐）の命令を受領した。そして到着したのは第一大隊第四中隊第一小隊（長：大国武夫少尉）と無線分隊（八名）であった。大国小隊は半田陣地から約十キロ後方の師走《しわす》陣地から急進撃して来た。泉澤少尉と大国少尉は共に学徒出陣、幹候八期の同期生で日頃より親交が厚かったが、引き継ぎは難航した。『樺太国境守備隊の終焉』によると「陣地守備交替のために進出してきた大国小隊長と、ソ連軍の侵攻を目前に、地形および陣地の様子を知らない隊に引継ぎ撤収することはできないと主張する泉澤小隊長は、しばらく互いにゆずらなかった」とある。

玉砕必至の半田陣地防衛である。防衛研修所（現：防衛研究所）が編纂した『北東方面陸軍作戦〈2〉千島・樺太・北海道の防衛』によると、第八十八師団参謀長の鈴木康生大佐は、一個小隊が守る半田陣地は「二〜三時間でも食い止められればよいと思っていた」くらいの小規模な陣地であった。

泉澤小隊長は玉砕必至の任務を同期生であり、半田に不慣れな大国少尉とその部下達に託して、命令とは言え自らは安全な後方に下がるというのを潔しとしなかった。一方、大国小隊長は軍人として受けた命令を運命としてそのまま受け入れ、当地での玉砕をまぬがれることが出来る同期生の泉澤小隊長とその部下達を、命令通り撤収させたかった。二人の小隊長の間で、押し問答が続いたようだが、命令である以上、いかなる事情があろうと泉澤少尉は、それを拒絶することはできず、引き継ぎが始まった

分隊長の声で集合がかかり、持ち場を離れて分隊長のところへ足を運んだ。（中略）「あと五分で引継ぎは完了する。完了と同時に本隊に復帰する予定」一瞬、分隊員は顔を見合わせた。その顔はみるみるうちに紅潮し、分隊全員、地下道から背のうを取り出し、完全軍装となり上等兵の指示に従って軍道脇に出て、次の指令を待つこととなった。口には出さないが、この小隊全員の心境は「助かった」という思いだったろう。ただし交替は小銃班のみで、重機、速射砲はそのまま据え置かれた。

軍道まで出た私（引用者註：泉澤小隊所属の丸山重二等兵）たちは叉銃（三挺を組み合わせて立てる）をし、指示の出るまで排水溝の脇に腰を掛けた。戦争となればどこに行っても死を覚悟しなければならない。各兵はポケットの中から家族の写真を取り出し、その写真を見入っていた。私も、兄弟四人で写した記念写真を見ていた。

その時、北側から一発、銃声が半田の空に響き渡った。ソ連側からの銃撃、その音は日本側からの銃の音ではなくかなり強い音であった。戦後、あの音を考えたことがあるが、

あれはソ連軍の持つ狙撃手の放した《ママ》銃弾のであったようだ。

各分隊長は指揮官壕の中で引継ぎを終えようとした時のことらしい。滝内軍曹が真っ先に私たちのところに飛んで来た。

「敵襲だ‼ 分隊は元のところにもどれ‼」

その大声で、私たちは銃のみを持って元の場所に戻った。傘形散開をし、伏射の姿勢に入るか入らないかのうちに、銃弾が身辺を襲いだした。

（『樺太戦記』）

泉澤小隊長と大国小隊長は引き継ぎを終え、実地検分しようと二人で軍道に出た、午前五時頃の出来事だった。たちまち泉澤小隊は陣地に戻り、大国小隊と共に戦闘に参加した。

かくして、半田での戦いが始まった。

樺太の日ソ国境から侵攻を開始したソ連軍部隊は第56狙撃（ソ連軍では歩兵のことを狙撃兵と呼んでいた）軍団（狙撃師団一、狙撃旅団一、砲兵旅団二、戦車旅団一、独立戦車大隊二、独立機関銃連隊一）であった。『北東方面陸軍作戦〈2〉千島・樺太・北海道の防衛』によると、戦車三～四両を伴った一個中隊が四～五門の火砲の支援の下での攻撃で、半田陣地の正面突破を目指した。

これに対する日本側は泉澤・大国両小隊と警察隊併せて約百名であった。

日本軍は積極的に反撃を行ない、ソ連軍の攻撃はたちまち頓挫した。これに対しソ連軍は午前八時に戦車を伴い逐次陣地前に前進しつつ、別動隊は森林を迂回して日本軍を包囲する態勢を見せた。半田陣地には一個小隊しか収容できず、現地に明るい泉澤小隊は陣地を出て戦っていた。泉澤少尉はソ連軍の攻撃が中央軍道東側の大国小隊の主陣地に向けられていると判断し、小隊を率いてソ連軍の背後を攻撃すべく、半田川を強行渡河し敵の背後に回りこみ、西方約三百メートルの位置に進出、ソ連軍の右側背に向かって突撃した。この結果、ソ連軍は動揺恐慌をきたして、正面陣地への攻撃は一時弱まった。しかし、多勢に無勢。圧倒的な大部隊の隊列を遮断することはできず、泉澤小隊長以下七名が戦死し、生存者は陣地に復帰した。

泉澤小隊に同行した警察隊の新井巡査部長が生き残った兵達から聞いた話によると、泉澤少尉は官舎附近の戦闘の際、向う側からはっきりした日本語で泉澤少尉の名を呼ばれたので、部下ではないかと案じ、体を乗り出した時、狙撃されて戦死をとげたとの事である。

日本軍の奮戦にソ連軍は二個中隊を増強し、攻撃部隊を迂回させ、両翼から日本軍を包囲すべく攻撃を開始した。正面でも、戦車を待ち構えていた速射砲陣地に、ソ連兵は川を渡渉、じりじりと迫って来た。速射砲分隊は的確な射撃をしながらも、その砲弾をソ連軍戦車は、はじき返した。そこで速射砲分隊は死角から境内に手榴弾を投げ込まれるのを恐れ、速射砲を壕の中から軍道上に進出させ、現実的な処置をとった。砲弾を対戦車用の徹甲弾から対人用の榴散弾に変えて、肉薄してくるソ連兵に対し砲撃を行なったのだ。このような守備隊の防戦に対し、ソ連軍は空から戦闘機による機銃掃射で反撃した。そのため、速射砲分隊長

（水上利雄軍曹）は敵の標的となる速射砲と、それを操る兵士がこのままでは守りきれないと判断し、砲を破壊、速射砲分隊員には小銃をもって戦うことを命じた。

午後二時頃には、ソ連軍の圧迫が強まり、大国小隊長は戦線の縮小を企図し、速射砲なき速射砲分隊員、重機に後方に下がるよう命じた。半田警部派出所を守っていた警察隊も、土塀をつきぬける機銃弾から陣地を守りきれないと判断し、警部派出所を放棄した。

午後五時には、大国小隊は完全に包囲され、それでも小隊は肉薄攻撃、奇襲、猛射を行ない、ソ連軍を阻止すべく努めたが、機関銃までも破壊され、戦況は悪化するばかりであった。また、無線分隊は暗号を組まずに生文で、敵戦車十数両の南下を伝え、自ら無線機を破壊の後、大国小隊に合流、戦闘に加入した。暗号を組まずに生文で無線連絡を行ない、無線機を破壊するのは、通常「最後の時」である。それほどまで、事態は切迫していたのである。

この急場を救ったのは半田陣地より南西方向、八方山の聯隊主陣地の一角にある北斗山《ほくとさん》の山砲陣地からの砲撃であった。これにより自走砲二、戦車三を失ったソ連軍は後退した。

山砲とは山岳地帯や砲の移動が困難な土地でも運用可能なことから、その名がつけられた大砲のことである。山砲は軽量化が図られた上、分解可能なことから人力で移動させることが出来、日本軍では四一式山砲（七十五ミリ砲）が各歩兵聯隊に配備され、歩兵の支援射撃や敵火点の制圧、対戦車射撃等にも有用であったことから重宝がられ、聯隊砲の愛称でも呼ばれていた。

夜になると大国小隊長は夜陰にまぎれて、赤間伍長以下五名に包囲を突破し、八方山の聯隊本部に戦況を報告するよう命じると共に、負傷者十三名を三回に分けて後方に離脱させ、自身は手兵六～七名と共に、さらに縮小させた陣地で防戦した。そして四方から押し寄せる敵に対し斬り込みを敢行し、戦場の露と消えた。

しかし、半田をめぐる戦闘はまだ終わってはいなかった。大国少尉戦死後、泉澤小隊の滝内軍曹が両小隊の指揮を取り、半田集落南方一キロの地点で、再度態勢を整え、掌握せる手兵二十一名を二手に分けて、十二日午前零時を期して半田澤のソ連軍に斬り込みを敢行したが失敗。やむなく、瀧内軍曹は残存兵員を率いて、十四日午後、八方山の連隊主陣地に撤収帰着した。

なお、ソ連側戦史には十二日の攻撃で日本軍を全滅させ、陣地を占領したという趣旨で書かれているが、現実には無人の陣地を占領しただけであった。

こうして半田陣地での戦闘は終わった。泉澤・大国両小隊と警察隊がわずか百名で圧倒的な戦力のソ連軍を一昼夜も拘束し、その進撃を遅らせたことは物理的な成果のみならず、樺太での四十年ぶりの日ソ（露）戦の初戦で、日本軍将兵の士気を高めたという心理面での影響を考えても、特筆すべき成果を挙げたと言えよう。

半田陣地がソ連軍の手中に落ちた八月十二日はまだ、民間人の北海道への避難である緊急疎開が始まっていない。緊急疎開が始まるのは八月十三日からであり、それ以前に居住地を捨てて、自主的に避難することは出来なかった。北部の、それも国境地帯（国境から二十キロ以内）に住む住民にとって、ソ連軍の進撃を遅らせることは切実な問題であった。

だからこそ、ソ連軍の進撃を一時間でも遅らせることは、重要であった。特に樺太出身者が多い召集兵にとって、その一時間は、自分の家や家族が避難するための猶予が一時間増えることであり、自分達の大切な人達を守るために戦った。

この二個小隊と国境警察隊の奮戦は全軍に異様な感激を与え、士気を高揚させた。十二日、第五方面軍司令官樋口季一郎陸軍中将は訓示を発し、全軍の奮起を要望した。

対蘇作戦発動ニ方リ麾下全将兵ニ与フル訓示

宿敵蘇連遂ニ我ニ向カッテ立ツ

怒髪天ヲ衝ク　麾下ノ精鋭乃チ国境ニ馳セテ　眦《マナジリ》ヲ決シ　接境ノ官民筆鍬ヲ擲ッテ槍剣ヲ携フ　百千ノ議論既ニ全ク価値ナク　只百死ヲ以テ醜虜ノ撃滅ヲ期スルアルノミ

米蘇ノ群虜今ヤ腹背ニ迫ル　是固ヨリ予期スル所ナリト雖正ニ未曾有ノ大事ト謂フベシ然レドモ胸ニ光輝アル國体ヲ懐キ　足下ニ恩愛ノ皇土ヲ踏ム　戦友ノ死屍　以テ防塁ヲ築キ　僚友ノ魂魄以テ醜敵ヲ撃ツベク　傳来ノ勇心勃然トシテ全身ニ漲リ　救国ノ至情愈々抑エ難キモノアリ

将兵宜シク毅然トシテ事態ヲ正視シ　荊棘ノ彼岸ニ皇国禰榮ノ光明ヲ望ミツツ　縦ヒ状況惨烈ノ極所ニ立ツモ　尚他ノ支援ヲ思ワズ　飽ク迄自己ノ全力ヲ傾倒シテ最大ノ戦力ヲ発揮シ　以テ宸襟ヲ安ンジ奉ランコトヲ期スベシ

（『北東方面陸軍作戦〈2〉千島・樺太・北海道の防衛』）

積極的戦闘禁止命令

半田陣地での戦闘が始まっていた十一日、半田後方にある師走陣地を守る第四中隊に、第一大隊本部経由で「奇妙な命令」――大本営が発した大日本帝国陸軍史上初の命令――が届き、前線の将兵をとまどわせた。

それが「積極的戦闘禁止命令」である。

以下は大本営が第五方面軍に出した命令である。

大陸命千三百七十五号

命令

一「ソ」聯ハ対日宣戦布告シ、九日零時以降　日「ソ」及満「ソ」国境方面諸所ニ於テ戦闘行動ヲ開始セルモ　未タ其ノ規模大ナラス

二　大本営ハ　国境方面所在ノ兵力ヲ以テ敵ノ進攻ヲ破摧シツツ　速ニ全面的対「ソ」作戦ノ発動ヲ準備セントス

三　第五方面軍司令官ハ　現任務ヲ遂行スルト共ニ　差当リ国境方面所在兵力ヲ以テ敵ノ進攻ヲ破摧シツツ　速ニ全面的対「ソ」作戦ノ発動ヲ準備スヘシ

四　細項ニ関シテハ参謀総長ヲシテ指示セシム

（『前掲書』）

これに基づき、第八十八師団司令部が指揮下の部隊に発した師団命令第一号について、当時、歩兵第百二十五聯隊通信中隊通信有線小隊長鈴木孝範中尉は『樺太国境守備隊の終焉』にて「一、国境外に一歩も出る事なく、あくまでも防禦戦闘に徹し攻撃すべからず二、已むを得ざれば積極的防禦をなすべし」と記している。このような命令は過去に見聞したことがなく、我に戦う意志のないことを示したものであり、現地部隊としては解釈に苦しむところであったようだ。

本来、命令とは簡潔かつ明瞭に出すものであるが、この命令を読む限り、絶対してはならないところは、書かれてあるが、どの程度までの戦闘なら防御戦闘とされるのかが不明である。

大本営が発した命令とは言え、前線に命令を発した峯木師団長自身、以下の回想を残している。

「対ソ開戦になってからも軍からはモヤ〳〵した空気があった（ハッキリ闘うと云う空気がうすい）。新聞にも、ソ連打つべしという風に出ていない。これが為新聞記者に気合を入れたことがある」（『北東方面陸軍作戦聴取記録』）

この不可解な命令に接した時の事を、鈴木参謀長は次のように回想している。

九日夜、方面軍情報部樺太支部長蟹江元少佐（40期）から「ハバロフスク放送で『日本がソ連を通じて連合軍に降伏を申し入れをしている』と放送している」。また「関東軍『積極的作戦を控えよ』という命令をだしたようだ。」など前途を暗示するかのような情報連絡を受けた。あるいはソ連の謀略かもしれない。先の「積極的戦闘を禁ず」といいどうも様子がおかしいので、憲兵に、特に東京方面の情報によく注意しておいてもらいたい、と依頼した。

（『北東方面陸軍作戦〈2〉千島・樺太・北海道の防衛』）

ソ連軍の攻撃が目前に迫った師走陣地（後述）の第四中隊内務係助手、石塚保兵長の回想には、最前線の兵士がこの命令を受領した際の困惑が表われている。

午前五時、敵の第一弾がとゞろき、これを合図に各所から一斉に砲撃が始まった。敵は相当近づいている様子。其の時、大隊本部から伝令が飛んできて「伝令。積極的行動に出て越境すべからず。」「なに?」飛島中隊長が聞き返すと、追いかける様に「もとえ《ママ》」乗田指揮班長の声が鋭い。伝令はもう一度復唱した。こんな命令なんてあるものか、たゞ死ねと云うのか、指揮班内は複雑な空気に包まれた

（『樺太国境に軍旗を仰ぐ』）

戦場での行動は臨機応変に行なうものであり、国境からさして離れていない師走陣地では

戦術上、国境を超えて攻撃を行なうことも十分あり得る。ただでさえ少ない兵力とソ連軍に劣る装備で戦わざるを得ない現場の将兵にとって、「たゞ死ねと云うのか」というのは偽らざる気持である。このような心境で彼等はソ連軍と戦わねばならなかった。

さらに悪い事に、八方山に歩兵第百二十五聯隊本部が気屯から移動したものの、豊原の師団司令部との連絡が唯一とれる師団通信隊分遣隊は八方山に入らなかったため、以後、師団司令部と聯隊本部の連絡は途絶した。

師走陣地の戦い

半田陣地から中央軍道を南下すると亜界川が流れ、その水は中央軍道の東に広がるツンドラ地帯に注ぎ込まれていた。その亜界川の橋梁から、さらに南方約一・四キロ地点に師走陣地が築城されていた。師走陣地は西には歩兵第百二十五聯隊の主陣地のある八方山、東にはツンドラ地帯が広がり、北側には師走川がまるで陣地の堀のように東西に流れていた。

日本軍は北樺太のソ連軍が南下する際、その主力部隊は中央軍道を使用すると予測しており、師走陣地はそれを迎撃し、南下を阻む任務を帯びていた。しかし、同陣地はツンドラ地帯の縁辺部にあったため、掘ればすぐ水が出るので堅固な陣地を造ることは出来ず、地面に土を積み上げ、それに若干の木材やセメントで補強しただけのものであった。

しかも兵士は塹壕に入ろうものなら、ツンドラが溶けた氷のような水に胸までつからざるをえなかった。八月とはいえ、朝方は自分の吐いた息が白く見えるくらいの寒さである。緊

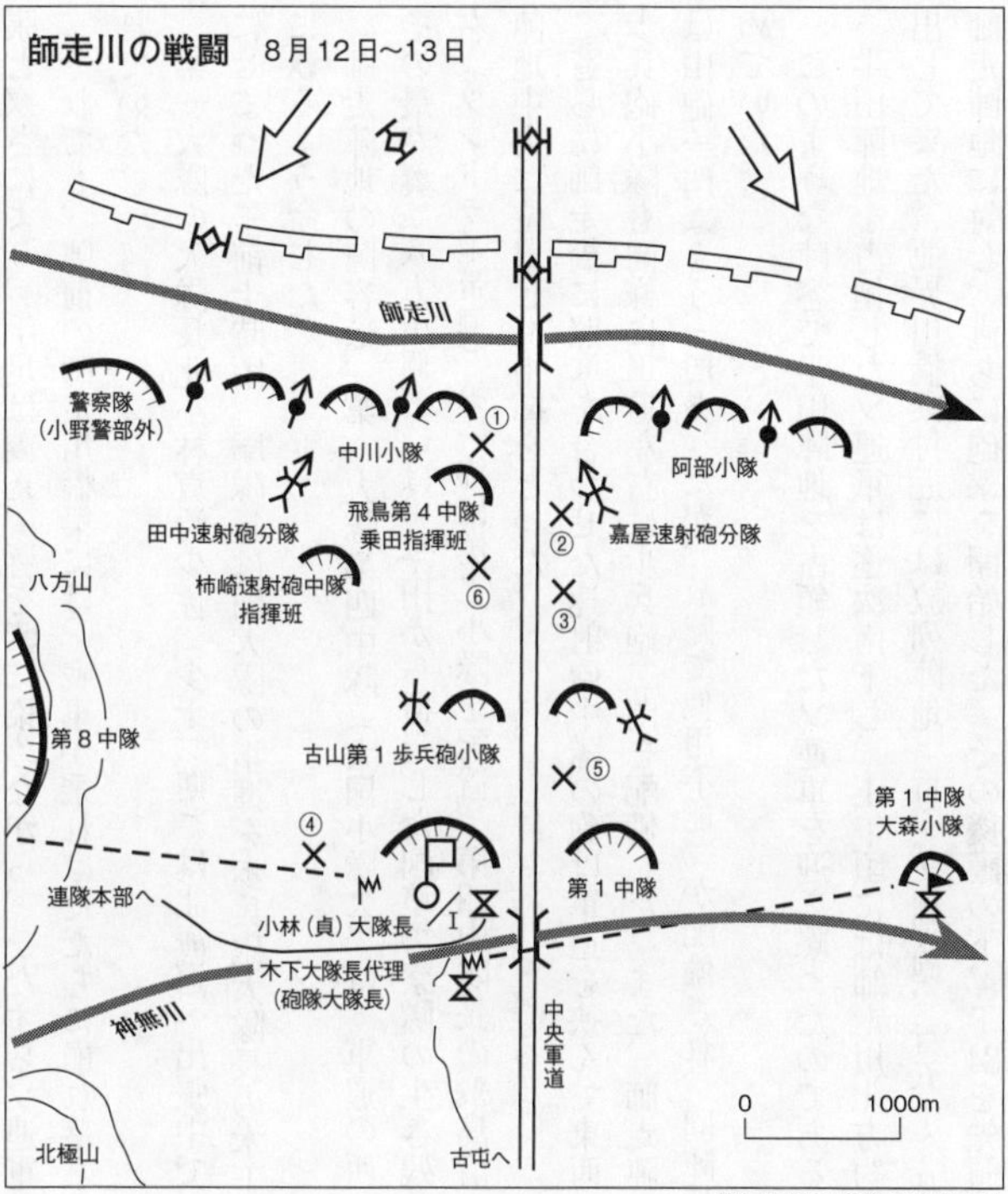

――「樺太国境守備隊の終焉」より

①掩体内に６体埋葬
②軍道より約 20 メートルの地点砲座の掩体内に３体埋葬
③砲座を有する掩体内に３体埋葬
④将校３名、警察官１名。将校は柿崎中尉、飛鳥中尉、古山少尉と思われる。警察官は小野警部？
⑤師走橋方面約 1500 メートル軍道側溝地点で遺体発見、道路より約５メートル地点に埋葬、鈴木孝也軍医見習士官
⑥掩体内に２体埋葬

張と寒さにより、手足は震え、唇を紫に染めながら、ひたすらソ連軍を待ち構えていた。

それでも、陣前の師走川橋梁には、戦車が乗ればただちに崩れ落ちるような仕掛けがなされていた。

第一大隊の大隊長北小林貞治少佐（少十二期）は北海道へ出張中で、ソ連軍の攻撃が目前にせまった午前十時頃、聯隊長は同大隊の指揮を歩兵砲大隊長の木下義一大尉（五十四期）に執るよう命じた。

師走陣地の陣容は、第一大隊第四中隊（大国小隊欠）は、軍道の西左第一線に第三小隊、その最左翼（八方山側）には半田から撤退した国境警察隊の生き残り二十数名が布陣。東右（ツンドラ地帯側）第一線に第二小隊を配置。第四中隊長の飛島清一中尉は指揮班と共に陣地中央に位置して指揮をとった。

さらに師走橋に照準を合わせた速射砲中隊の砲は軍道を挟んで東西に一門ずつ配備。第一歩兵砲小隊も同様に軍道左右に歩兵砲二門を配備した。また、師走陣地南西の北斗山中腹には山砲一門（もう一門あったが、故障で使用不能）が配備され、同陣地付近を射程内におさめていた。

このような陣容で半田陣地を占領したソ連軍を迎え撃ったのである。

半田陣地を占領したソ連軍は逐次南下し、正午頃には師走川北方約七百メートル地点に進出して来た。亜界川橋梁付近には放列陣地（百ミリ榴弾砲、百五十ミリ榴弾砲数門）を構築し、師走陣地に対し、直ちに砲撃を開始した。その援護の下、T34を先頭に戦車七〜八両と歩兵約一個大隊が師走陣地正面に攻撃を開始した。

ソ連軍は猛烈な火力を師走陣地に叩きつけ、その弾幕を利用して戦車、自走砲が随伴の歩兵に守られながら亜界川橋を渡って来た。ソ連軍の得意とする戦術である。歩兵は、自動小銃の腰だめ射撃でゆるやかな速度ではあるが、足並みを揃えて確実にせまった。

ソ連軍の先鋒の戦車四両は、どんどん速射砲陣地に迫り、軍道を通過したが、速射砲陣地に気付かず、戦車の側面を速射砲の眼前にさらしたため、満を持して徹甲弾を連続発射。しかし、半田陣地での戦闘同様に速射砲の放つ徹甲弾を一発残さずはじき返した。それでも、先頭と二両目の戦車は速射砲陣地に気付かず、八方山に砲塔を向け、自分たちを攻撃した大砲を探しあぐねていたが、三両目に中央軍道傍の陣地を発見され、その戦車砲で、沈黙せしめられた。

それでも、速射砲中隊指揮班は生き残った兵に陣地の確保を命じ、砲兵は小銃をとって散開し、抵抗を続けた。

ソ連軍戦車を撃破するには、もはや急造爆雷を抱いて戦車に体当たりをする肉弾攻撃（肉攻）しかなく、兵士は森林、草むらに潜んだ。そして戦車が接近するや、一人、また一人と飛び出して行くが、それらの多くは戦車からの機銃掃射や随伴するソ連兵の銃撃により、次々と途中で崩れ落ちていった。

この一部始終を北斗山から見ていた山砲一門は、ついに中央軍道上のソ連軍に対して砲撃を開始した。山砲が一門しか使えないとは言え、事前に中央軍道周辺を観測しており、敵の位置を号令されれば、確実にそこに七十五ミリ砲弾を命中させられるように照準の設定は既に済ませていた。事実、師走陣地に出現したソ連戦車への砲撃は初弾より命中し、撃破。続いて戦車、自走砲にも命中し、立て続けに撃破したため、ソ連軍は慌てて亜界川まで後退、トラックに乗っていた兵士は、荷台から周囲の山林に蜘蛛の子を散らすように逃げ込んだ。

その代わり、後退した部隊と入れ替わるように、山砲陣地を攻撃すべく飛行機が飛来したが、陣地の発見にはいたらず、占領したばかりの半田陣地跡からの砲撃と飛行機からの爆撃を行なったにも関わらず効果はなく、北斗山の山砲陣地は無傷のままであった。

また、ソ連軍を正面から迎え撃つ第四中隊には二門の重機関銃が配備され、速射砲同様に最前線の軍道の左右に偽装された掩体《えんたい》陣地の中から、それぞれ重厚な発射音を響かせ、力強く弾丸を敵兵に発射し続けた。機関銃と歩兵の連携した攻撃は日本軍が得意とする所であったが、ソ連軍の砲撃も激しく、再三陣地変換を余儀なくされた。

ちなみに掩体とは敵の攻撃から、人・装備・物資等を守るための遮蔽物を指し、屋根のあるものからないものまである。

この日、日本軍は東軍道方面から一部の敵の侵入を許したが、中央軍道付近では、山砲の活躍により、ソ連軍を師走川北岸に撃退することに成功した。とはいえ、ソ連軍の嵐のような砲撃で、戦死者、負傷者は続出した。その上、師走川を渡っての斬込攻撃を行なった第四中隊第二小隊は出撃時三十名いた兵士が帰隊時には十二、三名にまで減っていた。

さらに半田戦で生き残った下士官・兵士は、夜間、挺身斬込隊として師走川北岸のソ連軍宿営地に潜入したが、そこは鉄条網で囲まれ、歩哨と軍用犬に守られ警戒が厳しく、大きな戦果をあげることはできなかった。

どの部隊も決して少なくない損害を出したが、敵を撃退したことで士気は上がり、夜を徹して陣地の強化に全力を注いだ。

この日の戦いに参加した丸子兵長の戦後回想によると、この激戦の中でもソ連軍は夕方になると戦闘をやめ、鉄条網で囲まれ、歩哨と軍用犬に守られた陣地で休息をとり、楽器を奏でたり、歌声が聞こえて来たという。

翌十三日、師走陣地突破を決意したソ連軍は早朝より一時間にわたる激しい攻撃準備砲撃の後、戦車を先頭に再三陣地に突入してきたが、日本軍は、その都度撃退した。しかし、ソ連軍の砲撃は激しく、日本軍の火砲はしばしば陣地変換を行なわざるをえなかった。午後一時頃になるとソ連軍は師走陣地を分断し、それぞれを孤立させて各個撃破しようとし、T34を先頭に攻撃を再開した。日本軍の反撃に先頭の戦車は橋もろとも師走川に転落したが後続の戦車はそれを乗り越えて、陣地に突入してきた。速射砲中隊は、前日の戦闘でT34に敵し得ないとわかっていながらも、果敢に砲撃を加えた。

速射砲中隊に配備されていた速射砲は九四式三十七ミリ速射砲で、昭和十四年のノモンハン戦でソ連軍戦車を相手に活躍した砲であり、速射砲中隊長の柿崎正一中尉自身、ノモンハン戦での功績により、金鵄勲章を授与された歴戦のツワモノであった。しかし、今回のソ連軍戦車はノモンハンの戦車ではなかった。独ソ戦におけるソ連軍勝利の立役者、T34だった。

Ｔ34を前に速射砲（対戦車砲）は全くに歯が立たず、命中させても砲弾は音を立てて弾き返され、逆に速射砲の場所を確認した戦車砲によって、次々と破壊されていった。

師走陣地には二門の七十ミリ歩兵砲を装備する第一歩兵砲小隊があり、その戦力を期待されていた。ツンドラ地帯の草原では、腰高の火砲を隠蔽するのに掩体が不可欠であるが、その急造が間に合わないまま、戦闘に突入せざるを得なかった。それにも関わらず、第四中隊、警察隊とともに奮闘し、攻め寄せるソ連軍を再三撃退した。しかし、昨日来の戦闘で正午頃には歩兵砲小隊は全弾撃ち尽くした。そして砲を破壊して、戦死者の小銃を手に重機関銃分隊付近に散開し、歩兵として戦闘に参加し続けた。

既述の第四中隊第二小隊には八九式擲弾筒が四門配備されており、小隊長の的確な目標指示により押し寄せるソ連兵の真ん中に打ち込み、その前進を阻んで後退させた。しかし、歩兵砲小隊同様に全弾打ち尽し、小隊長の命令で擲弾筒を扱っていた兵士もやむなく重機関銃付近にあつまり、行動をともにした。この重機関銃の活躍はめざましかったため、ソ連軍兵士による狙撃の的となり、射手はしばしば交替せざるを得ず、擲弾筒射手も重機関銃の射手となったと思われる。

このような日本軍の奮戦により戦果は上がったが、前日のようにソ連軍を撤退させることはできず、午後一時、ソ連軍戦車の師走陣地突入後、数次にわたり斬込攻撃を敢行したものの、ついに午後二時には中央軍道を突破された。戦車による師走陣地突入の際、ソ連軍歩兵は陣地右翼のツンドラ地帯側から渡河し、日本軍の包囲殲滅を図った。

午後三時になると、木下大隊長は北極山を目指しての後退を命令。各隊、敵と交戦しつつ北極山への後退を図ったが、既に師走陣地は軍道を挟んで左右に分断され混戦状態にありソ連軍の激しい銃火の下での後退は困難を極めた。各種資料によると、進退窮まった、第四中隊長の飛島中尉は残存兵をもって斬込を敢行。これに参加した速射砲中隊長柿崎中尉及び、歩兵砲小隊長古山宗徳少尉以下、全員戦死したと思われる。

また、中央軍道の東側（ツンドラ地帯側）を守備していた第四中隊第二小隊は北極山とは反対側のツンドラ地帯に離脱。東軍道上神無川南側の陣地にあった第一中隊の一個小隊と合流し、八方山を目指したが、各所でソ連軍と遭遇しつつ敵中を離脱し、十五日未明古屯に到着した。

ソ連軍戦史はこの日の戦闘を「森林・山地を利用した永久築城組織に托している日本軍が頑強な抵抗を示したため、八月十三日夕刻、第165狙撃連隊は数百メートルの前進をみたままやむを得ず防御に転移することになった」（『幹部学校記事』「南樺太及び千島戦史その4」）と記している。

かくして第四中隊を始めとする第一大隊の生き残りの将兵は師走陣地を脱出し、北極山を経て主陣地の八方山に到着。十四日早朝には、予備隊として第一線を離れ、兵舎で休息がとれる古屯に隊列を組んで南下していった。その様子は、無精ひげをはやし、血の滲む包帯を頭に巻き、蒼白な顔をして、ある者は戦友の肩を借り、またある者は自らの足を引きずるようにし、憔悴しきった下士官・兵からは生気が感じられなかった。彼らを迎える同じ聯隊の仲間たちの「ご苦労さん」「がんばれ」の声援にも応える者はいなかった。唯々黙々として南下していったのである。しかもその中には、将校の姿は誰一人みられなかった。同部隊の戦闘はこれが終わりではなく、寧ろ始まりであった。

国境地帯の補給拠点、古屯をソ連軍が奇襲占領

古屯は、日ソ国境の北緯五十度線から南に約十六キロのところにある村で、日本国内最北の駅があった。同時に、国境地帯の兵站拠点であり、国境方面からの三つの道路（中央軍道、東軍道、栗山道）が合流する交通の要衝でもあった。そして国境地帯に展開する、歩兵第百二十五聯隊第二大隊の兵舎もあった。その西側には丘陵地帯、東側には既述の通り、国境から続く広大なツンドラ地帯に挟まれていた。

ソ連参戦直後、古屯には輜重兵第二大隊、第三百一特設警備工兵隊（第三百三特設警備隊の一部という戦後回想もあり）、豊原地区第七特設警備隊（中学生と青年学校生で編成）、警察隊一個分隊、憲兵古屯分遣隊、そしてツンドラ地帯の道路建設に当たっていた栗山組の作業員などが集められ、警備・兵站を担当していた。しかも輜重兵中隊は人数こそ多いが、その多くは現地召集の四十代の未教育者が多く、装備も軽機一、小銃二十余にすぎず、大多数は木銃に帯剣をくくりつけるという状態。実戦力とどうにか言えるのは吉村忠男中尉率いる向地視察隊の一個小隊だけで、とても戦闘に参加できる状態ではなかった。

日本軍にとって、古屯はあくまで聯隊主陣地のある八方山とツンドラ地帯の後方にある兵站拠点であり、八方山の聯隊主陣地が健在なまま戦場になるとは予測していなかったため、ツンドラ地帯には一個小隊を配置しただけで防衛のための処置はなされていなかった。

この部隊配備は、第五方面軍としての判断であった。幌内川《ほろないがわ》流域（ツンドラ地帯）は歩兵しか通行出来ず、ソ連軍は「来ないことになっている」（『北方軍第五方面軍関係聴取録』）と、第五方面軍の全参謀も考えていた。これに対し五方面軍司令官樋口季一郎中将だけが、この地帯は「木材を敷くことにより、軽易に通路を設定することはさして難事ではない」（『北東方面陸軍作戦〈2〉千島・樺太・北海道の防衛』）と判断していた。その判断は部隊配置には反映されず、結果、ソ連軍はツンドラ地帯を踏破して古屯に奇襲をかけたのである。

八月十二日の午後、ソ連軍狙撃兵一個大隊が突如古屯に出現し、八方山にある主陣地へ移送前の物資もろとも古屯駅を占領した。

ソ連軍は、八方山は日本軍の有力な前進陣地、主陣地は古屯北方二キロの幌見峠《ほろみとうげ》一帯と考えていた。これを南北から挟撃するため、北方からは軍団主力の支援を受けた第165狙撃聯隊が師走陣地を既述のとおり攻撃する一方、「主陣地」を迂回し後方から攻撃するために、第179狙撃連隊にツンドラ地帯を踏破させ、上記部隊が先遣隊として古屯東方から突入してきたのである。

国境地帯最大の激戦地である古屯での戦闘は、装備と兵力の劣る日本軍だけでなく、ソ連軍にとっても損害が大きかった。ソ連には激戦地に慰霊碑を建立する習慣があるが、古屯駅から兵舎までの一キロにも満たないエリアにソ連が慰霊碑を五基も作ってあることから、その戦闘の激しさを窺い知る事が出来る。

八月十一日、古屯からツンドラ地帯の中を武意加《むいか》方面に九キロ進んだ所にある九粁飯場に、ソ連軍一個小隊が確認されたが、日没とともに退却。翌十二日午前九時半、日本側斥候は再び九粁飯場付近にソ連軍一個小隊の進出を確認。この知らせを受けた歩兵第百二十五聯隊長小林与喜三大佐は、国境の監視哨から撤収していた吉村忠男中尉率いる向地視察隊の一個小隊を同地に派遣。正午頃、古屯〜武意加間にて、午前九時半に確認したソ連軍一個小隊に遭遇し、これを十一粁飯場まで撃退した。

一方、正午近くに部落東方にソ連軍の空地連絡機である複葉機二機が飛んでいるのが望見され、輜重兵第二大隊長山鹿大尉はソ連軍が近くに進出していると判断。そして古屯東方の警戒処置をとるよう指示したところ、東方から豆をいるような銃声が聞こえ、斥候から「自動小銃を装備した一個大隊が接近している」との報告を受けた。

そこで、山鹿大隊長は敵の古屯からの撃退を決心し、輜重兵第七中隊（長：武田一勇中尉以下三百二十七名）、憲兵、特務機関、向地視察隊の一部に、古屯駅の北端から部落中心にかけて展開するよう命令。輜重兵第六中隊（長：田中重三中尉以下三百四十名）には、輜重兵大隊本部と共に部落の中央十字路付近から軍道沿いに展開するよう命じた。

しかし、輜重兵中隊の大半は輜重輪卒（大半は現地召集の未教育者）で、肝心な装備は軽機一挺、小銃二十余に過ぎず、大部分は帯剣を木銃にくくりつけたものしかなかった。

余談であるが、輜重兵と輜重輸卒は混同されることがあるので、簡単に整理したいと思う。輜重輸卒とは、物資を輸送するために馬や輜重車を引き、時には自らかついで運ぶ雑役夫のような存在で、戦闘訓練をほとんど受けておらず、彼らが持つ武器と言っても、せいぜい銃剣ぐらい（銃剣をつける小銃は持たない）であった。この様な状態から「輜重輸卒が兵隊ならば　蝶々トンボも鳥のうち　焼いた魚が泳ぎだし　絵に描くダルマにゃ手足出て　電信柱に花が咲く」などと揶揄されることもあった。

それに対し、輜重兵は兵卒・下士官クラスであっても多数の輜重輸卒を監督する立場にあり、個々の能力が重視されることから、旧制中学出身者が多く、二等兵であっても軍刀を持ち、乗馬が許されていた。そのため、輜重兵が持つ小銃も歩兵が持つ歩兵銃ではなく、銃身の短い騎兵銃であった。

このように、近代的な戦闘力は皆無と言っても過言でない部隊がソ連軍に反撃を行なった。それに対するソ連兵は自動小銃を装備し、森林内には百五十ミリ榴弾砲まで控えていた。

午後二時頃、第六中隊は劣等な装備ではあるが、軽機関銃の援護射撃の下、突撃を敢行。それは、森林内の灌木、蔓草に足をとられ、その突撃力を活かせないながらも、拳銃を握り、軍刀を振りかざした山鹿大隊長が先頭に立っての突撃であった。しかし攻撃開始後、第六中隊正面に「六〇〇〇のソ軍が増加された」（『前掲書』）。

ソ連軍は、森林での戦闘訓練を受けたか、実戦経験がある部隊だったようで、互いに鋭い口笛で合図を送り、よく連携をとりながら暴風雨のような自動小銃の弾丸を浴びせかけた。

その上、森林内からは日本軍にはない百五十ミリ榴弾砲による、強力な砲撃で反撃したため、輜重兵第二大隊は敵前至近距離まで迫りながらも、攻撃は頓挫してしまい、午後三時頃、山鹿大隊長は市街地より後方の古屯川まで後退させることにした。

この日の戦闘により古屯—気屯間の有線通信は途絶し、既述の通り、豊原の師団司令部は最前線の状況が全くつかめなくなった。

一方、戦況を正確に把握していない八方山の聯隊本部は、重迫撃砲をはじめとする物資を奪還するためか、電話連絡にて山鹿輜重大隊に対し「所在の兵力をあわせ、当面の敵を包囲殲滅せよ」との命令を下達した。しかし、山鹿大隊長は敵の主力の位置、状況が把握できない点、不慣れな地形での夜間の行動により兵力が分散し、その損耗を多くする点を考慮し、聯隊本部の命令遂行は不可能と判断。攻撃は再興せず、警戒を厳にし、夜を徹する方針を採った。

十三日も輜重兵第二大隊は積極的な行動はとらず、古屯にある歩兵第二大隊の兵舎から軽機関銃で応戦、ソ連軍を撃退するにとどまった。

そして午後二時頃には戦闘指導のため、師団司令部より派遣されていた筑紫中佐が古屯の大隊兵舎に立ち寄り「輜重大隊は三ヶ月分の糧秣を八方山に搬入の後、豊原に後退すべし」との指示を山鹿大隊長に与えた。古屯駅を物資とともにソ連軍に占領されていたため、物資の輸送が完了せず「八方山は弾薬、糧食不足に困窮していた」(『樺太一九四五年夏』)。

これ以降、山鹿大隊長は残兵を率いて本来の業務に復帰する事となった。ただ山鹿大隊長は小林聯隊長に古屯付近の現況を詳細に報告した際、「守備隊の持久戦のため、輜重隊は山中を南下して、気屯《けとん》から出来る限りの弾薬、糧秣を古屯の山中に集積し、その後ここを拠点としてゲリラ戦を展開したい」と意見具申を行ない、了承を得た。その上で、輜重隊全員に、今後の任務と行動を伝え、その準備を開始したのであった。また、気屯に後退した輜重第六中隊は兵站業務に戻り、気屯から古屯を避けて、八方山にトラック二台で弾薬と糧秣を輸送した。

この戦いに参加した輜重兵第二大隊の戦死者数は百四十四名であったという。

輜重兵第二大隊の古屯での戦闘、特に十二日の逆襲は決して無駄だったわけではない。兵士の数こそ多いが、戦力的に明らかに劣勢であった為、日本軍の損害は少なくなかったが、執拗に攻撃を加えた結果、ソ連軍に精神的圧力をかけることは出来たようで、ソ連軍の行動は緩慢になった。ソ連軍先遣隊は増援部隊が到着するまで攻撃を行なわず防御に転じ、再び活発な行動を始めるのは十三日夜であった。

このような状況の中、同日二十一時頃、北海道に出張中の第一大隊長小林貞治少佐が八方山に到着した。

また古屯への反撃のために気屯に到着した第二中隊（長：黒田武夫中尉）、第十二中隊（長：佐竹正蔵中尉）と下士官候補者教育隊を含む気屯残留隊（長：杉木雄三中尉）の三隊は気屯駅北約一キロの気屯橋に十四日午前二時に集結した。そこで霧の中を輜重兵のトラックに分乗して北上、古屯駅南方二〜三キロ地点で下車し、大山小隊に伝令を派遣した。大山小隊は第三中隊に所属しており、この時は古屯橋北岸にタコ壺を掘っていた。第三隊は払暁攻撃により古屯駅を奪回することとし、第二中隊は軍道西方の森林地帯に展開し、西より東へ攻撃、第十二中隊は鉄道に沿う地区に展開して南より攻撃、気屯残留隊は両中隊の中間を古屯駅に向かい攻撃することとした。

古屯駅奪回戦

古屯奪回を目指す日本軍は濃い朝霧の中、行動を開始した。西坂隊は朝霧の中から浮かび上がるように姿を見せる古屯駅から軍道にかけて相当数のソ連兵が布陣を済ませ、特に駅に通じる軍道の交差点には機関銃陣地の存在を確認していた。

第二中隊と西坂隊は古屯駅南西一キロの地点に設置した歩兵砲の援護射撃の下、攻撃を開始したが敵の激しい砲火、特に交差点の機関銃陣地の反撃により、再三、進撃を挫折させられた。そこで西坂中尉はこの機関銃の制圧が最優先と判断し、手榴弾三発をしばり、夏草が生い茂る軍道側溝を匍匐前進しながら忍び寄り、あらんかぎりの力を込めて機関銃陣地に手榴弾を叩き込んだ。轟音とともに機関銃は沈黙し、一挙に古屯駅まで二百メートルの地点まで前進した。その時、佐竹中隊長戦死の報が舞い込んだ。

佐竹中隊は後方に設置した山砲小隊の援護射撃を受け、第二中隊・西坂隊とともに前進を開始していた。すると、中隊の進撃方向である軍道東側からの砲撃や、遠方から戦車が射撃を加えてきて、その進撃を停滞させられたが、山砲小隊がこれらの敵や森林内の敵兵に猛烈な射撃を加えたおかげで、古屯駅まで三百メートル地点まで前進した。

そして、午前七時頃、古屯駅前の鉄道官舎の屋根に赤い旗を大きく左右に振る日本兵の服装の兵士が姿を現わし、佐竹中尉はこれを友軍と判断し、射撃を一時中止させた。そして十メートルほど進んだところで、前方の敵重火器が一斉に射撃を開始し、佐竹中隊長が戦死したのである。この時、第二中隊指揮班も黒田中隊長の行方を見失っており、第二中隊も指揮が混乱していた。

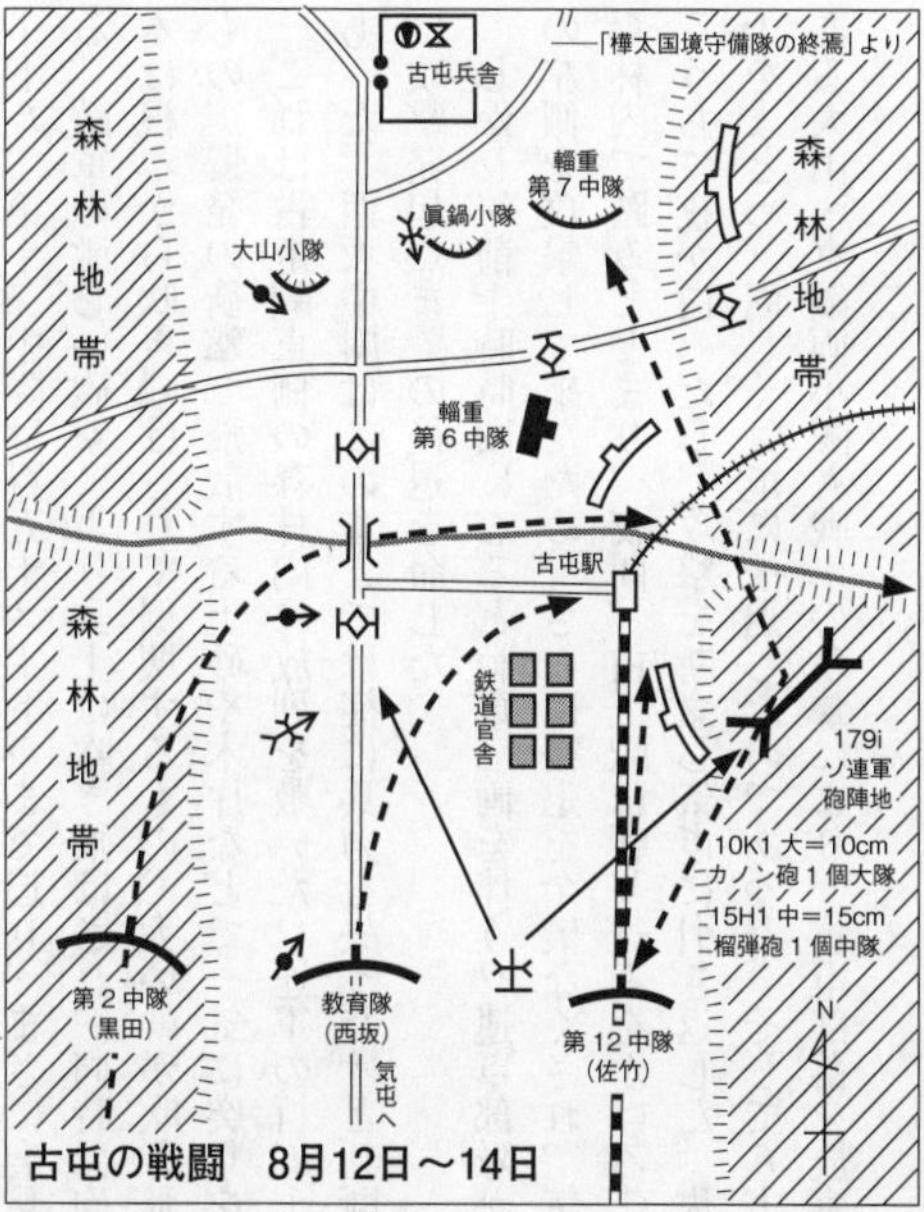

古屯の戦闘　8月12日〜14日

そこで、最上級者である西坂残留隊長は激しい弾雨が飛び交う中、大声で「爾後の指揮はこの西坂がとる」と呼びかけ、三隊の指揮掌握に努めた。そして西坂残留隊長の指揮の下、擲弾筒、重機の援護射撃の中、午前八時頃（西坂残留隊長の回想では七時十分）には古屯駅まで西坂隊・第二中隊は六十〜七十メートル、第十二中隊は百五十メートルまで迫り、まさに突撃を敢行しようとしたその時である。敵軍の激しい砲撃により兵士は吹き飛ばされ、同時に砲弾の破片が飛び交い、森林の樹木は根本から吹き飛ばされて倒壊するもの、太い幹が吹き飛ばされて兵士頭上に降ってくるもの、爆発の衝撃で飛散する土砂や木片などで一気に突撃を阻まれた。

これは古屯駅東側の森林内に放列を敷いたソ連軍の百五十ミリ榴弾砲の砲撃によるものであった。西坂中尉はこのままでは徒に兵力を失うだけと判断し、態勢を立て直すため、三隊に攻撃発起点までの後退を命じた。

しかし午前十時時頃になると戦車三両を伴うソ連軍部隊が軍道を南下してきて、第二中隊の左側を攻撃して来たため、さらに後退を余儀なくされ、気屯に至った。西坂隊はなんとか森林内で踏みとどまり、夜間、古屯駅に斬り込みをかけることを計画したが、道に迷っているうちに夜が白みだし、攻撃を断念し気屯に引き返した。佐竹中隊も生き残った下士官が兵士をまとめ、同じく気屯に後退したのであった。そして八方山の第三中隊からの増援部隊である大山・真鍋両小隊も戦車の攻撃により、古屯部落を放棄した。

古屯兵舎付近の戦闘—古屯、最後の戦闘

八方山の聯隊本部にいる小林聯隊長のもとには、敵中を突破して同地にたどりついた兵士が、第二中隊・第十二中隊・西坂隊の攻撃が失敗したという報告をもたらした。

そこで北海道より帰着したばかりの第一大隊長、小林少佐に同大隊主力を率いて古屯防備

（駅や市街地はソ連軍が占領）を固める事と、同大隊隷下の第一中隊（機関銃二、大隊砲配備）を八方山陣地のすぐ南側の北極山守備に残し、第二大隊に編入する事とした。古屯に向かう第一大隊主力は、実質、一個中隊にすぎない兵力しか残っていなかった。同大隊隷下の四個中隊の内、第一中隊は北極山守備に、第二中隊は古屯奪回戦で敗れて気屯に下がってい た。そして第四中隊は師走川陣地の戦いの生き残りで古屯に後退した第二小隊である。つまり第一大隊主力を増援と言っても実質、一個中隊である。その内訳は、大隊本部、第三中隊（指揮班と一個中隊）、第一機関銃中隊（一個小隊欠）、速射砲一個小隊、歩兵砲の無い歩兵砲一個分隊、神無陣地より古屯に撤退してきた第一中隊の一個小隊、そして上記の第四中隊第二小隊である。これ等と、古屯で交戦中の第三中隊隷下の二個小隊（大山小隊、真鍋小隊）である。

十四日午後、第一大隊は古屯部落を見下ろせる北の丘に到着。同地に残っていた憲兵および輜重兵の一部を掌握し、各隊を古屯一号兵舎（第二大隊本部）及びその北側に配置し、日没までにソ連軍への備えを完了させた

第一大隊が入った、第二大隊兵舎は百五十～二百メートル四方の平地台に設けられ、本部、兵器、被服倉庫、医務室、炊事場、そして将校官舎が建ち並び西側に営門があった。

第三中隊を率いる横田徹夫中尉は一個小隊を新保小隊と泉小隊に再編成したが、人員の補充があったわけではないので、一個小隊の人数は定員を下回る二十二、三人に過ぎなかった。

そこへ向地視察隊一個小隊と師走陣地から南下した第四中隊の生き残りの第二小隊の二十数

名（十五日朝、古屯到着）も横田中尉の指揮下に入った。なお、第二小隊と一緒に行動していた第一中隊の第一小隊は、第一中隊が第二大隊（長：渡部辰夫少佐）の指揮下に入った事により、小林大隊長より北極山の第一中隊への復帰命令が出され、古屯を去った。

また、十二日の戦闘で古屯に移動した輜重兵第二大隊の輜重兵第六中隊（長：田中重三中尉）も第一大隊の指揮下に入った。これは、八方山へ糧秣を輸送する輜重兵第二大隊を追って、輜重兵第六中隊は気屯から古屯まで追ってきたが、既に輜重兵第二大隊は糧秣輸送を完了させ、同地を去っていたためである。

そして迎えた八月十五日、玉音放送により、内地だけではなく、中国大陸、アジア各地の日本人に戦争の終結が伝えられた日である。ソ連軍以外の連合国軍は同日正午をもって、戦闘行動を停止した。

その十五日早朝、小林大隊長は古屯で交戦中の大山・真鍋両小隊との連絡を試みたが、両小隊はソ連軍の攻撃により、古屯西側の森林地帯に押し込まれ、ついに連絡が取れず、夜明けを迎えた。

昨夜来の雨も止み、立ち込めていた霧の中から次第に青空が見えだし、その合間から森林や兵舎を夏の日差し照らし始めた頃、ソ連軍の銃弾が、大隊本部の大隊長室の窓ガラスを貫き、戦闘は開始された。

小林大隊を攻撃したのは、第179狙撃連隊を中心とする数千の部隊で、南北から古屯兵舎を挟み撃ちにするものであった。その部隊には火砲は百五十ミリ榴弾砲他十数門、戦車は

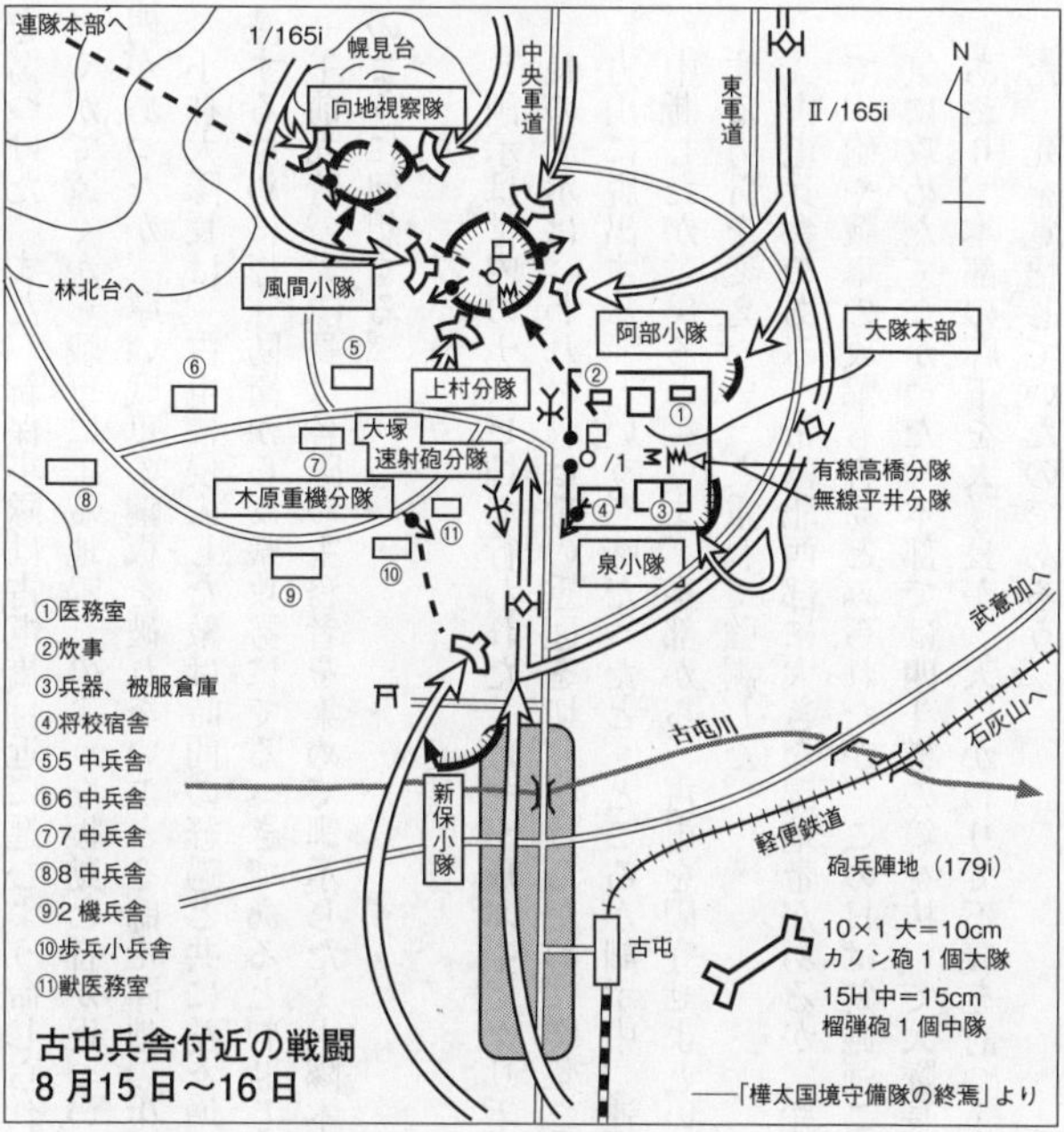

古屯兵舎付近の戦闘
8 月15 日～16 日
――「樺太国境守備隊の終焉」より

五十両で、その中にはT34が三十数両も含まれており、師走陣地の戦いで傷つき、疲れ切っていた第一大隊（実質は一個中隊）の勝てる相手ではなかった。

第一機関銃中隊、第三中隊の将兵は営内に掘った掩体壕、兵舎南面の木壁に畳、被服の梱包を積み重ね、被服工場、兵器工場などをタテに、防戦体勢の強化に大わらわであった。だが、三方からせまるソ連軍の銃撃は激しく、兵舎のガラスや板壁を貫き、銃弾が命中しなくても、それらの破片が頭上から降りそそぎ、兵士を傷つけた。また、新保小隊は古屯橋付近に進むよう命じられた。

やがて遠くから戦車による地鳴りのような振動と音が近づいて来た。兵舎内には速射砲二門があったが、厚い戦車の鋼板を破れないことを師走陣地の生き残りは知っていた。

小林大隊長は、古屯に侵入した敵は時間の経過と共に益々増強されると予測し、早期に撃滅するために専守防衛から反撃攻勢にでるべきであると判断していた。

午前九時、大隊長は各隊の主務者を集めて訓示した。大隊本部伝令の横田伝一二等兵は次のように回想する。

訓示は営内のナスビ畑で行われた。敵弾が飛ぶ中でクリ毛の愛馬にまたがった小林大隊長の訓示は「われわれは敵の重囲を切り抜けるために突撃を敢行する。生き残った者は八方山に脱出する」という意味だったと。ところが訓示中、連隊本部からの電話が来て一時中断したが、戻ると「いま、本部から、古屯を固守せよといってきたが、われわれは突撃する方針を変えない」と重ねて強調した。

古屯兵舎のある一帯は北西部に大きな湿地帯があるが、総体的には平地上の疎林と草地で、砲や戦車の攻撃も容易とみられたが、この日は銃砲弾こそ激しかったものの、敵は一気に攻めたてなかった。本部では四斗樽の鏡を抜いて大隊長以下、最後の突撃を前に酒をあおり、本部の廊下を大隊長が〝天にかわりて不義を討つ……〟と大きい声で歌って歩いた。死を覚悟していたのであろう。

私たち兵隊は乾パンの中からコンペイ糖だけをとって食べた。それが決戦を前に許された私たちのぜいたくだった。

（『樺太一九四五年夏』）

第一大隊を殲滅せんとするソ連軍は、まず第三中隊、それも最前線の古屯橋付近を守備する新保小隊と軍道上の聯隊砲分隊に攻撃を集中させた。

ソ連兵の攻撃は緩慢ではあったが、自動小銃で装備された兵士の疎林、湿地地帯、市街地全域にわたる歩調を整えた進撃での腰だめ射撃による弾幕は、堰を切った洪水の様で、日本兵の頭を上げさせなかった。古屯川南北の軍道沿いに配備された、新保小隊、速射砲大塚分隊、機関銃木原分隊は、掩体または家陰から、九六式軽機関銃、九二式重機関銃、八九式擲弾筒等の手持ちの小火器を総動員して、正面の敵と激烈な戦闘を繰り広げた。

午前十一時頃には古屯部落内に展開するソ連軍戦車約十五両が猛烈な砲撃を開始した。その砲撃は至近距離からの水平射撃で、発射音と炸裂音は同時で、砲口の移動は目視できるだけに恐怖心を湧き起こした。戦車砲は、まず古屯橋南側たもとに布陣した速射砲大塚分隊を瞬時に沈黙させてから、次々と日本軍の拠点を砲撃、新保小隊長は戦死した。

午後二時頃、第三中隊長横田徹夫中尉、続いて第二小隊長泉栄吉伍長も戦死したが、そこへ師走陣地の戦いの生き残りである第四中隊第二小隊の阿部曹長以下が駆けつけ、この日はなんとか陣地を固守できた。しかし、ソ連軍の容赦ない砲撃は、古屯兵舎に集中、営内からも向地視察隊が二門の歩兵砲を使って古屯橋付近のソ連軍に打ち返していた。

そのうち、急に霧が立ち込めてきたときには、急遽斬り込み隊を募り、ソ連軍に突撃しようとする下士官もいたが、周囲の兵士の中には「頭がいたい」「腹が痛い」と言い出すものもいた。また、小銃をもたない兵士が肉攻班に指名され、戦車に向かって飛び込んでいったが、中には戦車が近づくとおびえ足がすくむ者、いつの間にか姿を消す者もいた。これも生死をかけた戦場で起こった真実である。

この大隊本部兵舎付近は疎林と草原（湿地）で囲まれており、正門前に中央軍道が走っていた。ソ連軍は正門前に陣地を構えた上村正春伍長が指揮する聯隊砲一門（ソ連側はたった一門とは気付かなかったようである）の大活躍による戦車の大量損失のためか、歩兵で一気に大隊本部兵舎を制圧しようとはしなかった。上村分隊の戦いぶりについては、詳しく後述したい。

十六日早朝、まだ薄暗い中、大隊本部は小林大隊長命令で兵舎を出て、営門から北西三百メートル（有線分隊員の被覆電話線一巻分との証言）の草原（湿地あり）に移動し、大隊本部を中心に直径百五十～二百メートル以内にタコ壺、壕を掘り、四囲を守る円形陣地を構成した。

この最後の陣地に小林大隊長、浜田富士隆第一機関銃中隊長以下、約六十名が入り、地面から染み出た赤い水につかりながら、ソ連軍の攻撃に備えたが、「その時」が来るまであまり時間がかからなかった。

ソ連軍の攻撃が開始されたのは午前五時頃のようである。戦車砲、榴弾砲、迫撃砲による間断のない砲撃。その砲撃の援護の下、ソ連兵は自動小銃を乱射しながら円形陣地に向けて前進を開始。明るくなると木のすぐ上をかすめるように飛来した戦闘機による機銃掃射と、それと入れ替わるように飛来した爆撃機による爆撃で陸と空からの攻撃はあたかも暴風雨のようであったという。

午前十一時になると、敵との距離はほとんどなくなり、攻撃は一層苛烈なものとなり、死傷者が続出した。

かくして、八月十六日夕刻、古屯はソ連軍の手中に帰したのである。

帝国陸軍の華、上村山砲分隊

樺太における対ソ戦、最大の激戦地で八月十三日〜十六日までの四日間で、T34を含むソ連軍戦車三十二両を擱座させるという戦史に残る大戦果——おそらく先の大戦における日本軍の一門の聯隊砲による戦車撃破最高記録——を挙げた部隊、上村分隊の活躍が歴史の狭間に埋もれている。

もし、日本のポツダム宣言受諾が八月十五日以降であったら、間違いなく天聴に達する（天皇陛下に報告される）という栄誉に浴していたであろう活躍は、今まで、主に関係者の間でしか話されて来なかった。この古屯の対戦車戦について、聯隊砲中隊出身で経理候補生要員であった塩原時茂一等兵の戦後回想、上村分隊の分隊記録係兼伝令だった賀戸三夫一等兵の証言を中心に、上村分隊の視点から筆を進めたい。

当時、幹部候補生隊は聯隊本部がある気屯（古屯の後方）にあった。塩原一等兵は聯隊砲中隊出身の経理候補生要員として同地にいたが、八月十日朝、吉川主計中尉指揮のもと古屯へ向かい、到着後は古屯兵舎の東側の陣地に入った。

一方、上官からの命を受けた賀戸一等兵は、幌見峠の弾薬庫にある訓練用の四一式聯隊砲の整備を命ぜられ、一人で分解し、一つ一つの部品に丁寧に油をさし、磨き、組み立てるという整備を行なった。ちなみに、手先が器用な賀戸一等兵は戦後、自宅の電化製品が故障すると、自分で分解し、好んで修理をしていると筆者に語った。

古屯で戦闘が始まった十二日、日ソ両軍の陣地はかなり近接していたようだ。塩原経理候補生要員の頭上を敵味方の砲弾が飛び交い、敵が砲を撃ったあとの薬莢が、古屯川の川原の石にぶつかって、「ガラン、ゴロン、ガラガラガラ……」と甲高い音を立てて転がる様子が手に取るようにわかるくらい大きく聞こえた。敵弾は日本軍陣地を飛び越え、古屯北方二キロにある幌見峠の中腹で盛んに炸裂していた。

当時、聯隊内では、ソ連兵は突撃の際にウォッカを引っ掛けてくるという噂が流れていたが、それは本当だったようである。突然、数十メートル先から元気な赤く若い顔をしたソ連兵が飛び出してきて、日本兵が籠もるタコ壺陣地に「バラバラ」と自動小銃を乱射して、反対側の斜め後方の林に一目散に駆け抜けていった。

十三日になると古屯守備増強のため、第一大隊主力部隊（実兵力は一個中隊強）が大隊長の小林貞治少佐に率いられて到着した。どの兵士も精気が感じられず、どこか疲れきっていた。

その姿を見た兵士はタコ壺の中から、彼らに声をかけて聞いてみると、中央軍道上の師走陣地での戦いで大打撃を被ったと言う。その後も十五日までに前線から後退してきた第一大隊所属の将兵が三々五々と古屯に到着した。本来なら、古屯の第二大隊兵舎でこれらの兵士達を休ませ、再編成する予定だったのである。しかし、古屯兵舎を守っていた将兵には、一人でも多くの味方の到着は心強かった。

小林大隊長は酒に酔い気味で、第一大隊将兵や周囲の兵達を集めて訓辞をした。

「ワシは兵卒のときシベリアに出兵した……。ロスケは到底、優秀な日本軍の敵ではない……」

小林大隊長は、シベリア出兵に従軍しただけでなく、ノモンハン事変の際もソ連軍と戦った経験を持っていた。

馬上から酔っ払って、呂律の回らない口調で、叱咤激励する大隊長を見て、果たしてこれで勝てるのであろうか、と塩原経理候補生要員の頭に不安がよぎった。この時すでに、兵舎付近に配備された部隊の重火器は破壊され、対戦車攻撃用の急造爆雷すら使い果たし、絶望感に打ちひしがれていた。

その時だった、中央軍道の北方から車両がきしむ鈍い音が聞こえてくるではないか。

「お……、聯隊砲だ！」

七十五ミリの砲口を輝かせて、一門の聯隊砲が馬に引かれて幌見峠からガラガラと下りてくるではないか。

本砲の正式名称は四一式山砲。射撃、操作は容易で命中精度も良い火砲であった。しかも軽便で機構も極めて簡単で分解して馬に載せることや、これをおろして組み立てることも簡単であったばかりか、十三名いれば、人力でも分解搬送が可能であった。

このような点から、歩兵とともに行動することが出来、歩兵を直接支援するのに好都合の火砲として重要視され、歩兵一個聯隊に四門の四一式山砲が配備され、聯隊砲と呼称され親しまれていた。また、対戦車砲である速射砲より大口径の七十五ミリ砲ということもあり、対戦車戦でもその威力を発揮した。

四一式山砲。歩兵聯隊配備のものは聯隊砲と呼ばれた

歩兵第百二十五聯隊では、第一～第三大隊に各一門が配属されていて、残りの一門は新兵の訓練に使われていた。そのため本砲運用のための分隊は存在せず、十二日に新兵訓練の助教であった上村伍長を分隊長とした聯隊砲分隊が急遽編成され、幌見峠の武器弾薬庫から約二キロの山道を下ってきたのであった。

その途中、この日の朝にソ連軍の挺進部隊により幌見峠の林道で補給物資を輸送中のトラックが襲撃され、佐々木寿雄兵技中尉他十一名が戦死した現場を通過して来た。山砲分隊員の賀戸一等兵によると、前夜は幌見峠の無人のトーチカで休息を取って来たので、佐々木中尉一行が襲われなければ自分達が襲われたのではないか、亡くなった方々には申し訳ないが、自分達は幸運だったと語る。上村分隊は幸運なスタートであった。

「おい、塩原！　元気か！」

「俺達が古屯の配備に付けば、正に鬼に金棒だ」

聯隊砲と共に下ってきた兵士は塩原経理候補生要員が聯隊砲中隊にいた頃、共に猛訓練に励んだ戦友達で、その忘れることの出来ない懐かしい顔を見て、頼もしいやら、嬉しいやらで思わず喜びの涙がこぼれ落ちたという。自信ありげな顔の分隊員達の顔はどれも誇らしげに輝き、実に頼もしげである。そして、その顔の中には、賀戸一等兵の顔もあった。

この分隊を率いる上村正春分隊長は若い優秀な下士官候補生出身の二十歳の伍長。砲隊用の十八倍の大型眼鏡を背負い、南部十四年式拳銃を腰にした逞しい姿で、笑顔を見せながら元気よく到着した。上村分隊長の勇ましい姿と聯隊砲を見た古屯守備の将兵達の士気は、否が応にも高まった。しかし、その時既に敵戦車は、轟音を響かせながら古屯市街地に通ずる東軍道、栗山道を南下しているのが見え、こちらに向かって来るのが分かる切迫した状況であったため、陣地選定のための地形偵察の時間はなかった。そこで両道いずれにも通ずる射角をと、若干の高台にある古屯兵舎正門の衛兵所横に南向きに陣地を定め着底した。

「ゼロ距離照準射撃。直接照準」と、上村分隊長の号令が飛ぶ。敵戦車は陣地南方の古屯橋

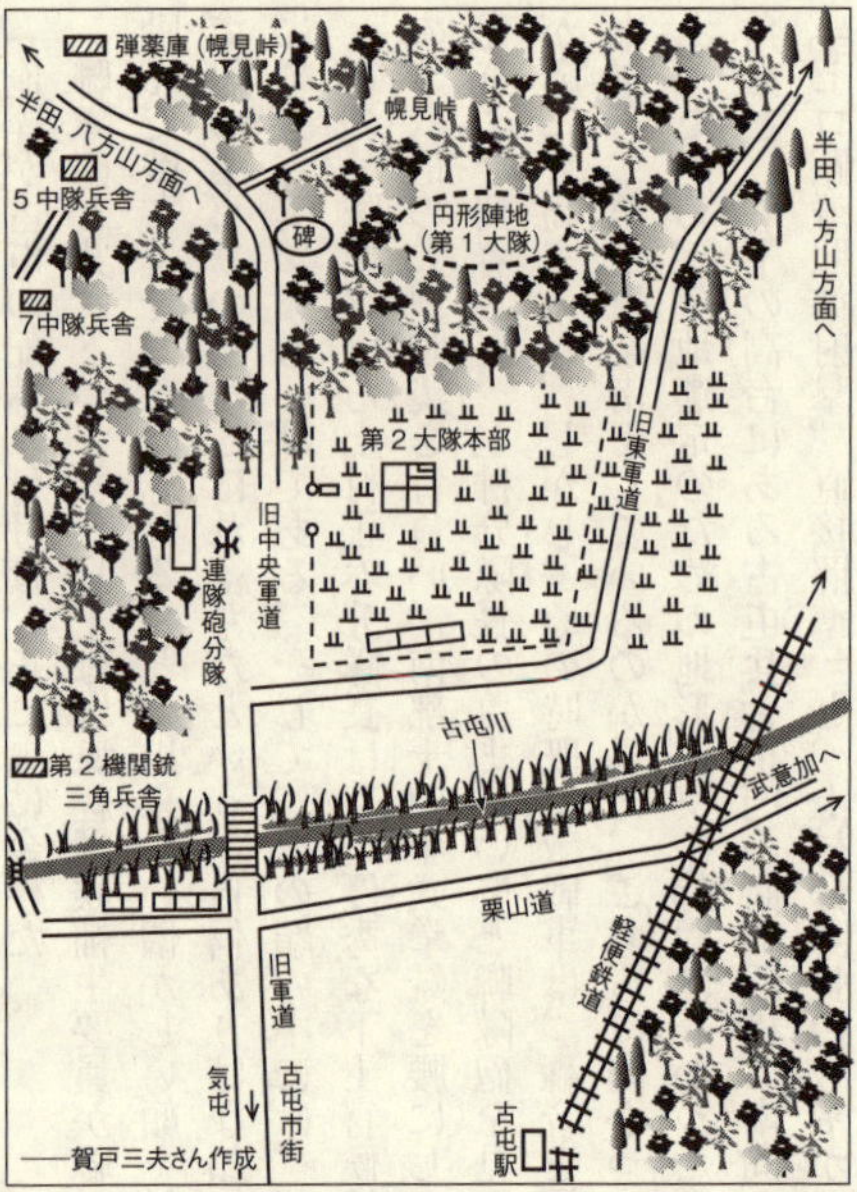

方面の民家の影から急に姿を現わしたため、照準する余裕はなく、日頃の訓練と目に頼るほかはない。

「撃て！」と再び上村分隊長の号令。

三番砲手（一門の聯隊砲には八名の砲兵がおり、三番砲手は発射担当）柏原上等兵が間髪入れずに「拉縄」（「りゅうじょう」と呼ばれる縄。この縄を引くと砲弾が発射される）を力強く引くと、砲弾が轟音を上げて吹き飛んで行き、砲弾は黒点「・」となって消えていく。分隊員のみならず、近くにいる日本兵は小銃を持つ汗ばんだ手を堅く握り締め、固唾を呑んで、祈るように、一秒、二秒と敵戦車を見つめていると、突然炸裂音と共に白煙が立ち上がり、戦車は擱座した。

「やったぞう！」

分隊長は飛び上がって喜んでいる。兵隊達の顔もうれし泣きにみえた。しかし、分隊長が即座に発した「聯隊砲を野菜倉庫へ移動！」の号令と共に分隊員は即座に動いた。

野菜倉庫は古屯兵舎営門前の道路を挟んだ向かい側の土手を掘って造られており、上空からは見えるが、対岸からは死角になる。そのため、ソ連軍にその場所は見えない。聯隊砲が敵戦車とその乗員を仕留め続ける限り、聯隊砲の数とその陣地、野菜倉庫の位置は知られない。すると、擱座した戦車の脇から、もう一両の戦車が現われる。

「敵戦車！」

監視兵の怒鳴り声と同時に、野菜倉庫に隠して置いた砲を素早く引っ張り出して砲台陣地に据えつけ、射撃準備を完了する迄には十秒とかからない。

砲身の後方延長線上に立つから目測で敵戦車との距離を見極めた分隊長は、

「目標、道路前方の敵戦車、直接照準距離千メートル」と、号令。砲の左側の照準坐に腰を下ろす
四番照準手水戸上等兵は、

「よし！」の声。今度は皆の顔に余裕がある。

「撃て！」と、上村分隊長の号令と同時に、三番砲手柏原上等兵が「拉縄」を力強く引く
……轟音と同時に黒点は、敵戦車に吸い込まれていく。と、それまでゆっくり移動していた戦車は突然停止。砲塔のハッチが荒々しく開け放たれ、中から乗員が脱出しようとしている。

それを見た、上村分隊長はすかさず、第二弾の発射を号令。

敵兵を一人でも生かして帰すことは許されない。もし、そんなことがあれば、聯隊砲が一

門しかないことが敵に知られてしまう。

次の瞬間、分隊長以下十一名の瞳には、宙を舞う敵戦車兵の肉片が映った。

この後、聯隊砲陣地に壕を掘り、聯隊砲が陣地に入った際、敵から見えないようにした。この陣地が造られた古屯橋袂の北岸には、第三中隊（中隊長・横田徹夫中尉）の指揮班と一個小隊と木原重機分隊が布陣。南岸にはソ連軍に占領された古屯の町があるが、古屯橋を渡って中央軍道の東西に分かれて同中隊の真鍋小隊と大山小隊が、橋の袂には大塚速射砲分隊が布陣し、ソ連軍の北上を阻んでいた。

ソ連軍が古屯に投入した戦車はＴ26ともＴ34とも言われているが、賀戸一等兵の記憶によると、当時攻撃を加えてきたソ連戦車は主にＴ34／76（現・ユジノサハリンスクの対日戦勝博物館前に展示されているＴ34／85は現地ガイドによると、古屯の戦闘に参加したとの事）だった。

いくら聯隊砲が七十五ミリ砲であるからといっても、最大装甲厚四十五ミリの装甲板を貫通させることは出来ない。そこで、戦車の砲塔の回転部の付け根を狙って砲撃した。ここはかなりの隙間があり、これを狙えば爆風で中の人間はやられてしまうと教育されていた。

このような戦いが十六日の昼まで続いた。十三日には三両、十四日には七両の敵戦車を擱座させた。敵も味方も必死である。聯隊砲は敵戦車が動いているうちに砲撃。一両擱座させるとその横からまた一両現われる。また、それが動いている内に砲撃し、一撃で擱座させると、道がふさがれ戦車は前進できなくなる。一方、日本軍はソ連軍戦車を擱座させると直ぐ

サハリン州郷土博物館に展示されたソ連軍の主力戦車 T34/85 の写真

に、道路脇で、古屯橋の対岸からは死角にある野菜倉庫に砲を隠す。一〜二時間するとソ連軍はいつのまにかに、擱座した戦車を後方に下げ、攻撃を再開するのであった。その間、分隊員達は聯隊砲の整備に励んだ。

まだ十四日は上村分隊長には余裕もあったのか賀戸一等兵に命じ、炊事場へ行って酒を調達させ、分隊員にふるまったという。上村分隊長と塩原経理幹部候補生は仲が良く、賀戸一等兵が酒以外にも食糧調達などに行くと「配慮」してくれていた。しかもこの酒は塩原経理候補生要員が敵戦車に立ち向かう戦友達のために、上官の吉川中尉に無断で四斗樽の鏡をわったもので、純米酒だった。これを飲んだ兵士達は、

「おお……旨い！　好い酒だ」

と言って、益々張り切って敵戦車めがけて聯隊砲を発射した。聯隊砲の戦果は上々で、上村分隊長が素っ裸で笑いながらの指揮をとる姿はまるで演習をしている様で、このためか兵士も固くならずによい射撃ができたのであろう。敵戦車めがけて撃った砲弾は百発百中だった。

ソ連軍戦車は聯隊砲分隊陣地南方の古屯橋方面から第一大隊の主陣地――さらにその後方の幌見峠――目指して北上し続けてきた。

十五日朝、昨夜来の雨が上がり、霧も次第に流れ去り、青空が見え始めた頃、ソ連軍の攻撃が古屯各所で始まり、古屯橋南岸への最初の攻撃はなんとか撃退できた。しかし、二回目の攻撃はそうはいかなかった。

今度はT34を伴う攻撃であった。至近距離からの戦車砲の水平射撃は、発射音と炸裂音は同時で、日本軍兵士は、その砲口の移動が目視できるため、恐怖心から逃れることは出来なかった。大塚分隊の速射砲はノモンハンで活躍した九四式三十七ミリ砲であったが、ドイツから導入した技術を基に対戦車砲撃用に開発された成形炸薬弾である「タ弾」は配備されていなかった。そのためノモンハン事件当時のソ連軍戦車の三倍以上の厚さの装甲板を持つT34には全く歯が立たなかった。

戦車砲は瞬時に大塚分隊を沈黙させると共に、大山・真鍋両小隊陣地に砲撃を加えた。もはや敵戦車に反撃のすべを持たない両小隊は、対岸にいる第三中隊陣地ではなく、古屯西方の疎林に転進し、そのまま気屯方向に後退した。このことに上村分隊が気付いたのは、陣地前面に押し出してくる敵戦車や兵士の攻撃や今までにない激しい砲撃が行なわれるようになって来たからである。

古屯橋南岸に歩兵二個小隊と速射砲分隊がいるはずなのに、聯隊砲分隊陣地付近に昨日とは比較にならないほどの砲弾、銃弾が飛んでくることを不信に思った上村分隊長は陣地西南方の山に賀戸一等兵を派遣した。すると、南岸の部隊がいなくなっていること、川沿いの民家の影からソ連兵が聯隊砲陣地の方向に射撃をしていることがわかった。そこで、その山にいた歩兵砲（迫撃砲）分隊に民家の影にいるソ連兵への砲撃を依頼。復命のため戻ろうとすると、あまりものソ連軍の攻撃の激しさに、歩兵砲分隊長の曹長から帰るなと言われたくらいであった。

戦車の攻撃も前日までは二両擱座したら、一～二時間は攻撃がなかったが、この日は三両続けて進撃して来たこともあった。その時であった。当時、聯隊砲から数メートルの所にある蛸壺に籠もっていた川渕一等兵の耳に、上村分隊長が砲手に向かってかけた言葉が飛び込んで来たのは。

「よくやったぞ！　お前の働きは天聴に達したぞ！」

川渕務一等兵曰く、「普通に考えれば、たった今、敵戦車を撃破したばかりなのに、その働きが東京にいる天皇陛下のお耳に達するはずがない。しかし、敵戦車を撃破した高揚感からか、その場では誰も疑問に思わず、益々士気が高まっているのが、見ててよくわかった」。因みに川渕一等兵は、戦後、日本人として国際アイスホッケー連盟で殿堂入りを果たした三名の内の一名である。

話を戻そう。砲手をほめたたえる上村分隊長の声を記憶する川渕一等兵とは別に、上村分隊長のすぐ後ろに立って記録をとっていた賀戸一等兵は、そのような言葉を聞いた記憶はないという。ただ、この日の戦闘の後、分隊員を前にして上村分隊長が、札幌の方面軍司令部から、国境での戦いは上聞に達するかもしれないと誉められた、と話したそうである。しかし、この時は既に札幌の方面軍司令部はおろか、豊原の師団司令部との連絡も途絶しており、上村分隊長が、部下の士気を鼓舞するために、そのような話をしたのであろう。

当時、聯隊本部にいた寺崎正信二等兵によると、小林聯隊長はこの功績を「感状ものだ」と喜んでいたという。余談だが「感状」とは、高級指揮官が「顕著な功績」をあげた部下または、部隊に賞状という形で贈る栄誉で、これを授かることは、大変名誉なこととされた。

この日の上村分隊の戦果は十三両もの敵戦車を擱座させ、古屯橋南岸からの進撃を食い止めていた。

ただ面白いことに、ソ連軍はこの日の昼間のような激しい攻撃をして撃退された日でも、夕方になるとピタっと攻撃をやめ、日本軍のような夜襲はかけて来なかった。そのため、上村分隊長は毎晩、薄暗くなると交替で歩哨を立てて不寝番をさせた。そのおかげで他の者は兵舎に戻って寝ることが出来たそうである。

この日までの上村分隊の善戦敢闘ぶりは聯隊本部を湧き立たせ、「連隊長は直ちに上村分隊に賞詞を与え、師団に感状の上申を命じたが、十五日現在も師団通信隊から派遣されていた三号無線中川分隊は行方不明で師団司令部への連絡の手段はなかった」（『樺太国境守備隊の終焉』）。

十六日、ついにソ連軍に聯隊砲陣地の位置を知られてしまった。陣地周辺に敵弾が次々と落下。分隊員にも死傷者が出たが、それでも砲は無事で戦車が見えると、野菜倉庫から砲を出して、攻撃を繰り返し、昼頃までに九両の戦車を擱座させ、聯隊砲陣地を守り抜き、敵戦車を一両たりとも通さなかった。

それが昼を過ぎた頃、ソ連軍の攻撃がピタっと止み、全然戦車が来なくなった。そして十三時頃に賀戸一等兵は上村分隊長から大隊長の戦死を聞かされたという。それを聞いた賀戸一等兵は幌見峠方面と古屯市街地方面から挟み撃ちになるのではないかという思いが脳裏をよぎった。しかし、夜になってもソ連軍はどこからも攻めて来ない。日本兵を全滅させたと思ったのだろう。

このような状況から上村分隊長は、第一大隊の全滅を推測。

その後、周囲が暗闇に覆われるまで、焼け残った兵舎跡に隠れていたが、そろそろ大丈夫だろうと外に出て見ると、同じような兵士達がいた。その場にいた、曹長が「俺が指揮を執る」と宣言し、点呼をとると四十名もいた。そして、その曹長の命令で各自、八方山を目指すことになった。

その際、上村分隊の聯隊砲は無事で、砲弾も四十発残っており、敵が来ても戦える状態であったが、上村分隊長は聯隊砲の分解を賀戸一等兵に命令。そして賀戸一等兵には脱出の際、標尺、眼鏡を持ち帰るようにも命令した。

賀戸一等兵は匍匐前進で八方山へ向かったものの、大体の方角しかわからなかった上、周囲は暗闇に覆われ、どこに誰がいるのかさえもわからず、万が一に備えて、手榴弾の安全弁を外し持っていた。途中、ソ連軍の陣地のすぐそばを通ったが、ソ連兵は第一大隊を全滅させたことで、油断をしていたのか、気付かれずにすんだ。

そんな時だった。賀戸一等兵の肩に誰かの足がぶつかった。目を凝らして相手をみつめ、小声で呼びかけると、なんと先ほどまで一緒に戦っていた水戸上等兵ではないか。幸い、水戸上等兵は八方山への道を知っているというので、二人で、再び匍匐前進を開始した。真っ暗闇の中、賀戸一等兵は水戸上等兵を見失わないようにしながら、ゆっくりと、そして確実に八方山に向かっている時であった。後方からコツコツと誰かが歩いて来る。物音に気付いた二人は動くのを止め、息を殺して様子をうかがっていると、人らしきものがこちらに向かってきた。とっさに持っていた手榴弾に手が伸びたが、次の瞬間、奇跡が起きた。その人物は他ならぬ上村分隊長であった。上村分隊長はあたりをはばかることもなく、軍道を堂々と、まるで近所に出かけるように普通に歩いて来るではないか。

賀戸一等兵は当時を次の様に語る。

「敵かと思ってそっと上をみたら、上村伍長が軍道を歩いて来るんですよ。びっくりして『分隊長、撃たれますよ』って声をかけると『お前らみたいに隠れていたら、かえって撃たれるんだ。そんなこそこそするんじゃねぇ』。そんなことをしたら撃たれると思ったんですけど『ついてこい』と言われて、ついていったら助かったんですよ」

上村分隊長一行は古屯を出て、北極山と七星山《しちせいさん》の間の道を通って、八方山に到着、聯隊主力部隊への合流を果たした。しかし、正確な人数は判らないが、古屯を出た時四十名いた戦友たちは大部減っていたという。

幻の幌見峠の戦い

日本軍の主陣地である八方山から古屯に至る途中に幌見峠があった。ここは元々日本軍が北樺太へ進撃する際、その拠点となるべく多数の鉄筋コンクリートのトーチカから成り立つ陣地があったが、戦局の悪化により八方山に樺太北部国境防衛のための主陣地がつくられ、幌見峠の陣地は放置された。そして、ソ連参戦後、ほとんど配兵されなかった。

その幌見峠から古屯にかけての地帯をソ連軍は日本軍の主陣地と誤認していた。その幌見峠に対しても、ソ連軍は古屯攻撃と同日の八月十六日に攻撃を開始した。その模様をソ連軍戦史は次のように記している。

激烈な戦闘が展開され、日本軍は再三逆襲に転じたがその都度失敗に終わった。激しい敵の抵抗を克服したソ連軍部隊は、一寸刻みに幌見峠を奪取して行った。

砲兵や飛行隊による突破準備射撃だけではまだ効果不十分で、多数の敵火点が制圧されないままであった。視程不良の森林のため射弾修正は困難を極めた。飛行隊に関しても同様で、限られた好天をみはからってしかも主として地域爆撃であった。

砲兵及び飛行隊の攻撃準備射撃が貧弱であったため突破速度が悪くなった。８月16日一杯で要塞主防御地帯の突破に決着をつけようとし、峠正面の狭い地域では猛烈な死闘が繰りひろげられた。第１６５狙撃連隊は、第２１４戦車旅団の二コ大隊の支援の下に、日本軍の鉄筋コンクリート製術工物十六を破壊して、幌見峠北側斜面を丸一日目に占領した。
（『幹部学校記事』「南樺太及び千島戦史その4」）

この戦闘について、当時ザバイカル方面軍司令官として、満州を蹂躙したソ連邦元帥マリノフスキーの回想録によるとソ連軍将兵がいかに勇敢に自己犠牲を厭わず戦ったかを次のように記している。

幌見峠要塞攻撃戦でアントン・ブユクルイ曹長は英雄的功績をたてた。彼の中隊がトーチカ六つを占領し、他のトーチカからの猛烈な機銃掃射のため中隊が立往生したとき、同曹長はトーチカに忍び寄り、銃と自らの身体で銃眼を塞いでしまった。戦友たちはただちに立ち上がり、一挙にトーチカを占領、進路を開いた。この戦闘から二十年後の一九六五年三月、南樺太における勇敢な行動にたいして同曹長は死後、ソ連邦英雄の称号を授けられた。
（『関東軍壊滅す』）

日本軍は八方山及びその周辺に防御用の陣地を築城するまで、「攻撃用」つまり北樺太への「進撃用」に主陣地を幌見峠におき、既出のツンドラ地帯に作られた栗山道は北樺太への進撃のために作られた。ただし、ソ連参戦前に兵力の不足（元々国境地帯は一個聯隊ではなく、二個聯隊で防衛する予定であったが、樺太南部地区重視の判断から一個聯隊での防衛を余儀なくされていた）しており、ソ連軍が攻撃を開始したという十六日の前には一時的に占領していた向地視察隊も撤退しており、日本側記録にはそのような戦闘はおろか、日本軍兵士の存在さえ確認出来ない。

歴史作家の司馬遼太郎は『坂の上の雲』のあとがきで、日露戦争の日本側公式戦史書である『明治卅七八年日露戦史』が編纂された理由を「論功行賞のためであった」と断言している。史実からかけ離れた記述が目立つロシア側戦史も、編纂官が執筆に際し文字通り自らの「保身」から、多くの党・軍高官の論功行賞を意識して記述したのであろうか。

局地停戦協定成立

十五日も朝から激しい砲撃にみまわれ、八方山の歩兵第百二十五聯隊本部付近には砲撃による負傷者が続々と運ばれ、八方山北側の二の稜と呼ばれる一角にもソ連軍が迫って来た。そして聯隊本部の正面である北斗山北側斜面でも激戦が繰り広げられていた。

また、この日は陣地秘匿のため、既に移動させていた車馬の内、余剰軍馬の処分とその馬肉の食糧への転用が聯隊命令として下達された。

しかし、この夜午後七時三十分、上官に聯隊の通信に関する報告と意見具申中の鈴木孝範少尉の下に、部下である無線第六分隊長の山本正幸伍長から以下の重要な知らせがもたらされた。

山本伍長は本部の予備無線分隊として本部壕内で開設、受信態勢をとっていたが、指揮班長である谷俊勝曹長の命により、時刻調節の為に無線機の周波数をラジオ放送に同調して、午後七時の時報を傍受したところ突然、天皇陛下による終戦詔書の渙発と阿南陸軍大臣のこれに関係しての割腹自殺のニュースを聞き、驚いて報告に来たとの事。私も強い衝撃を受け、言葉も無く茫然として山本伍長の顔を凝視した。程なく少なからぬ疑念も生じ「デマ」ではないかと聞きなおしたが、阿南陸相の自決など具体的でしかも真実性のあるであろう事も含んでおり、事の重大性を考え、まず上司に報告してからと思い、山本伍長とその部下である通信手には他言を禁じ、通信中隊長成田秀雄中尉に連絡に走った。二人で放送内容の確認が先決であるとし、山本分隊の無線機で直接聞き正すこととした。直ちに壕内の通信所に行き、心せくままにレシーバーを耳にした。終戦に関するニュースは間断なく放送しているらしく、南方方面における情報として、スマトラ、ジャワなどにおける終戦通達と、それによる現地軍の対応などについての情報が報道されており、終戦の事実を認識せざるを得なかった。同分隊員に重ねて他言を禁じ、中隊長と共に横地大尉、油谷副官を通じて連隊長小林喜代三《ママ》大佐にその旨を報告した。同じ頃、無線第3分隊の高木一伍長もソ連の放送で終戦の報道を聞いたが、デマだと聞き流していたとの事である。

連隊長は直ちに第2大隊長渡部辰夫少佐、第3大隊長小笠原裕少佐を招致し、横地、油谷両大尉を交えて長時間の協議の結果、何らかの師団命令を待つことに決し、終戦情報によって直ちに連隊としては、停戦交渉に入ることはせず、作戦を変更することなく戦闘を継続することになった。そして通信中隊に対して終戦情報に関する事一切について箝口令が下達された。

（『樺太国境守備隊の終焉』）

大日本帝国憲法では、軍の統帥権は政府から独立したものであり、軍に対して、政府が命令することが出来なかった。政府と軍は並列する存在であり、軍に命令出来るのは、政府の長である天皇陛下ではなく、軍の最高司令官である大元帥陛下（天皇陛下のこと）である。従って、戦闘を停止するには、大元帥陛下の名で発せられた停戦命令が必要である。これが、当時の軍人としての正しい考え方であるから、停戦命令が発せられない以上、戦闘継続は、間違った判断でもなければ、上級司令部の命令を無視して勝手な行動を取ったとも言えない。天皇陛下が軍隊を統率してはいるが、その統率は、天皇陛下の命令により編成された作戦軍内における、各部隊上下関係に基づいて行なわれている。従って作戦命令は作戦軍内の直属系統の上意下達によるものとされていた。

このことを前提に考えると、玉音放送は大元帥たる天皇陛下の命令ではなく、勅語であり、直ちに作戦行動に影響を及ぼすものではないと考えられる。つまり、同聯隊は大元帥陛下の名で大本営陸軍部から発せられた停戦命令を直接の上下関係にある第八十八師団より受けていないので、以前から受けていた戦闘命令が依然有効であると判断するのが、法的に妥当である。

そのため、樺太に限らず各地で戦っていた日本軍が矛を収め、停戦交渉に入るのは大本営より同日夜「積極進攻作戦中止」を、翌十六日午後の「即時戦闘停止」の命令が出され、それが各部隊に届いた後である。

この頃、小林聯隊長は重大な決断をしていた。もし、この決断が実行に移されていたら、私たちが知っている歴史とは違う歴史が生まれていたかもしれない。

八月十五日は既述の通り、ソ連軍が日本軍最後の拠点とみなしていた古屯では日ソ両軍が激戦を繰り広げている真っ最中で、ここを陥落させるべく、ソ連軍は戦力を集中させていた。そのため八方山の東側にあり、古屯に通じる中央軍道上にはソ連軍の大部隊、それもアメリカ製のトラックに物資を満載した輜重部隊が縦隊のまま密集しており、八方山の歩兵第百二十五聯隊主力部隊に側面を晒していた。

開戦前、日ソ両国は北方少数民族を使い、互いにスパイを送り込んでいた。特にソ連側は日本軍の事情をよく把握していたようだが、肝心な情報、つまり中央軍道沿いにある八方山が日本側の主陣地であったことは、最後まで気づいていなかった。このことは、サハリン州郷土博物館元館長のヴィシネフスキー氏も認めている。日本軍が玉砕覚悟でソ連軍の輜重部隊の縦列側面に八方山から奇襲攻撃を実施すれば、少なからず損害を与え、ソ連軍の南樺太侵攻スケジュールに影響を与えていたであろう。

小林聯隊長がソ連軍への攻勢を決断して以来、八方山の聯隊主力は攻勢準備に入っていた時に、終戦を知らせる放送を傍受していたが、それについて師団司令部に直接確認が取れなかった。それは師団司令部との通信に必要な機材、暗号表をもった師団通信隊分遣隊が、分遣隊長の個人的理由により、積極的に八方山に入山しようとしなかったためである。師団通信隊長鈴木利孝大尉は、分遣隊に聯隊本部と行動を共にするよう厳命していたにもかかわらず……。

以上のような理由から「終戦」という未確認情報は、作戦に影響を及ぼさなかった。

八月十七日に終戦に関する最初の命令が届いた。歩兵第百二十五聯隊戦闘詳報によると「十七日午前三時、和平ニ関スル大詔渙発セラレル。守備隊ハ積極的戦闘ヲ避クベシトノ要旨命令ヲ拝受シ、自衛戦闘ニハイル。シカレドモ敵ノ進出ニ際シテハ断固撃退スルニ決意セリ」とある。ただ、どのような方法でこの命令がもたらされたのかは、不明である。

この命令は、内容からすると八月十六日に出された自衛戦闘命令と思われる。この命令を受けて、小林聯隊長は聯隊主力による攻勢転移を取りやめ、自衛戦闘に転移したのであった。

一方ソ連軍は日本政府がポツダム宣言を受諾したことを知らぬように、十七日も朝から八方山、北極山、七星山に対する攻撃を継続したが、日本軍は上記命令に基づき、これを撃退した。そのような中、上敷香より、さらなる師団命令を伝える伝令が八方山に到着した。

この伝令について鈴木少尉は著書に以下のように記している。

十八日午前零時三〇分、連隊本部に息も絶え絶えの日の丸鉢巻をした下士官伝令が、本部警戒兵に伴われて現れた。この伝令は上敷香の戦闘指《ママ》令所の筑紫参謀が八方山の小林連隊長宛の師団命令を届ける任務で、一五日午後四時上敷香を出発した下士官伝令三組のうち、工藤伍長を長とする一組であった。（中略）命令の内容は「和平の大詔渙発と、積極的進攻作戦を避くべし」との事であった。連隊長に対して終戦によって取るべき処置、即ち、第一線の交戦部隊でまず問題となる停戦交渉に関する件、次に連隊の魂である軍旗の処置についての具体的指示がなく、上層部は早速その検討に入った。そして前記伝令は程なく上敷香に帰還するべく暗黒の山影に姿を消した。（この伝令は十九日上敷香に帰還したとの事であるが、あとの二組の伝令については、終戦後捕虜となり上敷香へ南下の折一組は初問付近の軍道側溝に日の丸鉢巻をした遺体を発見したが、残念ながら収容できなかった）

（『前掲書』）

歩兵第百二十五聯隊戦闘詳報には、この話は記載されていないが、十八日午前二時に「戦闘中止ノ命令ヲ受ク」とある。これもどのような方法で八方山に命令がもたらされたかは具体的に書かれていない。この命令通りなら小林聯隊長は上級司令部からの命令に従って、停戦交渉を始めたと言える。

鈴木少尉の戦後回想は上級司令部からどのように命令が届いたのか、そしてその内容まで細かく書かれている。停戦交渉については、

「十八日午前二時、小林連隊長は戦闘の継続による各隊の損害が益々増大することがあきらかであり、終戦を師団命令で告げられた以上、独断で停戦交渉に入ることも可能であるとして、まず軍使をソ連軍に派遣することに決した」（『前掲書』）とある。（引用者註：傍線は筆者）

この歩兵第百二十五聯隊戦闘詳報は第三大隊長小笠原少佐が抑留中に記憶を頼りに書き残したものを、努力と偶然が重なり、日本に持ち帰れたものであり、鈴木少尉の戦後回想は百二十五聯隊の戦友会長として、多くの人（第八十八師団鈴木参謀長にも会っている）の証言を集め、確認したものである。また鈴木少尉自身、聯隊の通信有線小隊長という立場から考えると、聯隊長の近くにおり、重要な内容を耳にしている可能性がある。

これらの点から、歩兵第百二十五聯隊長小林与喜三大佐が聯隊長としての判断で停戦交渉に入ったと考えるのが、実情に近いと筆者は推測する。

ただ、これを確認するには、モスクワ郊外のロシア国防省の公文書館にあるといわれている、シベリア抑留中に行なわれた小林聯隊長への尋問記録を見つけ出すしかないだろう。

このようにして、軍使に選ばれたのは第三大隊長小笠原少佐、聯隊副官油谷大尉、向地視察隊長大越大尉以下十五名である。

この時、ちょっとした問題が起きた。それは軍使が持つ「白旗」がなかったのである。当時、小笠原少佐の伝令として八方山の各隊を走り回っていた赤代伍長によると、窮余の一策として、洗濯済みの清潔な「ふんどし」を集めて、縫工兵がそれを縫い合わせて、白旗を完成させたという。

この「白旗」を掲げて軍使一行は八方山を下山。日本側が大きく白旗を振ると、ソ連側も戦車の上から白旗を振り、それが合図であるかのように軍使一行は進み、ソ連軍と接触した。十八日午後二時、ソ連軍の誘導の下、半田警察署にてソ連軍司令官ビアクノフ少将と会見し、局地停戦交渉にあたった。ビアクノフ少将は降伏を求めるのに対し、小笠原少佐はあくまで停戦を主張したため、交渉は平行線となった。この時の考えを小笠原少佐は「このまま経過したら、それだけ損害が増加する。抑留者として扱うのであれば、現在地で武装解除をするのも止むを得ない」と、回想している。

そして十九日午前零時戦闘中止、同六時自ら武装解除という内容で交渉を成立させた。一方で小林聯隊長は、ただ、停戦交渉を進めさせただけではなかった。十八日早朝より、各中隊から聯隊本部に入る報告から、聯隊長はソ連軍の攻撃が激しさをましていることを認め、停戦交渉の早期実現を考慮しつつも、終戦情報が一般将兵に漏えいし、士気が弛緩することをおそれ、午後三時三十分、以下の聯隊命令を各中隊に伝達した。

「明十九日、ソ連軍は八方山陣地を猛攻撃するものと判断される。守備隊は機先を制して一斉に突撃を敢行して、ソ連軍の南下を阻止するため、連隊は明朝黎明を期して一斉に突撃を敢行する。今後の戦闘継続のために、各陣地は補修強化に努め、次期命令を待つべし。」(『前掲書』)

小笠原少佐と中央軍道でわかれた油谷副官はソ連軍中佐を八方山陣地に誘導した。そして聯隊本部のある洞窟陣地に招き入れようとしたが、警戒してか入らなかったため、入り口付近で渡部大隊長と立ち話をしていた。

有線小隊に所属する岩崎一等兵によると、この後、停戦交渉成立の話がまとまり、ソ連軍中佐が同行の下士官に白旗をソ軍陣地に振るように伝えたという。それに従って、ソ連軍下士官が聯隊本部入り口より少し上ったところからソ連軍に向けて白旗を振ると、そのことを知らなかった日本兵が反発して、ソ連兵に向けて銃撃を加えたという。それを見ていたソ連軍陣地からはたちまち激しい砲撃が始まったという。

この砲撃には日本側も限られた弾薬で応戦したが、午後九時頃まで続いた。

小笠原少佐一行の帰隊後、聯隊長以下、聯隊幹部達は停戦の具体的手順を決め、各隊に命令を伝達したのは夜半に至ってからだった。

しかし、この命令を伝えられた将兵には大きな動揺と混乱が発生した。というのも「同日の午後三時三十分に出された、十九日黎明を期しての連隊全員の一斉突撃、即ち玉砕に通ずる命令から一転した停戦のための武装解除、陣地の撤収命令は十五日の和平のための大詔渙発」(『前掲書』)は知らされていなかったからである。八方山の各所から悲憤慷慨する者、戦闘継続を呼びかける叫ぶ者、涙する者等、様々な光景がみられた。

十九日午前十時、停戦協定に基づき、八方山には白旗が上がった。

既述の赤代伍長によると「天皇陛下のご命令であっても、俺は降伏しないぞ」と、下山する人々に叫ぶ将校の姿が見られたそうである。

ソ連軍は八方山に国境地帯防衛の主陣地があり、約三千名の将兵が立て籠もっていたとは気づかなかったようである。

「極東方面軍から軍に目付役として派遣されていた、クジミン参謀中佐は『進攻軍は全く敵情判断を誤っていた。まさに危ない所だった。又国境方面の日本軍を一師団と思い込んでいたが、その実数を知って勇敢さに驚いた』と小林大佐に述懐した」（『樺太防衛の思い出　最終の報告』）

サハリン州郷土博物館元館長のヴィシネフスキー氏に筆者がソ連軍は本当に気付いていなかったのかと質問した際、「プラウダ（真実だ）」との回答を得た。

寺崎一等兵によると、下山して中央軍道にたどり着くまでの道にソ連兵が二列に並び、その間を日本兵は通った。それは決して日本兵の健闘を称え、ソ連兵が整列したのではない。日本兵が持つ万年筆や時計を奪うために、並んでいたのである。その中には女性のソ連兵もいたそうで、それに抵抗したものは、射殺されたという。

かくして、八方山に籠っていた歩兵第百二十五聯隊主力は下山し、北極山においてソ連軍に武器を引き渡した。

「本戦闘を通じ、ソ軍に与えた損害は戦死一、〇〇〇余、戦車破壊数十台と推定された。わが方の損害は戦死約五七〇であった。ただし第一大隊においては、小林大隊長以下将校のほとんどが戦死した」（『北東方面陸軍作戦〈2〉千島・樺太・北海道の防衛』）。

八方山で局地停戦協定が結ばれたが、ソ連軍は南下を続けた。その頃、八方山から南方約八十キロ離れた敷香では停戦協定成立に先立ち、老幼婦女子（十五日には、第八十八師団司令部から樺太庁に「妙齢婦人即時優先引揚げの即時実施」要請があり、実施された）の緊急疎開が開始され、国境地帯から避難してきた人々の多くは敷香から緊急疎開列車で次々と大泊を目指した。

その列車で南下していた、当時十五歳の鈴木裕氏は、ある駅で列車の停車中に陸軍将校が民間人とかわしている会話を聞いてしまった。それは国境方面から避難してきたと思しき民間人が陸軍将校に、国境方面の戦況を説明しているようであった。戦況を聞いた将校の、「そうか。北部では戦っているのか。北部は捨てて南部を固める事になっているんだが……」（『北緯50度線の青春』）という言葉が、鈴木氏や周囲で聞き耳を立てていた人達の耳に飛び込んだ。

これを聞いた人達にしてみれば、国民義勇戦闘隊に参加してまで守ろうとした故郷が最初から放棄されることになっていたと言われ、その受けた衝撃を想像するには難くない。

この話を聞いた鈴木氏は「異国と国境を接する土地に住む住民は、警察を頼りにしているのではありません。軍隊だけが命も家族も財産も地位も守ってくれるのです。軍隊がいるから日々安心して生きていけるのです」（『前掲書』）と回想している。

これは鈴木氏に限らず、また南樺太に限らず、満州、朝鮮北部、沖縄、サイパンに住んでいた人々、共通の気持ではなかろうか。国境の向うに外国軍隊が展開し、その動きを肌で感じながら生活している人なら誰もが、古今東西を問わず、感じることではないだろうか。この時代、国境の向うの国の人々が無断越境してくるとすれば、それは難民ではなく、軍隊であろう。しかも戦車を装備する軍隊相手に、警察官のサーベルが何の役に立つのであろうか。

続けて鈴木氏は、次のようにも戦後の回想に記している。

「北部放棄が基本方針であったのなら、歩兵第百二十五聯隊の国境での戦いは国境方面の住民の安全な避難・安全確保だけが目的だったのかもしれません」(『前掲書』)……と。

第二章　恵須取方面の戦闘

恵須取の防衛態勢

沿海州を望む樺太西海岸最大の町、恵須取《えすとる》町は、昭和十六年の時点では樺太全島で最も人口が多く、昭和二十年十月一日には市制に移行する予定であった。

製紙業と炭鉱で栄え、隣町の塔路《とうろ》町（恵須取町から分離した樺太で四番目の人口の町で、炭鉱で栄えていた）とともに、樺太北西部の産業の中心地であり、恵須取町には支庁もおかれ、この地域の行政の中心地でもあった。

交通面でも航路では大阪・東京・小樽ばかりか、遠く朝鮮半島北東部の雄基《ゆうき》とも結ばれており、陸路では樺太西岸の各町村及び、樺太東海岸の内路《ないろ》（大泊に向かう鉄道の出発地）を結ぶ要衝でもあった。

町の重要性を認識しつつも、兵力配置が出来たのは、八月九日のソ連参戦後であった。この事について、第八十八師団参謀長鈴木大佐は『樺太防衛の思い出　最終の報告』の中で

「対ソ戦には歩兵半大隊に砲一小隊は欠くべからざる兵力で、常時配置し諸準備を整えておきたい場所だった。対米重点の関係上、軍の意図もあって実現できなかった」と記している。
さて、恵須取方面の防衛についての第八十八師団の作戦指導要領は、以下のようなものであった。

(一) 海岸線では一時の抵抗により住民の撤退を援護する。このため配備の重点は恵須取金比羅山(浜市街東側の高地)付近におき、各小部隊を塔路および浜恵須取(浜市街)南方に配置する。
(二) 住民は、有事に際し取りあえず上恵須取に退避し、次いで内恵道路および珍恵道路(上恵須取―珍内《ちんない》道)から後退する。これが援護のため、上恵須取付近になるべく堅固な陣地を作り持久する。軍隊配備の重点は上恵須取付近におく。
(三) 豊原方面に後退できない住民は内恵道路に沿う地区および知取川河谷に収容し、援護する。
(四) 軍隊は、最後に白雲峡付近に後退、持久する。
(『北東方面陸軍作戦〈2〉千島・樺太・北海道の防衛』)

しかし、ソ連参戦後、特設警備第三百三中隊に配属されていた山砲は、上敷香に撤収させられた。ところが、十二日にソ連軍が樺太西海岸の国境の町、安別《あんべつ》に攻撃を加えると第八十八師団司令部は塔路・恵須取方面に二個中隊の兵力増強を決定した。

その内訳は上敷香《かみしすか》の歩兵第二十五聯隊初年兵教育隊第三中隊を基幹に編成され、山砲一門を付された宮崎巴中尉率いる一個中隊と、真岡配備予定であった浅倉正二郎中尉率いる歩兵第三中隊に機関銃一個小隊を付した部隊である。

また、これらの部隊の統一指揮を執る人物が必要となり、偶然、別件で恵須取に出張中の富澤健三大佐（豊原地区司令部部員）が任命された。

ソ連軍機は対日参戦前から領空侵犯事件を起こし、北緯五十度線からはるか南の真岡市街地でさえ、高速で飛行する姿が目撃されていた。

ソ連機は九日から十日にかけて、西海岸の塔路、恵須取、鵜城《うしろ》、真岡などの町々に偵察飛行を行ない「塔路に軍隊がいないことと、警戒が手薄であることを確認した」と『北東方面陸軍作戦〈2〉千島・樺太・北海道の防衛』に記されている。

また、鵜城南方の古丹沖や恵須取沖には潜水艦の浮上が相次ぎ、海も空も完全にソ連軍に押えられたかの印象を与え、住民の心を動揺と不安の暗闇に陥れた。

恵須取への空襲は、九日の夜の焼夷弾攻撃と銃撃から始まったが、十二日は激しく、執拗な波状的空襲が夜まで延々と続き、空襲警報のサイレンを鳴らす必要がないと思われたくらいであった。

まず、照明弾が投下され、そこから無数の火の子が散って、恵須取の町は、まるで真昼のように浮き出された。そこへ「モロトフのパン籠」と呼ばれた焼夷弾が投下される。この爆弾は本体の中に小さなたくさんの焼夷弾が詰まっており、それが散らばって落下するため、木造建築が中心の市街地はたちまち炎に包まれ、逃げまどう人々に対しソ連機は機銃掃射まで加えた。

炎に包まれた恵須取町の中心部である浜市街の住民達は、市街地の背後の山に作られたトンネル式町営大防空壕（四百人収容可能）に食糧や貴重品を持って逃げ込んだ。

そこは真夏の熱さとあまりの人の多さに、防空壕の奥ではローソクの火も消え、マッチをすっても瞬間的にシュっと白煙を立てるだけの酸欠状態で、青い顔をしながら必死で呼吸していた人も少なくなかった。この大防空壕には扇風機もついているのだが、夜には停止され（理由不明）、外気を中に送り込む術がなかった。

また、浜辺の倉庫付近にあった重油ドラム缶がソ連機の攻撃により、誘爆して、三百本ほどのドラム缶が空中に舞い上り、火を吹いて落下する情景は凄惨そのものであった。

ソ連軍の恵須取上陸阻止

このような中、ソ連軍は十三日未明に駆逐艦一〜二隻と潜水艦二〜三隻の小規模な艦隊による恵須取への艦砲射撃を実施、上陸用舟艇二〜三隻で兵員を上陸させようとした。

この上陸用舟艇に対し、同地の特設警備第三百三中隊は火力を集中させたため、上陸用舟艇は反転し、姿を消した。舟艇は二〜三隻であった点から判断すると、偵察部隊を上陸させようとしたか（真岡上陸に際しても事前に偵察部隊を上陸させている）、海上からの威力偵察であったと思われる。

十三日のソ連軍の上陸を阻むことが出来たが、この日の攻撃で、市街地は灰塵と化した。

また恵須取防衛の戦力といえるのは、特設警備第三百三中隊のみであったが、市街地北東約二十キロの大平炭鉱付近に展開していた歩兵第百二十五聯隊隷下の第十一中隊が、十四日に恵須取に到着した。また、歩兵第二十五聯隊所属で、樺太南部東海岸の落合から真岡に移動してきた第三中隊が、そのまま恵須取に転用され、同日到着した。『ツンドラ　歩兵第二十五連隊戦友誌』によると、第三中隊は後日発せられた古参兵の除隊命令が届かなかったため、「二十五日の武装解除まで完全編成の一七五名」（この日朝鮮半島北部出身の兵士三名が脱走した）での到着であった。第三中隊は汽車で恵須取方面への移動中、ソ連機の空襲を受けたが、被害はなかった。真岡から恵須取に行くには、同方面への鉄道の終着駅である久春内《くしゅんない》駅で下車して恵須取へ向かうしかなかったが、その移動中、すれ違う避難民から「兵隊さん露助をやっつけてくれ、頼む」という声をかけられ、士気も高かった。

このようにして、恵須取に到着した二個中隊と従来から配備されていた特設警備第三百三中隊を以下のように配置した。

歩兵第二十五聯隊第三中隊（機関銃一小隊配属）

上恵須取西北方六粁付近の隘路を確保

歩兵第百二十五聯隊第十一中隊

上恵須取西北方三粁の隘路口を確保
特設警備第三百三中隊（一コ小隊欠、宮崎中隊および豊原地区第八特設警備隊を配属）
恵須取市街を防禦
爾余の部隊　直轄
本部　八月十五日夜以降上恵須取部落と予定する。
（『本土作戦記録第四巻附録　樺太及び千島方面の作戦』）

また、恵須取の北隣の塔路に特設警備一個小隊（指揮官不明）を派遣し、同地の守備と飛行場の破壊を決定した。

国民義勇隊の国民義勇戦闘隊への転移命令と恵須取の住民避難

樺太各地で国民義勇戦闘隊が編成されたが、戦闘に参加したのは、恵須取の国民義勇戦闘隊だけである。

国民義勇戦闘隊とは、昭和二十年六月に成立・施行された義勇兵役法により、従来の国民義勇隊を基礎として編成された民兵組織である。その対象とされたのは、男性は十五歳から六十歳。女性は十七歳～四十歳である。また、この年齢に該当しなくても、志願することが認められていた。国民義勇隊員の中核となるのは在郷軍人や警防団員だったが、組織ができただけで、肝心の訓練すら満足にできておらず、その装備も猟銃や先祖伝来の日本刀、それすらないものは竹ヤリというように、「自己調達」せざるを得なかった。

因みに「在郷軍人」とは軍隊から離れて予備役となり、通常は民間人として生活をしている人のことである。また「警防団」とは現在の消防団のことである。元々、空襲や自然災害から一般市民を守るために作られた、警察・消防の補助組織であった。国民義勇戦闘隊の任務は戦場に近い北部地区では、兵站的業務の軍の陣地構築、防空任務だけでなく、戦車の行動を阻害するために、憲兵や航空情報隊、特設警備中隊等と共に木材による道路の閉鎖作業や、橋梁を落とす作業等であった。

尾崎與作恵須取支庁長は、十三日、豊原連隊区司令部より無電で西海岸北部地区の国民義勇戦闘隊長に任命されている。支庁長は支庁職員百二十名に命じて、ソ連軍と戦うために、あるだけの日本刀を集めさせ、大防空壕の本部に集合させた。

さらに悪い事に、各町村との連絡は十分にとれず、尾崎支庁長は西海岸北部地区の義勇戦闘隊長であったが、各地の国民義勇戦闘隊の中で、恵須取町しか把握出来なかった。

筆者は、当時十六歳で国民義勇戦闘隊に参加した金沢正信氏にお会いすることが出来た。

金沢氏によると、家には猟銃が四丁あり、金沢氏は猟銃と弾丸二十発と補充用の火薬（二十発の弾丸を打ち尽くすと、その場で持参の火薬を薬莢に詰めて、だいたい一発あたり一分の速さで弾丸を作ったという）を自宅から持って来ていた。持参した猟銃は金沢氏も日頃からクマ撃ちで使い慣れたもので、父親からもらったものだ。

国民義勇戦闘隊に父と共に参加したが、同隊について次のように回想している

> 戦闘《ママ》隊は十五人単位の分隊編成で、分隊長は小銃をもった警官、ほかに猟銃を所持する隊員が一人か二人、あとは竹ヤリだった。隊長の高村純平警防団長は「私に命を預けてほしい」といったが、頼りにする特警中隊はにわか編成の老兵が多く、火器も重機程度しかないことを知っていたから、義勇《ママ》隊の士気があがるはずはなかった。
>
> (『樺太終戦史』)

尚、金沢氏の回想の中にある、「特警中隊」とは「特設警備中隊」のことである。

上恵須取で結成された国民義勇戦闘隊員は、北部の農山村等の辺境開拓に従事して来た人々で、気の荒い人が多かった。同隊をまとめていたのは、開拓農民たちの人望厚く、在郷軍人分会長でもあった、桑原武司氏であった。桑原氏は樺太庁中央試験所恵須取支所長として、日頃から開拓農民の指導にあたっていた人物だ。

桑原は隊員について、『樺太終戦史』の中で「農民、杣夫は手に手にカマ、クワ、ツルハシ、オノ、猟銃をひっさげて駆けつけ、その装束は山賊さながらだった」と回想している。

恵須取町ではこのように国民義勇戦闘隊員を招集したが、同時に、恵須取市街地に住む老人・子供の上恵須取への避難を十三日早朝より町内会ごとに開始した。上恵須取は、恵須取市街地より二十四キロ離れ、真岡方面への鉄道駅のある久春内や、樺太山脈を越えた西海岸の最寄りの鉄道駅のある内路へ向かう道路の分岐点であった。

その後、国民戦闘義勇隊の女子は十八歳以上の子供のいない人だけとなった為、大半の家族はばらばらになって避難することになったが、運のいい家族は上恵須取で再会できた。

この時の避難について、恵須取で電話交換手をしていた兼松淳子さんは次のように回想している。


夜の空襲はげしく局員とともに山の防空壕に避難、爆音が山に反響する。十三日朝突然ソ連軍上陸の知らせ、潜水艦、駆逐艦が出現、激しい艦砲射撃のあと上陸用舟艇、山つたいににげる。山の頂上から見たとき、ガスがかかった海の沖合に黒い船、沼の端山市街、中嶋町にくるまでに皆散りぢりになり、最後に佐藤さんと二人になり、町々も避難したと見えて、あまりの静けさに不気味、我が家も雑然、どんなにか急な避難命令がと佐藤さんと肝太まで走る。

武士町から少し行くと、避難の出おくれた人たちが道路をゾロゾロ、母親の背に赤ちゃん、老人幼い子供を背に、手に荷物、気はせくけど足進まず、人々に置いていかれる弱き者こそあわれ、道路外側に捨てられた荷物の山、空襲あるたびに犠牲者絶叫悲鳴、あわれな光景は言語に絶する。

（平和祈念事業特別基金『平和の礎　海外引揚者が語り継ぐ労苦Ⅱ』）

塔路からの住民脱出

ソ連軍が恵須取への上陸を試みた十三日、隣町の塔路（塔路町は恵須取町から分離して出来た町）でもソ連機は空襲を行なった。中でも一度も飛行機の離発着が行なわれたことのない浜塔路飛行場は激しい攻撃を受けた。そこにはソ連軍の目を欺くためにベニヤ板製のオトリ飛行機が「配備」されており、ソ連機はそれを執拗に狙った。

一方、同飛行場にいた爆破のプロである同町三菱炭鉱義勇戦闘隊は特警小隊に協力し、同炭鉱が所有する火薬を使って滑走路に大きな穴を作り、敵機が離発着不可能な状態にしたが、空襲下での作業だけに三菱炭鉱義勇戦闘隊員の中から重傷者もでた。

こうして飛行場破壊が行なわれた後、特設警備小隊と『一九四五年夏最後の日ソ戦』によると「義勇戦闘隊員四十名」は塔路港の警備についた。

塔路町の阿部庄松町長はソ連軍の恵須取・塔路への攻撃を重く受け止め、同町に残っていた二万数千名の老幼婦女子を恵須取町の大平《たいへい》炭鉱に避難させることにした。

塔路町内の白鳥沢鉱業所派出所に勤務していた堀川清巡査は十二日夕刻（堀川巡査の記録によると十三日ではない）に出された避難命令と大平への避難について、次の様に語る。

午後五時半、署長命令があり「今夜八時を期して全員を太平《ママ》（炭鉱町）に避難させよ」とのことである。

避難開始までわずか二時間半、早速炭鉱責任者に連絡をとり、各戸防空壕へと伝達する引率責任者は弱冠二十四歳の私、補佐役として炭鉱職員が付せられた。幾つかの小隊と班を編成、真暗な山道を太平《ママ》へと向かう。背負えるだけ背負い、両の手に荷物を下げ、幼子にまで物を持たせる。乳児を背に、片手にヨチヨチ歩きの幼児の手、片手におむつ、つえを頼りに歩く老爺、寝たきり老母をリヤカーで運ぶ若夫婦など、遅々として進まず、これを引率する私は焦りを感じた。夜が明け、敵機にこの長蛇の列を発見されたら……と。夜を徹して目的地に着いたのが午前四時ごろであったろうか。

（『遥かなり樺太』）

当時、塔路第一国民学校長だった斎藤了雄氏も隣町の大平炭鉱への避難について、次のように回想している。

十二日、町の代表者が集まって、町内非戦闘員全部を同夜九時から十時にかけて隣町の大平炭鉱を経て恵須取奥地に避難させることになった。みんな持てるだけの荷物を背負い、幼児を連れての深夜の避難行であった。

大平部落まで辿りついて見ると、雨露しのぐ場所がない。二つの小学校はあったが、大平部落の幾倍もある塔路の住民を収容し切れないのである。だから遅れて辿りついたものは全く途方にくれるありさまだった。

（『樺太終戦史資料11』）

塔路から太平炭鉱に避難するには、山越えを含む八キロの山道を歩かなければならず、避難民の中には、その避難路の険しさから別行動を選んだ家族もあったが、塔路町内の三菱炭鉱の坑内には、約千四百名の婦女子が避難した。

ソ連軍上陸の報が届いたのは、まさにこのような時であった。

これを受けて雄武洞《おもど》の発電所ではボイラー、発電機が爆破され、三菱炭鉱義勇戦闘隊は斬込み隊を編成した。この斬込み隊も、恵須取の義勇戦闘隊同様に、隊員が自宅から持ってきた武器（猟銃、日本刀、竹やり等）しか持っていなかった。

三菱炭鉱ではソ連軍上陸の際は、三菱炭鉱義勇戦闘隊は同坑内に避難した約千四百名を殺して、自らはソ連軍に斬込むという決定をしており、坑口に土嚢をつんで密封し、坑内への通風管にダイナマイトを仕掛ける作業まで進められていた。だが、実際に爆破命令も出された際、爆破スイッチを押す職員が、自らの手で、約千四百名の婦女子を殺すことに、ためらい、躊躇した。そこへソ連軍上陸の報は誤報とわかり、大規模集団自決の悲劇は、危うく回避された。

もし、スイッチを押す役目だった職員がためらわなければ、樺太最大の悲劇として、今に語り継がれていたであろう。

ソ連軍の上陸が誤報とわかったことにより、三菱塔路炭鉱での集団自決を防ぐことが出来たが、逆に自決した人も出た。それが竹田文雄博士であった。

竹田医師一家は当時、長男、二男が札幌におり、夫妻と三男、明雄ら子供四人がいた。稔子夫人は近所の人たちと大平に向ったが、生後間もない二女路子をおぶったうえ、三人の子の手をとってはとても険しい山道を歩ききることは不可能とあきらめて社宅に戻った。そのとき、竹田医師は斬込み隊に加わって出発する寸前、残していく妻と幼い子らを思い、帰宅して次々と服毒させたあと家を出たが、やがてソ連軍上陸が誤報であったことがわかった。同医師は妻子のあとを追った。

（『樺太終戦史』）

戦史叢書『北東方面陸軍作戦〈2〉』によると、三菱塔路炭鉱への誤報により生じた悲劇は二〜三にとどまらなかったという。また三菱塔路炭鉱だけでなく名好《なよし》町（塔路町の北隣）の同じ三菱系の北小沢炭鉱では伊藤武雄庶務課長一家と、炭鉱義勇戦闘隊長市村博美《ママ》一家の心中も起きていた。

大平炭鉱病院看護婦集団自決事件

塔路町では、十六日の午前一時にソ連の艦砲射撃と空襲が始まっており、その砲声は大平にまで聞こえた。その上、大平も爆撃され、防空壕に退避していた大平炭鉱病院の看護婦達は、空襲の最中、壕の入口に下げられていた筵ごしに爆弾が炸裂した際の閃光と衝撃が伝わってきたという。

ソ連機は炭鉱住宅街の北と南を爆撃し、各所で火の手が上がり、消防活動に当った警防団員をはじめとする負傷者が次々と大平炭鉱病院に運ばれてきた。

大平炭鉱病院は外科、内科は勿論、耳鼻科、眼科、産婦人科、レントゲン検査室等診療体制が充実し、また病室ベット数は五十、看護婦は婦長以下二十三名といった、島内でも有数の病院であった。しかし、戦局の悪化に伴い、医師は院長以下、次々と出征し、内地から招聘した医師ですら、八月になると全員退職してしまい、恵須取市街の病院の医師や開業医が交代で診察に来ていた。

空襲後、手術室や処置室では叫び声、うめき声で溢れかえる中、看護婦達は必死に手当てしているところへ、大平市街の開業医の佐田医師が駆けつけ、手術に取り掛かった。

佐田医師や看護婦達は空襲による負傷者だけでなく、塔路方面からの避難民の中の負傷者への手当にも忙殺されているところに、鉱業所から彼女達に避難を促すために職員が来た。これに高橋ふみ子婦長（三十三歳）は毅然とした態度で「今朝入った負傷者の繃帯交換や入院患者の処置も残っているので私達はこの患者達を捨てて退避する訳にはゆかないからここに残る」と言い切って残った。

その一方、ソ連軍の空襲が終わった後、鉱業所の命令により同炭鉱の婦女子達は既に内路方面への避難を開始しており、多くの住民・避難民は町をあとにしていた。特に炭鉱関係者の住宅街では、婦女子の姿はほとんど見られなくなっていた。そればかりか、『前掲書』によると「神社山に踏みとどまっていた義勇《マ》戦闘《マ》隊も警察の指示で解散し避難を開始していた」という。

ところが、同じ神社山をくりぬいた横穴防空壕で炭鉱病院の八人の重症患者を守っていた看護婦長以下、二十三人の看護婦達はそのことを知らされていなかった。町から逃れる人の中には、地元出身の看護婦の家族もおり、彼女を一緒につれて避難するために病院まで迎えに来る者もいた。

午後、佐田医師が帰った後、大平にとどまっていた男性炭鉱職員から高橋婦長は、ソ連軍が同日朝、塔路に上陸したことを聞かされた。

さらに患者達は、若い看護婦達にソ連軍が到着したときに起きるであろう悲劇から守るために、すぐにでも逃げるようしきりに勧めていた。男性職員が事務所に戻り、病院にいる健康な人間が看護婦である自分達だけになってしまった。つまり、若い女性だけになってしまったのである。彼女たちは看護婦としての使命感と女性としての恐怖の板挟みにあった。

それでも、防空壕に収容されている患者の世話や、ケガ人の手当を済ませた頃には、もう夕闇が迫っていた。

塔路の方角からは、ソ連軍の砲声が聞こえて来るが、大平の町から人々は避難しており、ひっそりとしていた。そんな時、職務に勤しんでいたある看護婦が、塔路からの山道を縦隊で歩いている人々を発見した。皆でその方向を見ると、その縦隊はソ連兵の一群であった。

それを見た看護婦達の心は、不安と恐怖で一杯になった。患者達も、一刻も早く避難するよう勧めた。

結局、彼女達が大平を脱出した時は、鉱業所から避難を促しに来た職員が帰ってから大分たっており、夜道を南に二十キロ以上離れた上恵須取を目指して歩いた。ただただ、安全な場所へ逃げる事のみを考えながら歩いた。

そのような時、進行方向から歩いて来る人びとと出会った。この出会いが彼女達の運命を決めたといっても過言ではない。

この時の事を、片山副婦長は次のように回想している。

夜の十時ごろかと思います。大平から茶々（引用者註：茶々は上恵須取地区内）にいたる途中の武道沢というところに着いたとき、私たちとは反対に戻ってくる人びとと出あいました。それは白鉢巻に竹やりを手に、引率されて来た女子青年団らしき一行でした。そのうちの中心者なのでしょうか、「茶々にはソ連兵がはいって、市街は火の海だ。ここ（武道沢）を決戦場にしなければ」と叫んで張りきっているのです。

大平から出てくるときは、後方にソ連兵の影を認めて追い払われるようにして出てきた私たち。茶々に避難しようとソ連の飛行機の下を必死に逃げまわってきたのに、それが前方もふさがれてしまったのです。もう、こうなってはどこへ行っても駄目なんだ……。絶望感だけが私たちの心を深く支配していました。

（『戦争を知らない世代へ⑱北の海を渡って―樺太引揚者の記録』）

この感情は、決して片山副婦長だけのものではなく、二十三人の看護婦全員の思いだったのであろう。

当時17歳の看護婦であった今谷（現姓：角田）徳子さんは「よみうりオンライン北海道版平成二十七年四月十九日」の記事の中で、高橋婦長は「ソ連で日本人居留民らが虐殺された尼《に》港《こう》事件の惨劇について語った。多くの女性が陵辱されたという。話を終えた婦長は静かに『最後を共にしましょう』」と言ったと振り返っている。

ロシア革命の際、革命政府とドイツが講和したことにより、シベリアにいた連合国側のチェコ軍団が孤立した。これを救出するという名目で連合国（主に日米が中心）がシベリアに出兵し、ロシア革命に干渉した。尼港事件とは、シベリア出兵に抵抗する革命政府側パルチザンによって、沿海州のニコライエフスク（尼港）にいた日本人居留民、守備隊員七百三十余名全員が虐殺された事件のことである。

片山副婦長も『前掲書』の中で、高橋婦長の「自決をして身を護り、日本の国とともに最後を共にしましょう……」という言葉を回想している。

そして、片山副婦長はこの時の気持を『樺太一九四五年夏』の中で「武道沢に逃げ込んだあと、親たちのあとを追って無事避難できるとは思えなかったのです。高橋婦長が自決を決意したことは私ばかりでなく若い人たちもそれ以外方法はないと、ごく自然に思ったのです」と語っている。

また、片山副婦長は自身が自決を決意した理由について、毎日新聞（平成十七年八月十九日号）に「死を選んだのは、辱めを受けたくないという日本女性としての自覚からでした」と一歩踏み込んで語っている。

二十三名の看護婦全員が、自決を決意したのち、自分達の荷物を武道沢にあった佐野農場の事務所前にある空き地にまとめ、死地を求めて、婦長を先頭に歩き回った。途中、湿地帯にわけ入り、生い茂る草や樹木によろめき、押し分けながら歩いていると、正面の緩やか斜面にニレの木があるのが、夜目にも見えた。その斜面は丘であり、その頂上に立つニレの木を目指して登った。

そこは湿気のない平坦な土地で静寂に包まれていた。

時折、塔路の方角から砲声と薄ら明かりが起こり、彼女達の顔を闇夜に浮かび上がらせていた。誰からとなく櫛で髪を直し、同僚の髪にも櫛を当てた。その後、彼女達は「君が代」を歌い、「海ゆかば」も歌った。そして友人同士、先輩後輩、お互い心をこめて、最後の言葉を贈りあった。その後、星空の下で思い出すままに静かに「山桜」という歌を口ずさんだという。

歌い終わると、二人の副婦長はソ連軍にみつからないようにするためか、風呂敷で光が漏れないようにろうそくを覆ってから灯を灯した。そのわずかな光を頼りに、自決の準備をすすめた。『樺太終戦史』によると「高橋婦長は自決に追い込まれたことを、自らの責任としてわびた」と言う。

そしてニレの木のまわりに身を横たえ、それぞれが自決用に所持していた劇薬を、ある者は注射し、またある者はあおいだ。しかし避難中に、劇薬のビンが割れてしまい、全員の致死量に足りないことがわかっていたため、婦長は出血死を併せることにした。そこで各自は自らカミソリの刃を自分の手首にあて、切ることとなったが、どうしても思いきれない看護婦もいた。そういう看護婦達は婦長のところへ行き、手首を切ってもらい血だらけになって元いた場所に戻った。そのうち婦長は注射薬が効いてきて自らが力を失い、倒れる体を気力で起こして、カミソリを握っていたという。

片山副婦長の意識が戻ったのは同日、昼頃だった。周囲にも彼女のように意識がもどった看護婦がいたようで、その声を聞き「じっとしているのです。そのうちに血が出つくすから」といったことを記憶しているという。

彼女達が自決を図っていたころ、丘の麓から心配そうに見つめる一人の老婆がいた。彼女の孫娘が看護婦の一人で心配のあまり、大平炭鉱病院の防空壕から脱出した時からずっと後をつけてきたのであった。そして丘の上で何かが起きているのを感じ、麓をうろうろしていたところ、近隣の佐野造材部の人たちが老婆をいぶかって声をかけた。老婆から事情を聞いた造材部の人達が駆けつけ、救助した。

自決をはかった二十三名のうち絶命したのは、十八歳から三十三歳までの婦長以下六名だけだった。彼女達はニレの木の下に埋葬されたが。ソ連軍により攻撃がやみ、命令により各自元の居住地に帰って行くとき、大平から避難した人達の中には看護婦の集団自決の話を聞き、ニレの木の下に埋葬された看護婦達、一人一人に野の花を手向けていく人もいた。

そして助かった者達が看護を受けている間の八月二十二日、日ソ間で停戦協定が結ばれ、翌二十三日にソ連軍先遣隊が豊原到着。樺太の主人は日本人からソ連人に代わった。

恵須取同様に炭鉱で栄えた西柵丹《にしさくたん》では、二十一日にソ連軍から炭鉱の再開を命じられ、一日余裕をもらった日本側は、例外的な早さで、二十三日より、出炭を再開した。

恵須取の炭鉱にソ連軍からどのような命令が出されたかは不明であるが、炭鉱の再開が命じられたのは、西柵丹だけではなかったと推測出来る。また、炭鉱が再開されるとなると、人も集まる。そうなると坑内での事故による怪我人や病人も出る事は容易に想像される。

二十三日に、療養中の看護婦達に大平炭鉱病院から帰還命令が出された。しかし、重体者がいたため、回復が早い者達が、重体者看護を続け、誰も病院に戻らなかった。しかし二十七日には重体者五名とその看護者を除き、片山副婦長以下十名が大平炭鉱病院に戻った。

看護婦達の自決から三週間ほどたった九月六日、武道沢にて六人は荼毘に付され、簡単な葬式も行なわれた。その席には婦長の父が同席し、「私の娘が死んでくれて本当によかった。責任者として生きていて欲しくなかった」と涙ぐみながら挨拶し、看護婦達も肩を震わせて泣いたという。

この日は自決した高橋婦長以下三名の両親の出席がかない、彼女たちの遺骨はそれぞれの親の胸に抱かれて、また、親族の出席がかなわなかった三名は、生き残った同僚達の胸に抱かれて大平炭鉱病院に帰った。そして、看護婦寄宿舎に六名の遺骨は安置され、朝夕看護婦全員により焼香がなされた。

『前掲書』によると、生き残った看護婦達が手首に白い包帯を巻いている姿はソ連兵をも感動させたという。

筆者はこの事件の生存者二名に辿り着いたが、残念ながらお会いすることは出来なかった。ただ、その内の一人が、筆者の取材依頼の電話口で「忘れたいけど、忘れられないし、忘れてはいけない……」と絞り出すような声で話していた言葉が、今でも耳に残っている。

敗戦後の戦闘――ソ連軍の塔路上陸

八月十五日昼、恵須取方面の臨時最高指揮官、富澤大佐は恵須取の大防空壕に各中隊長、支庁長、警察署長を集め、今後の行動についての説明と激励を行なったが、その会合直後、終戦の詔勅が発せられたという知らせを受けた。この報告は、在恵須取船舶部隊の通信班長が行なったが、富澤大佐は無線で確認をとった上で、重大な内容のため、緘口令を敷いた。これは、ソ連軍の上陸必至という状況判断から、将兵への動揺を抑える事と、大本営からの停戦命令が師団経由で到着していなかったため、慎重な対応が必要と判断し、そのような処置が執られたと思われる。

尾崎恵須取支庁長が大津樺太庁長官から内務省警保局長の指示事項を付して、詔勅の内容と沈着冷静に終戦処理に当た《ママ》るようとの指示を電報で受けたが、これも一時、口外することをとめられ、義勇戦闘隊が知ったのは十六日朝。ソ連軍が八キロ北の浜塔路に上陸を開始する寸前であった。（『前掲書』）

この夜、特設警備第三百三中隊長中垣重男大尉は「『上恵須取を最終抵抗線とするので貴隊は同地に転進せよ』という富澤大佐の命令を受領した。そこで同大尉は、翌日に予定されている恵須取市街地住民の上恵須取方面避難終了を待って、撤収するよう決心した」（『北東方面陸軍作戦〈2〉千島・樺太・北海道の防衛』）。

このような中、同夜九時二十七分、恵須取の対岸のソ連沿海州のソフガワニ港より、塔路を目指し、ソ連軍の第一船団が出港した。

ソ連軍は十三日の上陸失敗で恵須取方面への上陸を諦めていたわけではなかった。

ソ連軍の塔路への攻撃は海と空から始まった。十六日午前一時のことである。戸数約九百の塔路は突然の艦砲射撃と空襲で、そのほとんどが焼かれ、午前五時、第一船団は塔路への上陸を開始した。ソ連側戦史によると「わずかの抵抗を受けただけで約10《ママ》分後には港湾建造物を占領した」（『幹部学校記事』「南樺太及び千島戦史その4」）という。

既述の通り、塔路にいた日本軍は特設警備一個小隊で、それ以外には町内の各義勇戦闘隊、および避難出来ずに残っていた人たちだけであった

その後、彼らがどうなったのか、筆者は日本側の資料から見つけることができなかったが、ソ連側戦史には「港湾を防衛していた日本の予備役軍人の小団は一部は戦死し、一部は捕虜

になった」（『前掲書』）とだけ記されている。

白鳥沢炭鉱の住民を大平炭鉱まで引率して来た堀川巡査は、到着後、報告のために塔路署にもどり、そのまま街の警戒任務についていた。堀川巡査はソ連軍の塔路上陸の朝を次の様に回想している。

翌十七日（引用者註：堀川巡査の記憶）、東の空が白みかけてきたころ「大変だ」と大声で叫びながらはち巻き姿の防衛隊員が馬より跳び降りる。「今数隻の輸送船より続々とソ連軍が浜塔路に上陸中」との情報に、皆いちように緊張する。浜塔路までせいぜい六キロ足らず。ここには二年がかりで完成した飛行場がある。ソ連軍はこれを占領して前線基地にする目的か。早速、全員本署に集合して署長命令を待つ。悲壮な面持ちで姿を見せた署長は「これより敵を迎え撃つ。準備にかかるよう」と命じた。程なく署員二十五名に三八歩兵銃と弾薬が手渡された。だれか軍隊帰りの者が恩賜のたばこを出し、これを回し吸いをする。別れの杯にと湯呑みに注がれる一升びんの酒を一気に飲み干す。いざ戦わんかな。各自トラックに飛び乗った。

そのときである。一台の黒塗り乗用車が近づき、中から転がり出た者が大声で「ちょっと待て、支庁長命令だ」と言う。支庁警務課員である。「一昨日の玉音放送は本当である。絶対抵抗してはならん。無抵抗のまま上陸させ、住民は直ちに避難させよとの尾崎支庁長の命令である」。皆死を覚悟していただけに地団駄を踏んで口惜しがった。

そのうち西の空の彼方より轟音とともに一群の飛行機が現われ、その数十五、六機──、高度三千メートル当たりをゆっくり旋回し始めた。翼に赤い日の丸。皆小躍りして喜んだ。「一昨日の放送は謀略だ」。「やはり日本空軍は健在だ」。「これが神風だ。万歳」などと叫んだ。だが喜びもつかの間、ぐっと低空で頭上に現れた時、日の丸と見えたのが真赤な星印ではないか。いよいよ絶望だ。爆弾と焼夷弾の投下が始まった。

（『遥かなり樺太』）

堀川巡査は大平に避難した住民が心配になり、署長への挨拶もそこそこに、自転車で大平に向かったが、道すがらソ連機に執拗に追いすがられたが、なんとか目的地に到着出来た。
尾崎支庁長はソ連軍の浜塔路上陸の報を受け、急きょ阿部塔路町長に対し「戦局利あらず。遂に終戦の詔勅を拝した以上は、一切の抵抗をやめ、ひとまず町に残っている人たちを誘導して避難せよ」と指示した。これを受けて阿部町長、松田警察署長と義勇戦闘隊の山口三之助警防団長、保利啓吉白鳥沢鉱管理部長兼同鉱職場義勇隊長の両副隊長は町役場に集まり協議を行ない、以下の三点を確認した。

一、終戦になった以上、支庁長の命令どおり一切の抵抗をやめる
二、住民は一応、山間地帯に避難し、先に上恵須取地区に避難した家族と合流させる
三、空襲で町は灰じんに帰すかもしれない。残っている三炭礦の施設、社宅もこれ以上空

襲を受けては町民を収容できなくなるので、われわれによって停戦と住民の生命保証を交渉する　（『樺太終戦史』）

阿部町長は、塔路飛行場にいた特警小隊とも連絡が取れず、住民保護のためには成否に疑問を持ちながらも、自ら白旗を作り、これを掲げながらソ連軍部隊に向った。

町はずれで運炭軌道の築堤に上がると、すでに市街の状況をうかがっていたらしい少数のソ連兵が銃口を向けた。両手を頭の後ろで組んだ五人は浜塔路方向に連行され、指揮官らしい将校が天皇の写真を示しての尋問に答えて、阿部町長は戦争が終わったことを述べると「町民の生命財産を保障するからすぐ仕事を始めなさい。武器は引き渡すように」といい、部隊を案内して鐘紡炭鉱病院に着いた。

午後、山口団長は消防自動車と武器を集めてソ連兵に引き渡すため単身、避難民のいる山に向い午後五時過ぎ、保利、佐藤両氏は、避難中とらえられたらしい七、八人の男女と帰され、夜にはいって松田署長が戻された。山口団長の帰りが遅いため「急ぎ武器を集めて引き渡すとともに住民も明朝八時までに家に帰らせる」ことを命令されたといい、阿部町長のみが残された。松田署長は町民を呼びもどすため、暮れかかる山道を進んでいったがふり返ったとき町をおおう煙の中を浜塔路に向かう一台の消防自動車をみた。

ソ連軍に抑留された阿部町長がその後どのような処遇を受けたのかはわからない。しかし、町民を大平に避難させ、十七日に帰朝した新沼助役と同町の大熊巍童住職らは、塔路―大平の山道の入り口付近まで下がってきたとき、道端に阿部町長、山口団長が撃たれ、血にまみれて死んでいるのを発見した。

（『前掲書』）

自動小銃で射殺されていたのはこの二人だけでなく、警防団常備の川原信一、伊河原久之助、林伊助、鐘紡資材部長の川口宗一の四名で、なぜ、阿部町長ら六名がソ連兵に射殺されたのか、未だ謎である。

一方、ソ連軍より帰された松田署長は塔路を脱出した住民一行を一晩中探し回った。そして十七日の朝、大平東方の谷でようやく部下の警官隊や役場吏員の集団と合流し、住民の生命安全の為には、武器をソ連軍に渡し、町民は速やかに町に帰るしかない、と説いたが信じない人が多いばかりか、ソ連軍の謀略だとさえ言われた。実際、恵須取方面からは、砲撃や空爆の音がきこえるのだから、無理もないことである。

そこで署長は現状での説得は不可能と判断し、巡査一名を騎馬伝令として、恵須取支庁に派遣、翌日、伝令から依頼を受けた人によって、恵須取支庁長の指示が届いた。

石山巡査はこの時のことを次のように回想している。

私たちは町に帰る決心をしたあと草のうえにごろ寝した。夕方の空に白雲がゆうゆうと流れていた。「町民の安全を守るため、まずわれわれが降伏するのだ」と心にいいきかせると、どっと涙があふれた。だれかがアルコールを手に入れ、わき水で割って回し飲みした。飯ごうのふたに口を近づけるとゆがんだ顔が浮かんでにがかった。十九日朝、からだをぬらす雨で浅い眠りからさめると私たちは下山した。町にはいると白旗を立てて進む松田署長の前をさえぎるようにバラバラとソ連兵が飛び出してきた。一瞬、凍りつくように立ちどまった。と、彼らは自動小銃からはなした右手をさしのべた。なんと彼らの青い目がにこにこ笑っているのです。握手を求めているのだ。みんなの顔にホッとした表情が現われ、次の瞬間それまでの緊張感が音をたててくずれていくような気がした。

（『前掲書』）

恵須取の八月十六日

尾崎恵須取支庁長が「ソ連艦隊南下中」の電話で起こされたのは、十六日午前二時、恵須取の壕内であった。支庁長は住民を内陸の上恵須取へ避難させる決心をし、その旨を肥後町長に伝え、同時に警務課に住民避難用のトラック四十台の手配を命じた。

尾崎支庁長が住民の避難先を上恵須取にするよう命令したのは、単にソ連軍が艦砲射撃を加えてくる海から離れようとしただけではなく次のような事情があった。

六月いらい単身で任地にいた支庁長は、官舎が空くのを待って家族を迎えがてら、九日本庁との打ち合わせに豊原に出た。そして、白井経済第一部長の部屋でソ連参戦を聞いた。九日午前九時半ごろだった。

同部長が家族は豊原に残したほうがいいというので、単身引返すため柳川内政部長に挨拶にいくと、「連隊区司令官の柳少将が会いたいといっているから、すぐいってくれ」といい、柳少将を訪ねると、「最後だよ。これは極秘だが、君の管内での軍の作戦の一部をのみこんでいてもらわなければならないんだ。西海岸北部は長い海岸線をかかえているので軍が水ぎわ作戦で撃滅することができない。そこで上恵須取と恵須取間の平野が主戦地となる。だから民間の疎開を考える場合もそこは避けてほしい」というものである。

「閣下、よくわかりました」と答えたものの、艦砲射撃が加えられるおそれがある海岸線を避難させることはできない。いざとなったら上恵須取経由で逃げさせるより方法がないということは、柳少将のことばを聞きながら尾崎支庁長が決意したことだった。

「ソ連軍の上陸は、一応明け方とみて、老人や子供、女は昼ごろまでに避難させる必要がある。そのためにはトラック四十台は入用」というのが支庁長の考えであった。

（『樺太一九四五年夏』）

緊急疎開は既に始まっており、その主体となった緊急輸送協議会（樺太庁、鉄道局、船舶運営会）が定めていた計画では恵須取からは樺太西線の起点となる久春内までバス、トラックで住民を避難させることになっていたが、既に軍がトラックを徴用しており、十五台しかそろえることが出来ず、徒歩で町を離れた者が少なくなかった。しかも、連日の空襲で住民の行動が制限された上、トラックも攻撃目標とされ、輸送の実施にも支障をきたしていた。しかも内路に逃れるには、上恵須取付近から進むと中央山脈の標高千メートル前後の場所を走る内恵道路（それもソ連機の空襲でところどころ穴のあいた）で、平時にはない危険を伴いながらの徒歩での避難であり、トラックに乗れてもソ連機の目標となるばかりか、道路の状態からも、安全とは言い切れなかった。

明け方から町中で、避難が開始された。かろうじて手配できたトラックには、老幼婦女子が優先的に乗せられたが、同乗できない人々はトラックが巻き起こす砂じんの中、あわただしく歩き出した。町に迫るソ連軍と日本軍の戦闘から少しでも遠ざかろうと。

そして午後二時頃、ソ連兵が町に迫っているという報告を受け、尾崎支庁長、肥後町長らは内恵道路を使わず、恵須取中学校の裏山に分け入り、上恵須取まで真直ぐ山越えをすることにした。

特設警備第三百三中隊長中垣大尉は恵須取市街地住民の上恵須取方面への避難が完了した後、第十一中隊（長：上家富盛中尉）、第三中隊（長：浅倉正二郎中尉）が上肝太《かみきもぶと》―胡桃沢《くるみざわ》―桜沢《さくらざわ》線に構築中の陣地まで後退する予定だった。ところが、ソ連軍の塔路上陸を確認すると、中垣、宮崎（歩兵第二十五連隊初年兵教育隊第三中隊を基幹に編成され、山砲一門を付されていた）両中隊および国民義勇戦闘隊を内恵道路の起点付近に集中させた。

塔路―恵須取間の直線道路沿いに西恩洞《にしおもと》、入泊《いりどまり》の部落があり、直線道路の終点は義勇戦闘隊本部が置かれたカフェーパレスの前であった。ちなみに直線道路とは「恵須取寄り四キロがコケモモ、エゾツツジのツンドラの上に定規をあてて引いたように直線になっている」（『樺太終戦史』）ので、そのように呼ばれていた。パレスは鉄筋コンクリート二階建ての建物で、高い望楼があったため、戦闘隊本部が設置された。

しかも、この建物の裏山には山肌をくり抜いて作られた横穴壕があり、そこには二千人ほど収容できた。

この山は標高百メートルほどあり、山の上には特設警備中隊の重機関銃の銃座が設置されていた。パレス陣地やその後方の山の銃座からは恵須取の町だけでなく、塔路港まで見渡す事が出来、午前十時に宮崎中隊長は、ソ連軍が十六隻の上陸用舟艇で塔路港に上陸するところをはっきりと見る事が出来た。ソ連軍戦史によると、この上陸部隊は第二梯団で魚雷艇を用いての上陸とある。

塔路港への上陸作戦は、ソ連軍史上初の渡洋作戦であり、上陸用の艦艇や装備はなかった。そのため、上陸用舟艇の代わりに魚雷艇を使用したと思われるが、同時に、魚雷艇は高速力を出せる点から、万が一、作戦に失敗した際、速やかに撤退できる点も考慮に入れていたと推測する。

ソ連機は午前中は上陸部隊の近接航空支援を行なっていたが午後になると、攻撃目標を恵須取に変え王子製紙工場の爆撃を行なった。

一方、午後四時頃には塔路に上陸した部隊の内、一個中隊が航空支援の下、直線道路を経て、恵須取の山市街に突入し、恵須取から上恵須取への避難路にある王子製紙工場付近を占領し、恵須取と上恵須取の分断・包囲を図った。

ソ連軍の接近を捉えていた国民義勇戦闘隊は、山頂の重機とソ連軍が占領する王子製紙工場とパレス陣地の間を流れる、ますらお川の左岸堤防上に散開して応戦した。ソ連軍機は山頂の重機を一番の脅威と判断し、頭をつきとおすような金属音とともに急降下攻撃を行なった。

ソ連兵はこれに呼応して、自動小銃を乱射しながら日本軍陣地を目指して進撃してきたが現役兵が操る重機と歩兵の連携により、ソ連兵の前進を阻止した。さらに中垣大尉は恵須取防衛の任にあった全兵力を山市街に集中させ、攻勢に転じ、ソ連軍を撃退し、王子製紙工場まで上恵須取方面へ部隊を進出させ、上恵須取への避難路を再確保した。そしてソ連軍の敗走を確認した後に、支庁長、町長を始めとする男女四百名の後衛に全部隊を配して闇夜の中での撤退を開始。撤退路も恵須取と上恵須取を結ぶ道路ではなく、ソ連軍に遭遇しないよう山道を通って、翌一七日午前三時頃上恵須取に到着した。しかし、この撤退に際し、恵須取の各所に配置されていた国民義勇戦闘隊の中には撤退命令伝達は徹底できなかったようである。事実、山市街より海よりの浜市街にいた国民義勇戦闘隊には、命令の届かないまま状況から判断して自主的に撤退した部隊もあったが、中には撤退が間に合わず、ソ連軍の攻撃を受けた部隊もあった。

国民義勇戦闘隊の戦闘加入

パレス陣地には、大勢の義勇戦闘隊員が集結して、四斗樽の鏡を抜き、酒をあおって、ある者は命を懸けて戦わねばならない恐怖心と戦い、ある者はこのあと始まるソ連軍との戦闘に臨もうと士気を高揚させて、竹槍を手に横穴壕の中で目を血走らせ、またある者は、壕の中では火炎瓶作りを進めていた。町の上空ではソ連機が爆音を耳障りなくらい鳴り響かせており、この日は延べ二百機とも思われるソ連機が銃爆撃を繰りかえし、動くものとみると、人一人でも執拗に機銃弾をあびせかけた。ソ連機の行動は女子監視哨員が双眼鏡から目を離さずしっかり監視し「七機編隊のソ連機、王子工場を爆撃中」という彼女たちの叫び声も鳴り響いていた。

ソ連軍が塔路方面から進撃して来るという知らせが国民義勇戦闘隊に入ってきたのは、そんな時だった。十六歳の国民義勇戦闘隊員の金沢氏はこの時、おにぎりを配られてイワシの缶詰を開け、まさに食べようとした時だった。敵との距離は約百五十メートルだったが、同氏は猟で熊を撃つときは百メートルの距離まで引き金を引かなかったため、冷静に対処できた。同氏曰く「ソ連兵より熊の方が怖い。戦闘への怖さ・緊張はなく、やらなきゃやられる」という気持で戦闘に臨んだという。この戦闘を同氏は次のように回想している。

「ソ連軍、直線道路から恵須取に向かって進撃中」

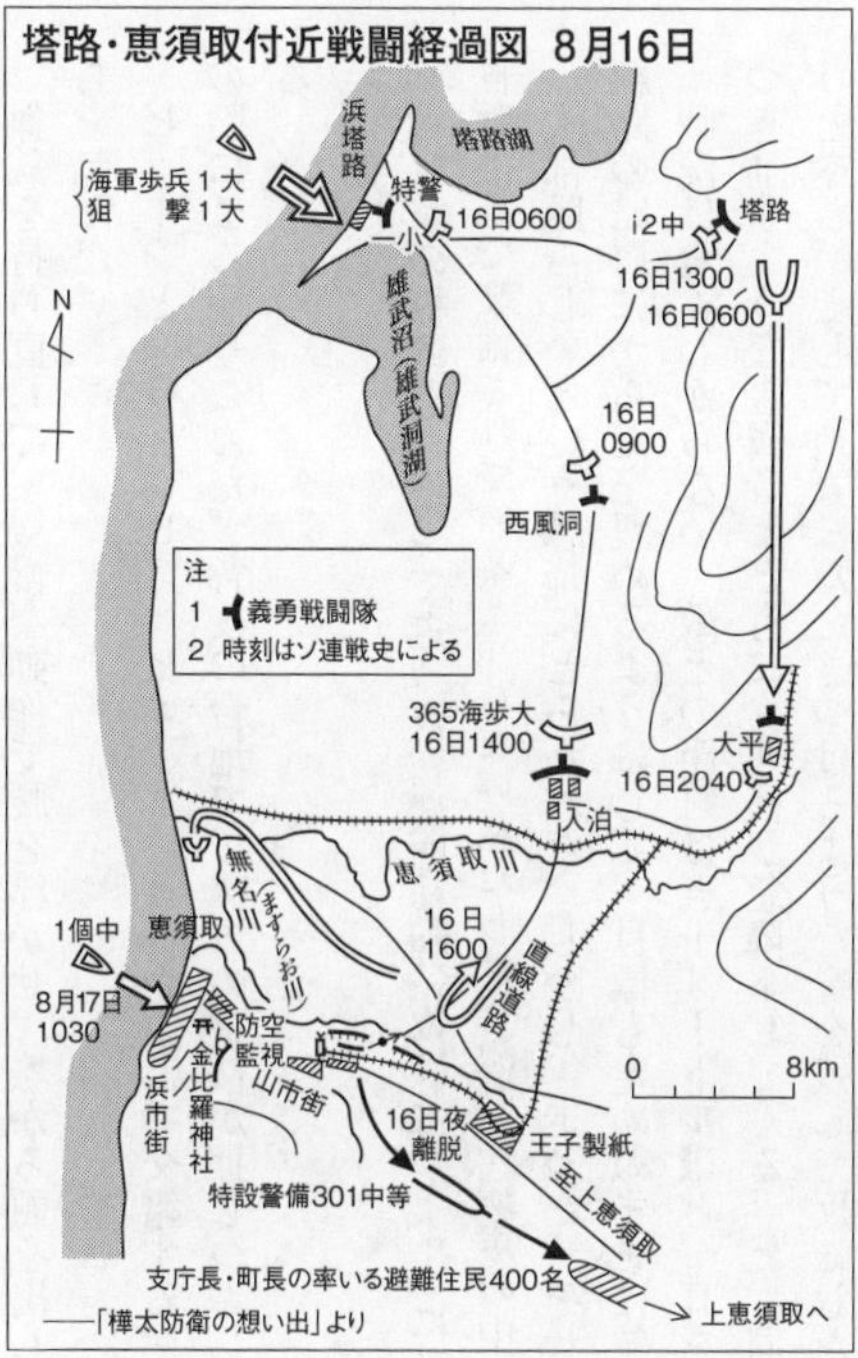

塔路・恵須取付近戦闘経過図　8月16日
――「樺太防衛の想い出」より

という報告がはいった。

「ばかな――」

指揮官の高村警防団長は、その報告をしかり飛ばすようにして信用しなかった。直線道路とはパレスから塔路に向かう道で、ツンドラの上に一直線につけられていることからこの名があり、長さ四キロ。ソ連軍上陸地点からこの直線道路に出るまでが二キロ、上陸が午前六時ごろとすれば、すでに六時間を経過している。だが、軍が簡単に浜塔路の飛行場を手放すとは考えてもみなかったし、終戦を知らぬ私たちは勇敢なる日本軍を信じていたから、この報告はまさに意表をつかれた感じであった。

「銃を持っている者は壕から出ろ」

猟銃を持ち直して、緩慢な動作で腰を浮かせ、壕から頭を出したとたん、機銃弾が私たちを包んだ。

ビューンという音、ヒュッヒュッという音が頭上で交錯する。私は横っ飛びに近くの家の陰にころがりこんだ。背後の台地で、味方の重機が押しつぶしたようなうなり声をあげる。

「散開」

私は家の板壁をつたって走った。機関銃弾がはじけるように私を包囲する。（ソ連軍が自動小銃で装備されていると知らない私たちは）激しい銃声の中で、目前の敵がものすごい大部隊らしいという恐怖にとらわれた。しかし、走った。そしてますらお川の堤防上の線路の路肩にからだを埋めるようにして、目標も定めぬままに銃の引き金を引いていた。

戦況は全くわからない。敵との距離は五十メートルほど、耳を聾する銃声と硝煙。頭をつき通すような金属音とともにソ連機が急降下してくる。と、同時に彼我の銃声がピッタリとやむ。そして地表にたたきつけるような音を残して反転したあと再び地上の銃火が交錯する。

私は不思議に思った。ソ連兵がなぜ射撃を中止するのか——。私たちは網をかぶり、草や小枝をつけて偽装していても線路上に散開しているのであるから、上空からはっきりわかるはずである。それなのに、機銃掃射は、もっぱら重機陣地（特警中隊）に集中、私たちには目もくれない。至近距離のため同士打ちをさけたのか、私たちを友軍と思ったのか。

ますらお川の対岸に火の手が上がった。顔が熱くほてる。戦場では小さい間違いが、たまたま大きい錯誤となり命とりになることがあるというが、このときのソ連軍がそうであった。建物に火を放って、火煙にかくれて退却しようと思いついたものらしかったが条件が悪かった。

建物は大きかったが、木工場でいずれも板一枚のバラック建てである。しかも退却道は四キロ先までコケモモとエゾッツジしかないツンドラ地帯である。建物はあっというまに焼け落ち、自らの手で遮蔽物を取り払った格好になった。煙のなかから背をまるめてツンドラを走るグリーンの軍服がみえる。私たちは初めて目標をとらえた。私たちの仕上げをするように重機の重苦しい音がツンドラの上を縫っていく。

戦闘は一瞬のうちにカタがついた。

「弾丸がなくなった」

鈴木浜平さんがミノ虫のような格好でやってきた。私も三発しか残っていない。二人で雑嚢をあけて、猟銃の弾こめをはじめた。私たちのいるここだけ、ぽっかり空洞ができたように静かであった。遠くでバーンとはじけるような小銃の音、そして別の方角で軽機の音がする。川尻方面で駅舎が燃えていた。ギラギラする夏の日をキラッと機体に反射させたソ連機が煙の中を急降下していく。激しい攻防戦が展開しているのだろう。

あとからわかったことだが、このころ、ソ連軍の一隊は舟艇で恵須取川河口の入泊に上陸、浜市街川尻のわが義勇隊はほとんど戦死したという。（この戦闘の詳しい状況や損害は判明しない。戦後、腐敗した遺体は氏名の識別もできず、海に投げ入れられたという）

この朝、トラックでパレスの陣地に向かったはずの警官隊は、そのまま上恵須取に退避したらしいということが義勇隊員の憤激をかった。

「いなくてもいいんだが、鉄砲だけ置いていけばいいのに」

鈴木さんはいきまいた。そして、

「川尻に斬込みをかけるか」

といったが、誰も答えなかった。

すでに竹槍隊員は上恵須取に撤退を始めている。私たちは線路づたいに中島町に移動した。

私たちのからだをじわじわと包みはじめた夜の気配とともに恐ろしさがおそってきた。焼ける町の火が、赤く空をこがしている。

銃を持った隊員も一人減り、二人減って、いつのまにか八人になった。「上恵須取まで転進しよう」――誰がいいだしたのかわからないが、この声がきっかけで、いっせいに、バラバラと麦畑を駆けだした。すぐ後ろをソ連兵が追ってくるような恐怖でひた走った。

（『樺太一九四五年夏』）

時間は十九時頃だったという。夏の樺太ではまだ日が沈まず、明るい中を二キロほど走った時、王子製紙の裏山にいた重機関銃分隊と遭遇した。彼等は重機関銃の三脚を持っていなかったが、誰もその事を気にせず、焼けただれたような赤い町の空を背にして上恵須取を目指した。

中島町から上恵須取までの十六キロを歩き、町に着いた時は、空が白みかけていた。町では戦車壕掘りが始まっていたが、金沢氏らは、それに参加せず、まっすぐ神社の裏手の山に分け入って丸一日とっていなかった食事――熱い握りめし――をとって一息ついた。

そして、夜があけるとともに、目標にされやすい市街地にいた他の隊員達も続々、山に登ってきた。

ソ連参戦以来、各地で国民義勇戦闘隊が組織されたが、日本軍と共に、組織的に戦闘に参加したのは、恵須取地区だけである。しかも既述の通り、ろくな装備もない寄せ集め部隊が、地形と反撃のタイミングを活かして、数と装備に勝るソ連軍を撃退したのである。

国民義勇戦闘隊の恵須取からの撤退に際し、命令の伝達は徹底出来なかった。パレス陣地で戦っていた金沢氏らもその回想からわかるように「周囲の様子から自主的判断」での後退で、浜市街で戦っていた国民義勇戦闘隊の中には撤退の連絡が届かず、命を落とした者も多数いた。金沢氏によると、海岸にいた一個分隊は全滅したという。ただ、パレス陣地の国民義勇戦闘隊の活躍により、恵須取と上恵須取の交通線は遮断されず、恵須取に最後まで残っていた尾崎支庁長以下約四百名は上恵須取への退却に成功した。

あたっていた。

（『前掲書』）

女子監視隊の活躍

硝煙に包まれ銃弾、爆弾が降り注ぐ町内で、恵須取女子監視隊は対空・対海上監視業務にあたっていた。

恵須取監視隊本部は、隊長が支庁警務課長であったが、実際上は同課付き岡崎正夫巡査が責任者で、訓練、指導には真岡の軍監視隊から中野軍曹ら下士官一、兵二が派遣されていた。

恵須取には本部のほかに四つの陣地があり、男性は副隊長と兵隊だけで、あとは女子隊員が八十四人であった。

女子隊員は白鉢巻にカーキ色の制服、足はゲートルに地下足袋といういでたちで、ソ連軍の初空襲の際、家族と水杯で別れ、任務についた。ソ連軍が上陸を試み、失敗した十三日には、第三陣地を撤収し、翌十四日には本部（第二陣地）を恵須取支庁や横穴式の大防空壕に近い新富座横の第四陣地に移動した。そして交代で休養をとるために、約半数の隊員が第五陣地のある上恵須取郵便局に引揚げていた。それが十六日になると命令により、ついに撤退せざるを得ない状況になった。

その頃、監視隊の本部壕には、六キロ北の入泊にソ連軍が上陸したという報告が入り、その後を追うように、パレス陣地から五、六百メートルの地点にソ連軍が進出し、特設警備隊・国民義勇戦闘隊が交戦中との報告も入り、女子隊員には自決用の手榴弾が渡された。どの隊員の顔も恐怖と緊張で青ざめ、体力も限界に近づいていたが、使命感から来る気力で自らを支えていた。

恵須取監視隊本部（上記の通り、第四陣地に移動済み）で女子隊員の指導にあたっていた中野秀男軍曹は上恵須取で待機中の三個班に、交代のため同地を出発するよう指示した。

恵須取の山市街地に迫るソ連軍の陸上部隊は航空支援の下、次第に増強され、攻撃も激しさを増し、陣地周辺にも銃弾が飛んで来るようになった。

このときパレス陣地周辺の状況は恵須取監視隊本部には伝わっておらず、その報告が入ったのは、恵須取の女子監視隊員の交代要員が上恵須取を出発した後であった。中野軍曹は電話に飛びついてトラックが途中通過する林務署や、特警中隊にトラックを止めるべく連絡をとったが、既に通過した後だった。これを知った他の女子隊員達は恵須取に向かった同僚のことしか考えられなかった。「突き上げてくる不安、焦燥の中で、監視隊は裏山づたいに撤収せよとの命令を受けたが、死地に近づきつつある同僚のことを思って頭がいっぱいだった」（『前掲書』）。

中野軍曹からトラック通過の問い合わせを受けた特設警備中隊長中垣大尉は、各隊を山市街に集結させ、敵をいったん撃退して最後に撤収するよう攻撃準備を整えていた。そこで、ソ連軍の状況把握のため監視隊を電話に呼んで愕然とした。受話器に飛び込んできたのはロシア語だったからだ。中垣中隊長は女子監視隊員がいる壕がソ連軍に占領されたのかと思い、中隊長は抜刀し、軽機分隊を自ら率いて、彼女達の救出のために、壕に急行した。

その時から恵須取を脱出するまでの同隊のことを、女子監視隊員の丹保さんの手記に、『樺太一九四五年夏』の著者である金子俊男氏が女子監視隊員の中野さん、富木さんらの話で補足したものを以下に紹介したい。


ソ連軍がすでに山市街に迫っていることを、壕の周辺にシュッシュッと小さく土をはね返して落ちはじめた小銃弾で知りながら、女子隊員のある者は電話機の傍らで任務につき、ある者は四囲からにじみ出る地下水でじっとりと重い壕内の空気と、汗や垢のすえた匂いの中で短い仮眠をとっていた。

手を伸ばすと届くところに赤さび色の手榴弾を必ず置いて寝ていた。最後のときがきたらこの一個が若い命を断つ介添役である。心は比較的平静だった。

(中略)

疲れ切って、この日の細かい行動は記憶にないが、上恵須取をたった交代要員のトラックがつかめず、途中で引返してくれるといいが……と祈りながら、いても立ってもいられない不安のなかにいるとき、日本刀を抜いた特警中隊長が、監視隊の通信室のドアを蹴破るような勢いで飛び込んできた。

ふり返った私たちに「ああ、君たち、無事だったか」というなり隊長は軍刀を杖にからだを支えてポロポロと涙を流した。そして、涙をこぶしでぬぐいながら電話にソ連兵の話が飛び込んだため（電話線を切断、利用されたらしい）とっさに、監視隊本部はソ連軍の手中におちたものと思うと、軍に協力した若い女子隊員を一人でも救出しなければと自ら斬り込むつもりできたのだという。

「さあ、君たちは、私が命にかえても退避させるから行こう。ソ連軍は壕から五百メートルの地点にきている」

（中略）

涙とほこりでくしゃくしゃにゆがんだ顔を見合わせて、壕の出口に進んだ。そこには軽機をもった数人の兵隊と竹槍をもった中年の義勇《ママ》隊員たちがいた。

機銃弾をたたきこみながら黒っぽい機体がキーンという音とともに、頭上を飛び去った。思わずからだが縮む。この下を一人、一人、前の者を見失わない程度の間隔（二、三百メートル）をおいて脱出する。防空頭巾の上から兵隊が縄を巻き、草の葉や木の小枝をさして「さあ、いくんだ」と元気づけてくれる。

（『前掲書』）

こうして、女子隊員達は兵士の声に励まされ、勇気を出して、銃弾飛び交う火の海の中に走り出した。周囲を覆う激しい炎と煙が、まるで台風の風に振り回される木々のように彼女達にまとわりつくなかを、必死で裏山を駆けのぼった。疲労と恐怖で立ち止まろうものなら、耳元をかすめるように、シュッ、シュッと容赦なく弾丸が飛んでくる。それぱかりか、ソ連軍の砲撃で地表が揺らぎ、倒れ込んでしまう。生きた心地がしないが、それでも、ただ前の人を見失うまいと必死で山膚に取りつきよじ登った。すぐ背後に竹槍を小脇にした中年の義勇隊員がいたが、彼も様子は同じだった。

死に物狂いで山中を歩き、命からがら上恵須取に到着したのが十七日午前三時ごろであった。

一方、彼女達が恵須取を脱出したことを知らない、上恵須取の女子隊員と岡崎巡査、河原太一郎兵長（軍監視隊）らは、恵須取の戦況が切迫してきていることを聞かされており、任務を続行している女子監視隊員の救出をどうするか憂慮していた。

岡崎正夫巡査（監視隊本部要員、支庁警務課）河原太一郎兵長（軍監視隊）は、すでに監視隊陣地が包囲されかかっているかもしれないと危惧した。交代ではなく救出をどうするかが問題だった。上恵須取部隊（臨時指揮官、富沢大佐）にも救出の方法がないという。これを聞いた女子隊員は「トラックで敵前を強行突破、敵の火器が車に集中する間に、壕から脱出するより方法はない」と主張、全員が決死隊として同乗するといい、そんな危険な行為はとれないとする岡崎巡査に、狂気のように決行を求めて迫った。

（『樺太終戦史』）

彼女達の狂気のような決意に岡崎巡査は混乱し、突き動かされた。岡崎巡査自身、彼女達を救出すること自体には反対ではないが、敵の包囲下にある恵須取に救出に向かう事は、非常に危険だという認識を持っていた。

そこで恵須取に向かう女子隊員の数を半数の三十数名に絞り、トラックで恵須取市街地に突入。ソ連兵からの銃撃やソ連機からの爆撃を受けるなど死傷者を出したが、監視隊がいた第四陣地にたどり着けた。

そこは通信機も何もメチャメチャに壊れ、通信室内に散乱していたことから、既に同陣地を撤収したと判断した。その時、数人の警察官がやって来て「ますらお川をはさんでソ連軍と対峙していたが、少数の力では防ぎきれないし、弾丸も残り少なになったので、町を放棄することにした」というので、救出隊も一緒に山越えして上恵須取に向けて脱出することにした。

道のない山中を踏み分けての上恵須取への道のりは、死にまさる苦しさの連続であったが、お互い励ましあいながら、十八日朝、上恵須取に近い上肝太の浅倉中隊の陣地にたどり着いた。

監視隊員は、兵隊たちのいたわりの言葉と砂糖をまぶしたでかい握り飯一個と塩っ辛いサケの切り身一切れをもらって、ようやく空腹を満すことが出来た。

そして、ところかまわず寝入ってしまった。

上恵須取

上恵須取は、恵須取市街のはずれの元町から内恵道路を経て二十・八キロに位置し、人家は三百戸の町である。その内、市街地には約二百戸、周辺の上肝太、肝太《きもぶと》、布礼《ふれ》、翠樹《みどりぎ》、白樺《しらかば》など、散在する開拓農家と造材人夫小屋を合わせて百戸ほどである。

この付近の茶々原野と呼ばれる低地は、開拓者の手により、森林が伐採されて、燕麦の緑とジャガイモ等の白い花でうめつくされた農耕地に変わっていたが、師団司令部はこの、のどかな原野でソ連軍の侵攻阻止を考えていた。

しかし、上恵須取は、のどかなだけの土地でなく、樺太山脈を越えて東海岸の内路まで走る内恵道路と西海岸を南下する珍恵道路（別名：殖民道路）の分岐点といった交通の要衝でもあった。

開拓農民や杣夫主体の約五百名からなる上恵須取防衛隊（上恵須取地区の防衛を担当した、国民戦闘義勇隊のことで、桑原氏は戦後回想で、この名称を用いているので使用した）は桑原武樺太中央試験所恵須取支所長を隊長に恵須取よりの肝太の山峡で、青年学校・恵須取中学・恵須取工業の生徒約六百名は学徒義勇戦闘隊として松尾沢で、十二日頃から、それぞれ対戦車壕掘りを始めていた。

当時、恵須取中学一年生として、対戦車壕構築に汗をながした吉田順平氏によると、対戦車壕は「戦車が落ちたらすっぽり入る深さだった」という。作業は十七日まで続いたが、その間、近所の農家に寝泊まりして、食事もその農家のお世話になっていたという。また、集団で陣地構築をしていて、目立ったのであろう。五日間の作業の中で、「ソ連機の空襲を二、三回受けた」という。

十四日になると歩兵第二十五聯隊から浅倉中隊が、歩兵第百二十五聯隊からは上家中隊が増援として到着。前者は上肝太、後者は桜沢に速やかに配置され、恵須取地区臨時最高指揮官富澤大佐は試験場の前庭に天幕を張って、部隊本部とした。そこへ、十六日の夜、恵須取方面からの避難民が殺到した。その中には尾崎支庁長、肥後町長、中垣特警中隊長の姿もあった。

恵須取方面最高指揮官、吉野貞吾少佐着任

八月十三日。第五方面軍司令官樋口中将は恵須取方面における軍官民の統一指揮行なうため、北部軍管区教育隊（恵庭）の吉野貞吾少佐を恵須取方面最高指揮官に任じ、現地に赴くよう命令を発した。

第八十八師団に属さないで、北海道にいる吉野少佐をわざわざ恵須取方面の軍官民の現地最高指揮官に選んだ理由を方面軍作戦参謀の田熊中佐は次のように述べている。

吉野少佐はロシア語もよくでき、剣道の達人で、彼ならばこの状況に十分対処できると考えられた、よって方面軍司令官の決裁を得て樺太に行ってもらうことにした。同少佐をおいて他に人を求めることはまず至難であったのである。

（『北東方面陸軍作戦〈2〉千島・樺太・北海道の防衛』）

吉野少佐は翌十四日、夕方に豊原に到着し、師団司令部で恵須取方面最高司令官に任ぜられ、十五日早朝、無線一個分隊を引き連れて出発、夕刻には内恵道路と鉄道の合流点である内路に到着し、終戦について同地の特設警備隊司令部にて確認した。

そこで吉野少佐は今後の任務について、無線で豊原の第八十八師団司令部に確認したところ、十六日午後遅くに命令を受領した。その内容は「恵須取に上陸した敵を撃滅せよ」（『前掲書』）であった。

そこで、トラックで避難民とは逆の恵須取に向かって内恵道路を西進し、十六日夜遅くに上恵須取に到着、富澤大佐から指揮権を引き継いだ。富澤大佐は十七日午前一時過ぎに、珍恵道路を南下していった。

一方、師団司令部はソ連軍が上恵須取に迫っていることから、十六日、亜庭湾に面し、大泊にも近い、女麗《めれい》に配備されていた歩兵第三百六聯隊第二大隊を樺太西海岸の鉄道の起点である久春内（上恵須取から珍恵道路を南下し、終点の珍内から約五十キロ南の町）への移動を命じた。

十七日朝、吉野少佐は各中隊長（浅倉、上家、宮崎各中尉、中垣大尉）を招集しての作戦協議中に、上敷香から平義信中尉（歩兵第二十五聯隊上敷香残留隊長）がトラックで急ぎ到着。

吉野少佐に最新の師団命令を伝達した。その内容は「現位置で戦闘行動を停止、直ちに停戦協定を結べ」(『樺太一九四五年夏』)という趣旨のものであった。

吉野少佐は終戦のことは知っており、十六日に無線で師団司令部に指示を仰いだ際「最後まで交戦せよ」「恵須取に上陸した敵を撃滅せよ」という命令を受けたばかりで、死を覚悟していただけに納得出来ず、平中尉に命令の再確認を命じた。この数日、確かに師団命令は次々と変更され、その混乱ぶりがうかがえたが、平中尉は自分が届けた命令が最新のものである点を強調した。しかし、少佐は再確認を求めて、譲らなかったため、やむを得ず、平中尉は郵便局に行き、豊原の師団司令部と上敷香の戦闘指揮所の筑紫参謀に確認を取ろうとしたが、回線が故障していたのか、確認がとれなかった。

上恵須取空襲

平中尉は前記理由にて、任務が達成できず、その報告に部隊本部に向かっていた午後二時頃、西方の空より、爆音とともに近づいてくる七機のソ連機を発見した。この七機の空襲により、約二百戸の上恵須取市街地は灰塵と化したのである。恵須取から上恵須取に撤退して来た義勇戦闘隊員、対戦車壕構築中の学徒義勇戦闘隊の中学生、青年学校生徒達は周囲の神社山などの山林に避難しており、市街地に残っていたのは、約二百人だけであった。その者達も、蜘蛛の子を散らすように裏の畑に逃げ込んだが、ソ連機は執拗に機銃掃射で彼らを追った。しかし、不幸中の幸いと言うべきか、恵須取方面から流入していた避難民達も、最後尾が、内恵道路や珍恵道路へと消えていってまもなくだった為、多くの避難民がこの空襲から間一髪逃れることが出来た。

恵須取中学一年生だった吉田順平氏は、上恵須取の松尾沢で対戦車壕を掘っていたが、この空襲について、自身の想いを次のように話してくれた。

「当時、どこの国でもそうなんだけど、人を見たら機銃掃射したんでしょ。でも塔路や恵須取をあんなに焼いたってさ、兵器を作っているわけじゃない、民間の町なんだけど、それをみんな焼いちゃうんだからさ、酷い話ですよ。抵抗もなにもないところに、爆弾で焼いちゃうんですから」。この言葉は、上恵須取にいた全ての人々の想いであろう。開拓農家が三百戸ばかりで、たいして軍隊もいない山間の町を空襲で焼き払うのだから。

夕方、まだ上恵須取の町が燃えている中、恵須取中学の学徒義勇戦闘隊は解散式を行なった。その時の事を吉田順平氏は次のように語った。

「八月十七日は僕の誕生日だったんですよ。自分の誕生日に解散だったのが、すごく印象に残っている。十七日に休戦なのか敗戦なのか全然知らない。とにかく戦争が終わったと言われ、だから各自、自由に帰っていいよと解散命令。校長と陸軍の尉官クラスの人が来て、二人の将校と兵卒と校長が立って、校長が訓辞して解散。上恵須取は燃えている最中。自由にして良いと言われても、噂で、塔路が空襲にあって、恵須取も空襲にあって皆避難していると聞いていたから、戻っても家族に会えないと思った。上恵須取から直接内地に引き上げようということになって、上恵須取から久春内にでて、久春内から真岡に行った」。

恵須取方面における停戦

上恵須取が灰燼に帰した十七日夕刻、吉野少佐は停戦せよという師団命令が確定事項であること知り、隊長会同を開き、軍使派遣を決定した。軍使には副官の青木中尉、歩兵第百二十五聯隊第十一中隊長上家中尉、船舶部隊通信長中村中尉、陸軍通訳生の高橋芳夫氏他若干名を選び、恵須取北方のソ連軍に派遣することにし、即日、騎馬で出発させた。

ソ連軍は軍使一行に、吉野少佐自ら白旗を掲げて来ることを要求、翌朝、中村中尉らを残し、青木中尉、上家中尉、高橋通訳を帰した。そこで吉野少佐は、青木中尉と高橋通訳をつれて恵須取市街に近い指定の丘に向かった。吉野少佐一行はソ連軍の装甲自動車が威嚇射撃を行う中を進み、青い服を来た海兵隊中佐と会見を行なった。

その会見冒頭、ソ連軍中佐はマホルカに火をつけて吉野少佐にすすめ、吉野少佐もタバコをすすめ、一見、和やかに始まるかに思われた。しかしソ連軍中佐が、それを手に取ろうとして差し出した手を、ゲペウと思えわれる兵士がとめるといった出来事の中で、交渉が始められた。

しかし、交渉でソ連側は「即刻武器を捨てろ」、日本側は「停戦は武装解除でない」という姿勢で相譲らなかったため、決裂。吉野少佐一行は上恵須取に戻った。決裂したとは言え、ソ連側は交渉中に、抵抗しない者には危害を加えないと繰り返し言っていたので吉野少佐は避難民は自宅に戻った方が良いと判断した。そこで桑原支所長を通じて住民に帰宅するよう呼びかけたが、戻る者はいなかった。

軍人の中にも抗戦を諦めきれない者達がいた。指揮官の一人であった歩兵第二十五聯隊第三中隊長の浅倉正二郎中尉でさえ、「吉野さんは師団の人ではない、という気もありました」と戦後回想するくらいだから、控え目に言っても、武装解除には反対だったのであろう。兵隊たちも「七、八両の装甲自動車しかないソ連軍に降伏してたまるか、といきり立っていた」。そこで「吉野少佐は『彼我近接しているのは戦闘再燃の原因となる』と考え、取りあえず内恵道路をまず白雲峡付近の嶮に後退することに決め、その夜、配備を徹して移動を開始した」。

これに際し、上恵須取に残っていた避難民、住民に対し「避難する者は早く出発せよ。とどまるものはソ連軍に抵抗してはいけない。家屋に火を放つことは絶対していけない」との命令を残していった。この言葉を聞いた尾崎支庁長、肥後町長ら町職員らは内恵道路を使って町をでた。また、岡崎巡査も女子監視隊員の三十数名を引率して内路を目指した。

一方、上記の吉野少佐の命令を知らずに、避難民呼び戻しのために珍恵道路を馬で走り回っていた桑原支所長や周辺部落の住民は、十九日の朝、軍や国民義勇戦闘隊が既に上恵須取を離れているのを知り、憤慨したが、自らを守るために後を追うように脱出した。

それでも十九日、四、五十人の男たちが上恵須取の町があった場所に残っていたが、そこへ十七日に軍使として派遣され、ソ連軍にとどめ置かれていた中村中尉が悄然とした様子で戻ってきた。そして中村中尉を気遣って集まってきた男たちに「ソ連軍は敵対行動をしなければ危害を加える心配はない。しかし、軍人を信用しないから民間人が交渉にいってくれるといいんだが……」という言葉を残し、一人、吉野少佐らを追って内恵道路に姿を消した。

そして残った男たちは改めて今後のことを話し合ったのであろう。国民義勇戦闘隊長である桑原支所長はモーニングを着用し、在郷軍人副分会長の佐藤健次郎元軍曹は軍服をつけ、前者が日の丸、後者が白旗を掲げ、山市街のソ連軍陣地に赴いた。そこで居並ぶソ連軍将校を前にして桑原支所長はソ連軍の通訳を介し次のように伝えた。

「軍使の一人、中村中尉の話を聞き、われわれ民間人がきた。上恵須取には兵隊はいない。山道を避難している人たちを呼び戻して家業につかせたい。私はこの地方の農業をよく知っているから、その任に就かせてくれるなら日本人とソ連人の食糧を確保する。戦闘はやめてほしい」(『前掲書』)。

しかし、ソ連軍はこの申し出に触れず、日本軍の様子を確認してから桑原支所長を監禁し、翌日に小艦艇に乗せて、恵須取の対岸のソフワガニに連行したのであった。

一方、白雲峡に向かった部隊は二十日に同地に到着したものの、吉野少佐はそのまま配置につかせずに、内路まで退く決心をした。また、恵須取以来、軍と行動を共にしてきた、豊原地区第八特設警備隊は防衛招集者の解除を行ない、部隊を解散させた。

そして内路近くに至った八月二十四日、吉野少佐は武装解除の決心をした。

吉野少佐は内路に近いところで無線機でラジオ放送を聴くに及んで、武装解除は決定的なことを知り、また知取からソ連軍将校と共に来着した師団司令部付平島大尉から「俘虜となるも武装解除せよ」という意味の命令の伝達を受けた。そこで少佐は全部隊約四百名に命じ、武器を心ゆくまで手入れさせたのち、これを道路の一側に整頓させた。各隊は手入れはもちろん、数量表までも整え、爾後宮城を遥拝し兵器と決別したのである。その時、はるか上敷香方向から追及して来たソ軍が見えた。ソ軍の将校は処置の見事さに驚喜し、日本軍を優待しつつこれを接収し、部隊を内路に向かわせたのであった。（『北東方面陸軍作戦〈2〉千島・樺太・北海道の防衛』）

その後部隊は翌二十五日夜に内路に到着し、歩兵第三百六聯隊第三大隊主力、約九百名に合流し、ソ連軍に収容された。恵須取方面の部隊は臨時編成の混成部隊であったにもかかわらず「部隊の軍紀は終始きわめて厳正であった」（『前掲書』）。

恵須取方面からの脱出

恵須取から脱出した人々は、約二十四キロ離れた上恵須取に逃れ、そこから東海岸経由で大泊方面への脱出を考える者は内恵道路（全長約百六キロ）を使って、樺太の屋根と呼ばれた樺太山脈を徒歩で超え、樺太東線の駅のある内路に辿り着いた。真岡・本斗《ほんと》方面への脱出を選んだ者は珍恵道路（全長約六十キロ）を歩いた。そして珍内に辿り着いた者は、さらに南で国鉄樺太西線起点である久春内まで約五十キロ歩き、同地から汽車に乗り、真岡・本斗を目指し、船で北海道を目指した。その中には、真岡で下車せず、豊真線を経て豊原経由で、ソ連軍のいる前線から最も離れていた大泊港まで向かった者もいた。避難民にとって、内恵道路、珍恵道路、どちらも地獄の如き避難路であった。

内恵道路――地獄の樺太山脈越え

住民の避難誘導は在郷軍人や役場職員が行ない、秩序正しく避難していくことになっていたが、現実には疲労のため、自分と自分の家族のことで精一杯で、他人のことを構う余裕がなくなってしまっていた。

避難民が歩く道端には、脱落してしまった者、家族の血の吐くような判断で置いていかれた者、周囲に、特に家族に迷惑を掛けたくないという理由で自決に等しい決断をし、自ら内恵道路周辺に残留した者がでた。

恵須取警察署で勤務していた帆苅正巡査は「恵須取署員は避難民を誘導しながら上恵須取に集結するように」という命令を受

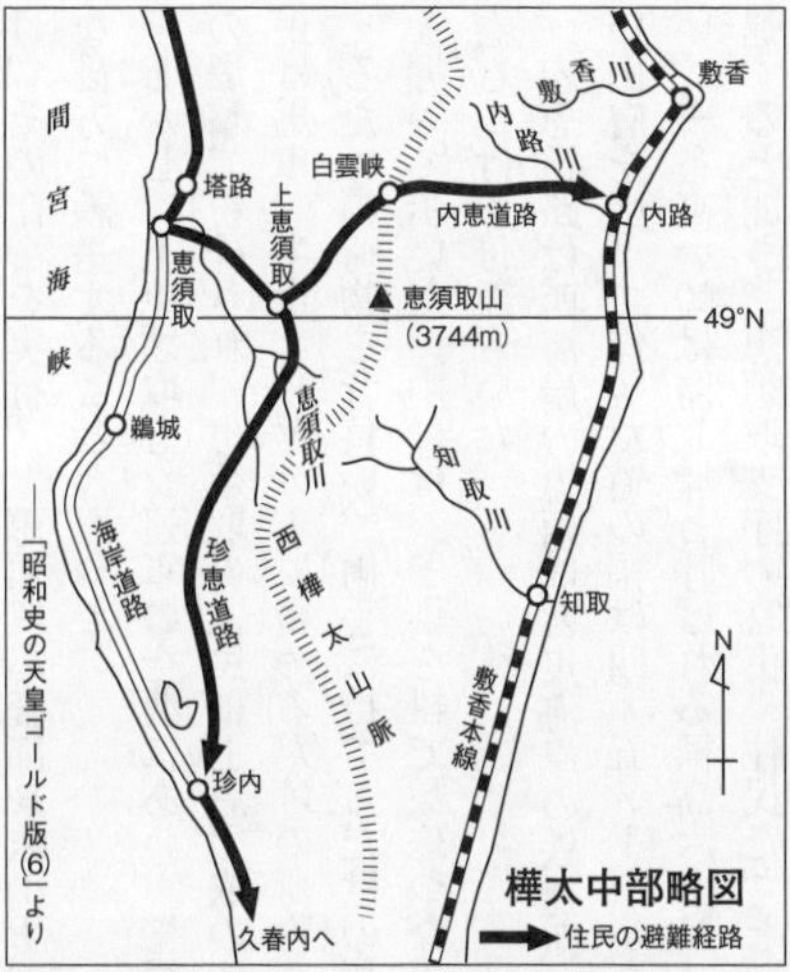

―「昭和史の天皇ゴールド版⑥」より

け、その命令を実行。上恵須取巡査部長派出所到着後は、そこを拠点にして、避難民を安全な後方に護送することとなった。

しかし、上恵須取もソ連軍の空襲にあい、警察官の集結地とされた派出所は三機のソ連機の爆撃で粉砕され、恵須取の住民に上恵須取の住民も加え、避難民の護送に当たった。避難民は馬車、牛車、リヤカーに積めるだけの荷物や幼子、老人、病人を乗せ、歩ける者は背負えるだけの荷物を背負い、両手に持てるだけの荷物を持ち、あるいは、子供の手をしっかりと握って歩いた。中には、子供を紐で数珠つなぎに繋ぎ、紐のはしを自分の腰にしっかりと巻きつける母親もいた。

内恵道路は西海岸の恵須取と東海岸の鉄道駅のある(大泊まで行ける)内路を繋ぎ、険しい山膚を削って作った道の幅は四~五メートルあり、途中、樺太山脈を越えなければならない。一番高い峠は開北峠《かいほくとうげ》と呼ばれる標高六七二メートルの地点であった。十八日夜に軍が撤退すると聞き、恵須取支庁の官吏や住民たちと共に徒歩で上恵須取を発って内恵道路を歩いた尾崎支庁長は道路の様子を次のように回想している

避難民の列はその日もまだ続いていた。避難民ははじめ米と着替えとふとん一枚を背負ったり、手にもったりしている。しかし、疲れてくるとふとん綿をとって投げ、次に米を捨て、着換えを落としていく。子供は緊張すると脱糞する。道路上は限界にきた人たちが捨てたそれらのものが切れ目なく続いていた。しかも日中は二、三十分おきの空襲で、林

のなかに逃げ込んだり、出て歩いたり、そのうちに子供がはぐれる。はぐれると捜しにもどる体力も気力もない。私もそんな子供二人を拾って内路に出たが……

（『樺太一九四五年夏』）

内路への道のりは長く、過酷であった。ただ、腹が空いてくると、水音を頼りに、河原におりて自炊をする者もいた。恵須取から歩いてきて、ここ内恵道路を踏破した後藤佐一氏は川原での自炊について、次のような回想を残している。

川原には決まったように、あちこち袋に入れた米が置いてあるんです。疲れ果てた避難民が、少しでも身を軽くしようとして捨てて行くんです。逃避行にいのちの食糧を捨てるこの心理は、あすはあすの風が吹くというか、あすがないというのか、体験したものでないとわからないでしょう。

わたしたち一家は米がすぐなくなったから、この川原の忘れものは、ありがたかったが、さりとて、それをかき集めてかついで行く気も起こらなかったから不思議です。

（『昭和史の天皇ゴールド版6』）

しかし、食事が終わってまた内路に向かう列に戻り再び歩き出すが、暑さと疲労で、誰一人、口をきかず、足を引きずるように歩いている避難民に、昼間はソ連機が低空で機銃掃射を浴びせかけた。不運にも機銃弾で母親が殺され、その母親に縋り付いて泣く幼児や子供。逆に子供を失い、そのショックで気が触れてしまった母親。恵須取から避難民を誘導してきた帆苅巡査の手記には次のように記されている。

「ソ連機は二機または三機が低空飛行で避難民に対する地上掃射を無差別に加えた。一方は山、一方は谷間になっている道路では退避する場所もない。半狂乱となった母親がわが子をさえ手放して駆け去るという場面もあったが、だれも制止できなかった」(『遥かなり樺太』)。

避難民が理性ではなく、生存本能で動いているのを感じさせられる場面にも遭遇したという。

避難民の中には、ソ連機が去り再び歩き出そうにも、これ以上歩けないという者もおり、彼らは家族に迷惑をかけられないと自らその場に残り、死の訪れを待つ老人や病人もいた。避難民の集団から取り残されるかもしれない不安から足手まといな幼な子を崖から突き落としたり、死を待つばかりのえい児を草むらに捨て、わずかなミルクを残していく母親などもいた。

また、夜に赤子が泣き出すと「ソ連機に聞こえるから、すぐ子供を静かにさせるか、殺せ」と母親に迫る者もいた。

冷静に考えれば、航空機に乗っているパイロットに地上の赤子の声など聞こえる訳がない。しかし、正常な判断力を奪い、神経質にさせるほど、人々の心は追い詰められていた。

このような避難行に心身ともに疲れ果てた人々の中から、自決用の手榴弾や劇薬を用いて一家自決が相次いだ。

内恵道路を歩いていた金沢氏（国民義勇戦闘隊として恵須取での戦闘に参加）によると、大勢の人が（内恵道路を）歩いていて、親とはぐれた子供がたくさんいた。中でも印象に残った子供は、ズボンに教科書を一冊挟んで歩いていた。追い越していって、後日、同氏がソ連軍の命令で内路から恵須取にもどる途中、その子が道路上で眠るように死んでいたのを目撃したと筆者に語った。

また、同氏は次のような回想も残している。

ずぶぬれになっても歩くだけである。立ち止まったらそのまま眠り、夏とは思えない冷たい雨でこごえ死んでしまいそうだった。沿道は雨で重くなって投げ捨てた荷物が散乱している。位牌もなにも手に持っているもの一切が捨てられた。

「これをやるから、誰か連れていってくれ」

老人が札束をにぎって雨の中で泣き叫んでいても、誰一人見向きもしない。この老人はやがて、札束をにぎったまま、うつ伏して路傍に死んでいた。

（『樺太一九四五年夏』）

大平炭鉱があった大平出身の高川うら子さん（旧姓：岩崎）も、自らが目の当たりにしたものを次のように回想している。

道ばたに赤ん坊の死体があった。母親に捨てられたその死体はまぶたを泣きはらし、からだにかけていった布を小さい右の手でにぎっていた。声をふりしぼって泣いている孫のそばで「孫と二人、足手まといになるって捨てられた」と弱々しく泣いている年寄り。疲れると、まずかついできたふとんから綿を捨てたというが、この孫とおばあちゃんは、綿にくるまって泣いていた。

靴がすり切れ、足の裏に石がささって血をにじませながら、放心してうろついている老人もいた。しかし、私たちだってなんともしてやれない。乾パンをやって「気をつけてね……」ということばがせいいっぱい。そして、そのことばの空虚なひびきがやり切れず急いで立ち去るのだった。

近所のおじさんが、ひたいを真っ赤にした見知らぬ少年を連れて歩いていた。親たちは崖から突き落して去っていったのだという。しかし、少年は死ななかった。

この峠の上りでは、力の限界にきた人たちが、このように子供や老いた親までも捨てたのであるから、米、衣類、位牌など身につけてきたものはことごとく投げ、全く身一つで峠を越えていったのである。投げ捨てた品々が、路上何キロもの間にちらばっていた。

飯場から三キロほども進んだろうか。工藤さんの家族が四、五人。異様なふんいきに思わず声をかけると「今、おとうさんを林の中に置いてきた」と泣いている。

病弱な人であったが、雨のために衰弱し、歩けなくなったので、「私に手をとられていると子供まで死なしてしまうから、捨てて逃げてくれ」といってきかないのだという。やむなく、その付近に捨ててあったふとん綿などを集め、からだをくるむようにして、食事も置いて林を出たが、とてもあのまま立ち去る気になれないと、奥さんや子供たちは涙声であった。

自ら捨てていけといったご主人の心情を思うとことばもなかった。　（『前掲書』）

恵須取林務出張所の涌沢友夫氏は非常呼集により、日本の降伏を聞かされたのは、八月十六日の未だ薄暗い午前三時頃であったという。そして、涌沢氏は家族と内恵道路を使って、内路方面に避難したが、その時の事を次のように回想している。

避難民の姿は、全く地獄の道を歩むが如くであった、老人あり、婦女子あり、幼児あり、乳呑子である。ビッコを引きづる人あり、病人あり、はては臨月の婦人もいた、皆生き延びようと懸命なのである。ソ連機は、無情も、その最も弱き避難民の列に銃撃を加えるのである。

防空頭巾を被った可愛い男の子が道端に横になっているので声をかけると動かない。今し方の銃撃で即死したのである。

歩きつづけると家族らしい人々が泣いている。老人が路ばたに横たわっているのだ、

「どうした？」と問うと「おぢいちゃんはここまで来たが、ここからは一歩も歩けない」といって泣いているのだ。

われわれは「困ったなあ」というよりほかはなかった。幼児を背負った娘は、「おぢいちゃん、それでは一足先に行っているからね」と歩けない親を置き去りにして。泣きながら歩いた。寸刻を争わなければ敵に殺されるという異常事態では止むを得ないかもしれない。

わが班（誘導給食班）は上恵須取の「茶々」まで行き、少憩の後茶々を後にして東進しおよそ十分後、ソ連戦爆連合六機が茶々を爆撃した。バリバリッという破壊音はすさまじい、間一髪われわれは命拾いをして、互いに顔を見合わせた、この「十分」が運命の時差であった。

（『樺連情報』昭和五十年八月一日第四面）

ここまでの話は八月十六日に涌沢氏が内恵道路を歩き始めてから、たった一日の間に見たものである。しかも、涌沢氏がこの日の夕刻に官業所のある翠樹に到着し、さらに内路に着くまでに、さらに辛い場面に遭遇し続けなければならなかった。

私たちの誘導する避難民は老若男女、病人、足の不自由なものが多く気の毒であった。老人は途中で歩けなくなり、道端に横たわる病人もいた。私たちを見ては泣き出すのである。

途中でお産をして、間もなく一行に遅れまいとして赤子を抱き抱えながら避難行をつづける母親もあったし、病院の重病患者をそのままにして、医師も看護婦も避難したという話もあった。

山道の途中に爆弾の穴があり、みると付近に防空頭巾をかぶったままの幼ない兄弟がまだ生きているような姿で横わっていた。先に避難の途中、敵機の犠牲になったのだろう。

（『樺太終戦史資料11』）

このように死に物狂いで内路に辿り着いた避難民の苦難はまだまだ続いた。

内路の街は、十六日頃から西海岸の恵須取方面から内恵道路を踏破して来た多数の緊急疎開者でごった返していたが、大泊方面を目指す汽車も北部国境地帯からの避難民であふれかえり、内路駅からの乗車は困難であった。乗車出来た者も、大部分は大泊や豊原にたどり着いたものの、乗船には至らなかったようであった。

珍恵道路を使っての脱出

珍恵道路での避難行も、内恵道路と同じ悲劇が各所で起きていた。その悲惨さは、珍恵道路での避難も内恵道路での避難も変わるところはなかった。

珍内の町に恵須取方面からの避難民が流入してきたのは、十二日早朝ころからであった。

当初は恵須取から海沿いの国道安別・本斗線を、珍内で徴用したトラックで老幼婦女子をピストン輸送して、ソ連機の空襲が激しい恵須取から脱出させたが、それに乗れない人は歩いて、珍内を目指した。しかし、既述の通り、このルートでの避難は艦砲射撃を受ける恐れがあり、実際、受けた。その時のことを田中保氏は次のように回想している。

トラックが海岸線を走っているとき、艦砲射撃を受け、砲弾がトラック目がけて打ち込むように前後に落下しだしました。飛び降りて避難する途中、至近弾の破片を腹部に受けた人が即死し、けがをした人も何人かいました。危ういところをのがれた私たちは、しばらくしてまたトラックに乗って南下しましたが、直撃こそ受けなかったが車は破片による傷跡が二、三ヵ所についていました。危険地域を脱出すると、トラックは私たちを降ろして引返していきました。私たちはそこから歩き出しました。

(『樺太一九四五年夏』)

ところが、ソ連軍が恵須取に上陸すると、このルートによる避難は出来なくなり、人々は恵須取から約二十四キロ離れた上恵須取に向かい、そこから珍恵道路を使って珍内に向かわざるを得なくなった。その途上には、熊の出没がさかんな峠道もあり、平時なら「昼間でも一人歩きはできない」と言われる箇所もあった。さらに珍内に着いても、そこから鉄道の始発駅のある久春内まで約五十キロ歩かねばならなかった。ただ、この珍恵道路における悲劇は上恵須取を出てから二十六・三キロの来珍須峠までの間に多かった。

「来珍須《らいちんす》峠の難所に避難民が殺到するころからソ連機の空襲が繰り返し加えられた。多くは威嚇だったが、暑さと疲労、空腹でいまにも倒れそうになって歩き続ける人達にはそうとわかるはずもない」（『樺太一九四五年夏』）

十七日の夕刻に上恵須取で、恵須取中学学徒義勇戦闘隊が解散、自由行動となり、大泊港を目指していた吉田順平氏は、友人と共に、珍恵山道を通っての避難を選択していた。

吉田氏は一般の避難民と違って身軽であった。荷物は着替えと毛布一枚と食べ物をもっているだけで、どんどん他の人々を追い抜いて歩いて行き、一緒に逃げた中では、一番早く歩けた。そのため、二日で久春内たどり着くことが出来、最後の避難列車に乗車出来た。とは言え、吉田氏も決して楽に到着出来た訳ではなかった。吉田氏の記憶では、一日一回、二日ともソ連機の機銃掃射にさらされたそうだ。身軽な吉田氏は何とか、ソ連機の空襲を切り抜けることが出来たが、家族をつれ、たくさんの荷物を持っていた人々は、そうはいかなかったであろう。

珍内警察署長伊勢谷長太は上恵須取方面からの避難民の事を次のように回想する。

空襲のつど森に逃げ込み、草むらに伏せているうちに、捨ててある手榴弾に蹴つまずいて爆発、死んだ人たちがいた。腹背に一人ずつ幼児をくりつけ、五歳と七歳ぐらいの子供の手を引いて名好からきたという母親がいた。百五十キロ以上も歩きずくめて半狂乱の母は両足の血まめがつぶれて歩けず泣き叫ぶ子供を引きずるようにして、私の立っている警察署の前を南に向かっていった。

また、親にはぐれたのか、捨てられたのか、七、八歳の男の子二人が人の流れにもまれて町に着いたが、行くあてもなく署の門前にたたずんでいた。泣くことも忘れてしまったような無表情な子供の姿がいまも目に焼きついて離れない。

（『前掲書』）

内路や久春内にたどり着いた者は避難民を満載した汽車にしがみつくように乗車した。乗車できない者は線路沿いに歩いた。ひたすら歩いた。久春内に辿り着いた者は「真夏の熱い日差しと夜の凍える寒さに耐えた者」「自力で歩ける者」「徒歩での避難を助けてくれる者がいる者」であり、ソ連機の低空からの無差別攻撃から逃れ得た「幸運」な者であった。少なくとも、この段階では。

第三章　真岡方面の戦闘

ソ連参戦と真岡

ソ連軍による塔路・恵須取方面への侵攻により、北海道への脱出を目指した住民達は、上恵須取から既述の通り、内恵道路や珍恵道路を主に徒歩で逃げた。珍恵道路を通った避難民は珍内にたどり着いた後、さらに南の久春内まで歩き、そこから漸く汽車で真岡、本斗、大《お》泊《どまり》といった緊急疎開船の出航地を目指すことが出来た。

北海道への緊急疎開船の出港地の中で久春内から一番近い町が真岡であった。しかし、真岡にたどり着いた人々の多くを待ち受けていたのは島内での戦闘で、民間人の犠牲者を最も出した、ソ連軍による一方的な真岡攻撃――それは虐殺と言っても過言ではない――であった。

真岡町は樺太西海岸のニシン漁をはじめとする漁業の中心地であり、製紙業でも栄えた人口一万九千人の町でニシン漁の最盛期には七千人～八千人のヤン衆と呼ばれる季節労働者が訪れる活況をみせ、一時は『大泊を凌駕する勢い』(『日本地理大系』10巻)があった。大泊という町は、樺太南部最大の港湾都市で、北海道の稚内《わっかない》との間を連絡船が八時間で結ぶ流通の拠点でもあり、まさに樺太の表玄関であった。また、真岡同様に漁業と製紙業の町としても栄えていた。

樺太西南部の港のある本斗から、樺太の西海岸と東海岸の距離が最も近い久春内までの全長百七十キロの鉄路・樺太西線が南北に走り、その路線と樺太の首府豊原とを結ぶ全長八十三・八キロの豊真《ほうしん》線の合流点が真岡町内(北真岡駅)にあった。また鉄道だけでなく、豊真山道と呼ばれる道路も豊原・真岡間に作られ、真岡は交通の要衝でもあった。

真岡港は三千トンの船が同時に四隻接岸出来る日本最北にして、樺太唯一の不凍港であったため、生活物資、開発資材の荷役港として問屋や倉庫業も発達していた。その市街地は海岸線にそった狭小な平地に密集し、市街地のすぐ東は数十メートルの断崖となり、そのうえは学校や官公庁ならびに王子製紙の社宅街であった。海岸から約一キロぐらいの地点から逢坂に至る間の山地には、高さ約二メートルに及ぶ熊笹が密集し射撃を著しく妨害するほどであった。

大詔渙発、そして歩兵第二十五聯隊軍旗奉焼

八月十五日、大詔渙発。大詔とは天皇陛下が国民に告げるお言葉であり、渙発とは詔勅を広く発布することであり、この場合、ポツダム宣言の受諾を国内外に発表したという意味である。今まで負けるという事を考えずにひたすら勝利を信じて戦ってきた将兵、特に同じ第八十八師団でも国境で戦っている歩兵第百二十五聯隊とは違い、未だソ連軍と干戈を交えていなかった歩兵第二十五聯隊将兵は、茫然となると同時に、今まで張りつめていた緊張が一気に解けてしまった。

そして豊原の同師団司令部は札幌の第五方面軍司令部より終戦に関する命令が届くと直ちに電報、電話で指揮下の各部隊に「重要な命令を下達するに付、副官級以上の有力者を、十六日八時までに師団司令部に差出すよう」命令を下達した。ただし、歩兵第二十五聯隊長山澤饒大佐は師団命令に基き、指揮下の各部隊に「現態勢のまま後命を待つべし」と（『札幌歩兵第二十五聯隊誌』）と伝達した。

翌十六日朝、終戦に関する師団命令が発令されたが、その内容はつぎのようなものであった。

⑴終戦。⑵陣地撤収、分散した部隊の集結、武装解除。⑶特設警備隊、地区特設警備隊、戦闘義勇隊などの解散。一部兵員の召集解除。⑷軍旗の処理。其の他、この際にあたり大詔の聖旨を遵守し、私意によって軽挙妄動に及ぶが如きは、絶対に無きよう厳戒された。

（『前掲書』）

他にも、機密図書類の焼却、軍旗処理に関する命令も下った。

真岡防衛を担当していた歩兵第二十五聯隊第一大隊仲川大隊長の戦後回想によると「この時点に至るまでにソ連艦隊北上中の情報が入っていた。よって平戦両用の変化に応じ易い態勢に部隊をおくとともに、ソ軍が上陸した際の不慮の戦闘惹起を避けるため市街地にあった部隊を荒貝澤にまとめた」(『北東方面陸軍作戦〈2〉千島・樺太・北海道の防衛』)とある。

この行為自体は師団命令との齟齬はない。

しかし山澤聯隊長は、仲川大隊長が真岡防備を担任していた隷下部隊に「陣地構築の停止と各隊本部位置への集結を独断で行い」(『眞岡の対ソ戦に対する山澤大佐回答』)、配属部隊及び真岡警察署への指揮を解除したと戦後回想を残している。第一大隊本部及び真岡市街地に展開していた各部隊を真岡市街東方二キロ地点にある荒貝沢《あらかいざわ》に移し、天幕露営に入らせた。ただし、北真岡駅背後の高台に展開した広瀬聯隊砲分隊はそのまま現在地に留まらせ、移動命令は発しなかった。これは万が一、ソ連軍が上陸する際、不慮の戦闘が発生した場合に備えての処置と思われる。

十七日に山澤聯隊長は師団命令により兵士の一割(車の運転・修理をはじめとする当時として特別な技能を持つ者や樺太出身者)の五百名に及ぶ古年次兵を除隊させ、戦力は大いに低下した。この除隊について、第五方面軍司令官であった樋口季一郎中将は、後年、自分が出した命令により、兵士や家族の間に不公平感を覚えさせた事と、戦闘に及ぼした影響から後悔している、ということを家族には話していたそうである。

そして八月二十日、ソ連軍が真岡上陸作戦を実施した際の日本軍の配置は以下の通りであ

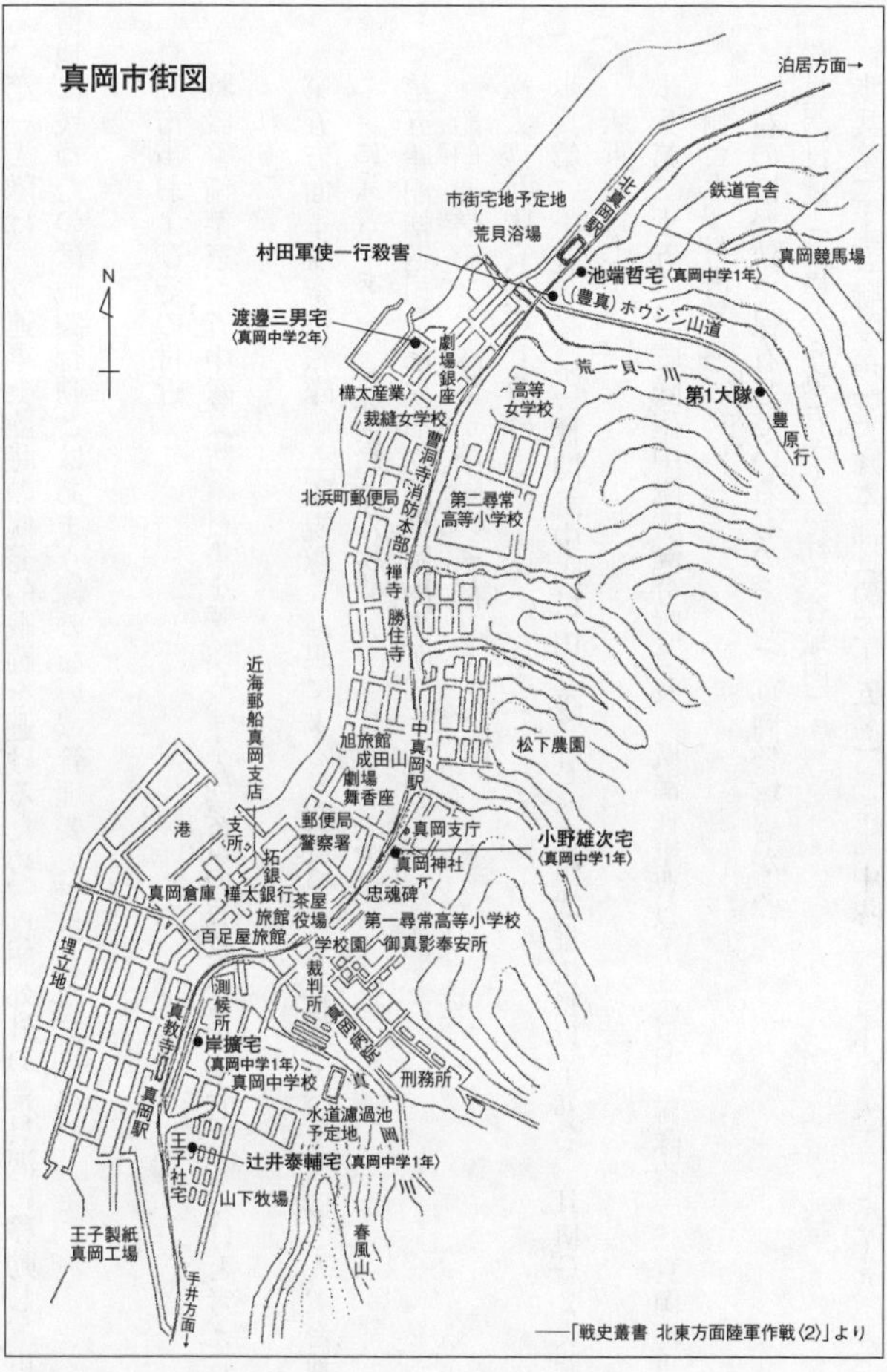
真岡市街図
泊居方面→
北真岡駅
鉄道官舎
市街宅地予定地
荒貝浴場
村田軍使一行殺害
真岡競馬場
池端哲宅〈真岡中学1年〉
（豊真）ホウシン山道
渡邊三男宅
〈真岡中学2年〉
N
劇場銀座
荒貝川
高等女学校
第1大隊
樺太産業
裁縫女学校
豊原行
曹洞寺
消防本部
北浜町郵便局
第二尋常高等小学校
禅寺
勝住寺
近海郵船真岡支店
中真岡駅
松下農園
旭旅館
成田山
劇場舞香座
港
支所
郵便局
警察署
真岡支庁
小野雄次宅
〈真岡中学1年〉
拓銀
真岡神社
真岡倉庫
樺太銀行
茶屋
忠魂碑
旅館
役場
第一尋常高等小学校
百足屋旅館
学校園
御真影奉安所
埋立地
測候所
裁判所
真岡本町
真教寺
岸擴宅
〈真岡中学1年〉
真岡中学校
刑務所
真岡駅
水道濾過池予定地
川
王子社宅
辻井泰輔宅〈真岡中学1年〉
山下牧場
春風山
王子製紙真岡工場
手井方面↓
―「戦史叢書 北東方面陸軍作戦〈2〉」より

る。第一大隊は、ソ連軍上陸時の偶発的戦闘を避けるため、真岡郊外の荒貝沢に移動し、市街地に残ったのは戦闘行動とはあまり縁のない、管理要員であった。

真岡市街およびその付近

特設警備第三百五中隊（防衛召集を解除し、本部要員の将校三、下士官五名だけと考えられる）

第五方面軍航空情報隊第三監視隊（肉眼による対空監視、一コ隊一五〇～二〇〇人、台地上に兵舎がある。対空監視が任務）

第五船舶輸送司令部大泊支部真岡出張所

船舶通信第一大隊第一中隊の一部

樺太憲兵隊真岡憲兵分隊

歩兵第二十五聯隊第一機関銃中隊松山分隊（長　松山武雄伍長以下九名　ＨＭＧ２真岡駅東側台上）

歩兵第二十五聯隊聯隊砲中隊廣瀬分隊（長　廣瀬保軍曹以下一〇名、聯隊砲一、真岡港東側台上、対潜警戒）

右のほか銃を保有しているものとして真岡警察署がある。

荒貝澤付近（海岸から東方一～二粁の谷地内）

歩兵第二十五聯隊第一大隊本部（約三十五名）、第二中隊（一コ小隊欠）（七〇～八〇名）、大和田小隊（第三中隊の残留者が主体、人員不詳）、第一機関銃中隊（一コ小隊、一コ分隊欠）（九〇名）、第一大隊砲小隊（四七〜四八名）、澤田集成小隊（三八名、上敷香から撤収して来た初年兵が主体）、工兵第八十八聯隊第四中隊第四小隊（三二名）、輜重兵第八十八聯隊第一中隊第三小隊（二六名）、第八十八師団衛生担架第三中隊第一小隊（四二名）

（『前掲書』）

ソ連軍の真岡上陸計画

ワシレフスキー極東ソ連軍総司令官は、八月十五日、第一六軍（司令官チレミソフ少将）および北太平洋艦隊（司令官アンドレーエフ海軍中将）に対し真岡港に対する上陸作戦準備を命じ、八月十九日、その実行を承認した。これにより真岡上陸部隊は八月十八日ソフガワニに集結を完了し、十九日夜一八時五〇分にソフガワニ港を出港した。

この艦隊のは次のような方針と兵力をもって真岡に上陸した。

一　方　針

北太平洋艦隊は、八月二十日朝、上陸部隊を真岡港係留所に直接上陸させ、同日日没までに橋頭堡を確立する。爾後第一一三狙撃旅団をもって鉄道及び豊眞山道に沿う地区を豊原方向に、海軍歩兵混成大隊をもって本斗方向に進撃する。

二　使用兵力及び船団（梯隊）区分

（1）使用兵力

艦艇一七（警備艦、機雷敷設艦各一、哨戒艇大型四、同小型七、魚雷艇四）、輸送船五、第一一三狙撃旅団、海軍歩兵混成大隊、艦隊飛行隊（八〇機）

（2）船団区分

第一上陸船団　哨戒艇七（各四〇〜五〇名乗船）
第二上陸船団　哨戒艇四（各二〇〇名乗船）
第三上陸船団　輸送船三（各八〇〇名前後）
艦砲支援船団　警備艦一、機雷敷設艦各一
警戒船団　魚雷艇四

（3）梯隊区分

第一波　自動銃手で編成
第二梯隊　海軍歩兵混成大隊
第二梯隊第一一三狙撃旅団

三　上陸戦闘部署

（1）上陸担任部隊の任務

海軍歩兵混成大隊　真岡《ママ》市の中部及び東部を占領
第一一三狙撃旅団　真岡《ママ》市北部および南部を占領

（２）達着要領

第一上陸船団の一部艦艇は真岡港の中央湾内に、爾余はその南方海岸に突入し、八月二十日四時五〇分、第一波を係留所に揚陸する。以下の船団の揚陸も右に準じて行う。

……

（『前掲書』）

ソ連軍上陸

真岡住民及び北部からの避難民は身にまといつくような深い霧の中、八月二十日、運命の朝を迎えた。

北海道への緊急疎開船は当初、前日に出港する予定だったが一日遅れ、この日、避難民を乗せて出港する事になっていた。港には早朝から乗船手続きのため、リュックをかつぎリヤカーを押して港にやって来た人、北部から船で避難してきてそのまま港にいる人、港湾労働者等、多くの人が集まっていた。

ソ連艦隊が突如、その姿を現わしたのは午前五時四十分のことであった。『樺太一九四五年夏』によると、ソ連艦隊を最初に発見したのは、北真岡の廣瀬聯隊砲分隊所属の成田粕三上等兵であった。

全国樺太連盟常務理事の辻力氏によると、ソ連上陸部隊の第一波は北真岡駅に近い漁港（北浜町）に二隻、真岡港（本町）に三隻、その南の王子製紙の港に二隻向かった。

真岡上陸作戦で艦砲射撃を行なうソ連艦隊

当時、真岡にいた人々は、軍民問わず誰もが大詔渙発から五日も過ぎ、ソ連軍が攻撃してこないだろうという安心感を抱き、後述する当時真岡中学一年生の辻井泰輔氏のようにソ連艦艇の見物にでており、中には、物珍しさから海岸に家族を呼んで見物をする者さえいた。しかし、港に向かう坂道を歩きながら見なれない軍艦に異様な胸騒ぎを覚えて立ち止まっていた人達もいた。

その頃、港では緊急疎開船の乗船者が列を作り、係員はその手続きを始めていた。真岡港に入ってきたソ連艦艇三隻は高速で「ダダダダダ」と銃を乱射しながら、疎開船の列に並ぶ人めがけて銃撃を加えて来たため、並んでいた人々は次々と倒れ、港は混乱状態に陥った。さらに甲板の上では銃を構えた将兵で一杯のソ連艦艇が埠頭に接近し、接岸するや否や、ソ連兵は銃を乱射しながら上陸してきた。

辻常務理事によると港にいた人の証言として、右記の通りソ連側から機関銃による射撃があり、それに対し日本側が応戦し、さらにソ連艦隊から艦砲射撃が始まったという証言をする人がいるという。大砲の音は南北二キロの町に鳴り響いても、機関銃の音はその周辺ぐらいでないと聞こえない。この証言については、今後とも情報を集め精査していきたいと思う。

当時、王子製紙真岡工場勤労課長だった福島正男氏によると、艦砲射撃開始からソ連軍上陸までは案外早く、ソ連兵上陸時、真岡港では、王子製紙の勤労課員が四十人ほどの労務者を連れて荷役作業をしていたが機銃掃射により、全滅した。この他にも王子関係だけで五十三人も殺されたと回想している。

他にも緊急疎開船への乗船待ちをしていた人々も銃撃を受け、その遺体は海に投棄された。

後日日本人の潜水夫がソ連の命令で、海中に落とした荷物を引揚する為に港内に潜水した処、波止場付近一帯の海底には三重に累った死体が一面にあったのを確認したが、これは二十日早朝大型ハシケ二隻に引揚婦女子を満載して曳航準備中攻撃が始まり、船上の女子供が機銃の掃射を受けた跡である

（『九人の乙女一瞬の夏』）

当時真岡中学二年生であった渡邊三男氏は父に誘われて、自宅の物干台から海を眺めた。渡邊氏は真岡市街地北側の浜辺である北浜町に住んでいた。

どの家も、役場の指示に従い、降伏の意を示す白旗も掲げてあった。

渡邊家では、漁に出る準備をしていた父親が最初にソ連艦隊を発見した。そして「起きろ！　海を見ろ！」と言いながら父親は渡邊氏を起こしに来た。そして「絶対に撃ってこな

いよ。戦争に負けたんだから。白旗を持っていれば大丈夫だ。だから見ろ」と言った。

渡邊氏自身も物干台に上がると、すでに町の人々が北浜町の漁港の岸壁にたくさん、見学に集まっているのが見えた。そして海を見るとソ連艦艇は横に並んでいたが、渡邊氏も「大丈夫だと思った。すごいなぁ～と思ってみた」。そこへソ連艦隊から二隻の「人が十人も乗ってなく、平で機関砲がついた船」が（北浜町の）浜辺に向かってきた。北浜町の浜辺は遠浅で、海から上がって来やすかったそうである。そして一隻が座礁したが、脱出に成功。二隻はソ連艦隊の方向に戻って行った。ソ連艦隊が銃砲撃を開始したのは、その直後だった」と語る。

真岡警察署では「午前五時頃、『ソ連軍が湾内に入る』との報により非常呼集」がかけられていたが全員そろうほどの時間は残されていなかった。真岡警察署署長の三浦春見警視は署長室で、非常呼集により集まった幹部署員を前に「われわれだけでも港にいって、ソ連軍を出迎えて平和交渉をなし、町内の安全をはかろう」と檄を飛ばしていた。そして署長を先頭に白旗を掲げ、歓迎のため署の裏口から出ようとしたとき、真岡港から上陸して来たと思われるソ連兵の銃の乱射を受けた。

そればかりか警察署にも全署員が集合しないうちに、自動小銃や手榴弾を持ったソ連兵が入って来た。署長以下署員達は難をさけるために二階に上がり階下を覗いていたが、ソ連兵が玄関から出て行くのを確認した後、二階から屋外の電柱を伝わったり、窓や階段から思い思いの行動をとって、付近の防空壕に這入るなど、安全地帯に避けるものが続出した。

しかし、警察官は、決して住民保護を放棄したのではない。ソ連軍の上陸があまりにも早かった上に、港から警察署までが歩いて五分とかからない近距離であったため、警察署自体が包囲され、自分の身を守るので精一杯だった。署内で拘束された者、外へ逃れたものの拘束された者も多く、住民を安全な場所に避難・誘導を行なう余裕はどこにもなかった。

ソ連軍上陸時、真岡の北隣の駅である北真岡駅には避難列車が満員の状態で停車していた。この列車は本来五時五分発の豊原行であったが、船で真岡に到着した北部地域からの避難民が乗車しようとして、出発が遅れていた。

その列車を出勤中に目撃した真岡車電区勤務の寺内幸夫氏は次のように回想している。

私は北真岡構内の詰所に出勤する途中、三番線に列車がはいっているのを見て不審に思った。

前夜から勤務している同僚が「あれは恵須取方面から避難民を乗せてゆうべ着いた列車だ」というので、ホームに行ってみた。客車二両のほかは有蓋車、シートを張って屋根の代用をした無蓋車四、五両で、こぼれるほど奥地からの人たちが乗っていたが、疲れ切った人びとは半病人のようであった。何日か雨に打たれて、列車のある久春内まで歩いてきたのであろう。着ているものは汗と体臭で臭かった。

（『樺太一九四五年夏』）

この列車には、上恵須取で対戦車壕を掘っていた恵須取中学一年生の吉田順平氏も乗車していた。吉田氏は幸運にも客車に乗れたばかりか、山側の窓際の席に座れていた。そして、この席に座っていたことが、後に、吉田氏の命を救うことになる。

汽車は定刻より大幅に遅れて北真岡駅を出発するが、その後の事を吉田氏は次のように筆者に語った。


朝、列車が動きだして徐行したら、ボーンと音が聞こえて来た。後から空包だと聞いたけど、艦砲射撃。なんだと思って立ち上がったら、ソ連の艦隊が三隻、はっきり見えましたよ。山側の席に座っていたが、勿論、海側の人も立ったよ。海岸と鉄道までの間は百二、三十メートル位でしょ。百五十メーターはないと思いますよ。だってソ連の兵隊が動くのが見えるんですから、陸戦隊が上がってくるのが。

で、こっちは徐行してるでしょ。そして上がって来たと思ったら、バチバチ撃ち出すんですよ。マンドリン銃だから、向こうは、当たろうと当たらなかろうと関係ないんですよ。バラバラ撃って弾をばらまくんですよ。流れ弾が飛んで来るんですよ。当時、木造の客車だから貫通しちゃうんですよ。（個人を）狙ったわけじゃないんでしょうけど、弾がバラバラ当たっちゃう。僕はたまたま山側に座っていたから無事だったんだけど海岸側に座っていた人は怪我しちゃったんですよ。

僕は弾が来て大変だと思ったから、軍隊毛布をもっていたから、それを盾にするように抱えて周りをみていたら、ガラスの破片か弾にあたったか知らないけど、手で顔を覆う若い女性の指の間から膝に、ボトボト血が落ちるのが見えたのと、子供がね、泣くもんだからお母さんが必死に抱きかかえて、まだ三つ四つの子供がさ、お母さんの足を摑んで、震えているのを見ましたよ。そうしたら、おばあさんは南無妙法蓮華経を唱えるわね、怪我人がウーウーうなるね、家族がしっかりしてと騒ぎますね。逃げようがないんですよ。

徐行してたけどすぐ止まったんですよ。その間、列車に乗っているより、降りた方が安全だと言って、列車の下にもぐった人がいるんですよ。列車が動くとき、警笛を鳴らしますよね。でも鳴ったか、鳴らなかったか、知らないんだけど、その人達がひかれた。ひかれたと言ってもせいぜい、一人か二人だけどね。その証拠にね、（汽車が）発車すると、スッと列車は行くじゃないですか。それが「ゴト、ゴト」って行くんですよ。列車にひかれたんですよ。あの感覚は今でも覚えている。

しばらく行って止まったら、兵隊が走ってきて、この列車は動かないから、降りて逃げろって言うんですよ。リュックサックから何から放り投げて、窓から飛び降りて逃げたんですよ。人がぎっしり乗っているんで、窓からしか逃げられなかった。列車は町（真岡市街地）を過ぎていて、「手井」（筆者註：真岡の南）ですよ。

逃げていた人は圧倒的に女性と子供。男性いないんだから。だから列車の中で女性と子供がたくさんやられたんですよ。酷いもんですよ。無差別攻撃をやってるんですから。相手だって、軍人と民間人を区別してるわけじゃないから。抵抗できないんですから。自分のことで精一杯で助けることが出来なかった。今考えると無慈悲な話ですよ。

北真岡駅のホームから何気なく海をながめていた高杉健太郎助役がソ連艦隊を視認したのが、午前六時半であった。「ロスケの軍艦だ」と叫ぶや、それまでだらだらしていた避難民は争って乗車し、汽車は出発した。しかし、次の停車駅である真岡駅から到着の連絡がないことや真岡郵便局の交換を呼び出しても応答がないことから危機が迫っていることを察し、駅長以下は駅舎から防空壕に退避した。

この時、ソ連兵は直ぐ近くにまで近づいていたことを壕に飛び込んできた、三名の兵士（現地除隊になっていた）から聞いた。その時の事を高杉助役は次の様に回想している。

全員で十四、五人位だったと思う。時間にすると四、五分位か、ソ連兵が来て手榴弾を投げ入れた。私の横にいた兵が蹴飛ばすとコロコロと入口の方から敷板の下に落ちた。入口の所にいた兵が一人死亡。その横の兵が負傷した。

雨水が多く溜まっていて、手榴弾が爆発したが、威力も半減したのかその外の人は無事だった。

防空壕の隙間から覗くと、駅のホームに自動小銃を構えた四、五人のソ連兵が構内を見張り、監視している。

皆に絶対助かるから心配せず、勝手な行動をしないこと、夜になったら脱出するので、

1945年8月20日 早朝の真岡港

ソ連の軍艦
真岡港岸壁
上陸用舟艇
上陸してきたソ連の陸戦隊がマンドリン銃で無差別攻撃を開始、進行中の列車にもバチバチと当たり負傷者が続出した。
石炭
恵須取方面からの避難民で満員の車内、避難民の殆どが女性と子供
両手で顔を被った女性の膝下にポトポトと血が流れていた。
泣き叫ぶ赤ちゃんを抱きかかえる母親の足下に、子供がふるえながらすがっていた。
懸命に読経を唱える老婆
床は破損した窓ガラスの破片が散乱

——吉田順平画

それまで余計な話をせず暗くなるまで体を休めておくように話しておく。

時間の経過の永いこと、永いこと。

（『樺太・終戦から引揚まで』）

この後、十八時頃から立ち込めて来た濃霧を活かして、二時間かけて全員が一人ずつ防空壕から脱出した。

ソ連軍上陸時の市街地の様子はどうであったのであろうか。

当時、真岡の建物は官民問わず、役場の指示に従い、降伏の意を示す白旗が掲げてあったにもかかわらず、早朝の静かな街にはソ連軍の砲声がとどろいた。ソ連軍は嵐のような砲弾や銃弾を避難列車に、市街地に、港に、そして逃げ惑う住民に撃ち込み、防空壕には手榴弾を投げ込み、女性を見かけると、その場で強姦した。ソ連兵を恐れて、汲み取り式のトイレの肥溜めの中に親子で三日間も隠れ、生き延びた母子もいた。夫は警防団としての任務を優先し、住民の避難誘導にあたろうとしたがソ連軍に拘束され、射殺された。それを知らない妻は懐に出刃包丁を忍ばせ、子供達と三日間も臭気に耐えた。彼女が懐に忍ばせた出刃包丁はその後、三度、ソ連兵から彼女の身を守ってくれたと言う。

真岡郵便局電話交換手の自決

真岡郵便電信局（以下、真岡郵便局）の十二人の女性交換手達はソ連艦隊接近の報に接しても持ち場を離れず、冷静に業務を遂行していた。『九人の乙女一瞬の夏』の著者である川嶋康男氏によると、彼女たちはお互いを「決死隊」と呼び合い、町民の避難完了後、師団通信隊にその業務を引き継ぐことになっており、それまで通信業務を維持する任務を課せられていたという。

また、電信用の暗号表などの機密文書は焼却し、ソ連軍への郵便局の平和的な引き渡しのためか、局内の清掃も済ませていた。これは、陸軍が小銃等武器の手入れをしっかりした後に、武装解除に応じたり、海軍が艦内清掃をすませてから、連合国に艦の引き渡しを行なったのと同じ心理から来るものであろうか。

八月二十日早朝、真岡郵便局から約二百メートル離れた分室（元は「進明亭」という料亭であったが、当時は職員の宿泊や会合場所として使用）で就寝中だった、上田豊蔵真岡郵便局長のもとに、五時四十分、電話主事補高石ミキより緊急連絡が入った。

「（真岡から）北八キロの幌泊《ほろどまり》監視哨からソ連軍艦四、五隻が、幌泊沖で変針して真岡方面に向かったとの連絡を受け、直ちに関係方面に連絡をした」（『樺太終戦史』）

その電話で上田局長は高石主事補に職員を非常呼集するように告げ、一緒に宿泊していた、斉藤英徳庶務主事を局に急行させた。緊急時には、庶務主事が軍関係の機密書類や資料等の焼却の指揮を取る事になっていた。非常呼集は、かねてより定めていた手筈であった。高石主事補からは直ちに軍・警など関係方面に情報は流されていた。そればかりか、彼女達の通報先は、艀で真岡まで避難して来た約千二百名の婦女子が収容されていた真岡一校（国民学校）にも行なわれた。
その時のことを、珍内役場吏員としてそれら避難民の世話をしていた三浦光子さんは次のように回想している。

突然、ガラスがバーンバーン、ガシャンガシャンと割れて飛び散り、人々は大騒ぎ。机の下で南無阿弥陀仏……、泣き出すお年寄り……。ふたたび職員室にもどった時、丁度、目の前の電話がけたたましく鳴り響いた。受話器を取り上げると「こちら局です。ソ連の軍艦です。すぐ逃げて下さい」と甲高い女性の声が聞こえた。多分、あの「真岡の九人の乙女」のお一人だったのだろう。

（『鈴谷23号』「ソ連軍の銃弾のなかで」）

分室を出た上田局長は急ぎ足で局に向かいながら港内を見ると、大きい軍艦二隻と駆逐艦程度の船二隻が港内に進入して来るのが見えた。それぞれの甲板には兵隊が並んでいた。しかし、いわゆる敵前上陸のような緊迫感は感じられず「ああ、何事もなくすみそうだ。戦争が終わってすでに五日もたっているんだ……」と、我が心に言い聞かせながら再び歩き出した。ところが、それから一、二分。ちょうど局まであと五十メートルほどの栄町二丁目の角にかかったとき、突如、地軸を揺るがすような砲声が轟き、追いかけるように機銃がいっせいに火を吹いたソ連軍の激しい攻撃を金子俊男氏はその著書『樺太一九四五年夏』の中で次のように描いている。

栄町二、三丁目の十字街は、海から丸見えの高台で、無気味な音とともに弾丸が短い光芒を残して飛び、郵便局に向かう途中だった上田局長は、局舎を目の前にして、どうしてもその十字街を駆け抜けることができなかったという。ちょうどそのとき、列車がノロノロ進行してきて、上田さんらのいた近くに停車したが、上田局長のいるところからは四、五人の避難民が列車を飛び降りて、山をはい登って逃げるのが見えたが、背後から撃たれて、山膚をころころところげ落ちるのが手にとるように見えたという。

この十字街には五、六人が上田局長同様、釘付けされていたが、一人を除いて負傷者ばかりであった。中には右足をくだかれた重傷者もいたが、赤チンキを塗ってやることしかできなかった。特別肉攻班と書いた白タスキをした真岡署木村巡査部長は、とめるのもきかず、「自分は結核で休んでいたが、どうせ助からない命なのだから、男らしく死なしてくれ」というなり、弾丸の中を駆け出し、目の前で「やられた」と叫んで倒れた。上田局長と由田与三吉さん（のち死去）は、同巡査部長を家の陰に引きずり込もうとして路上に飛び出し、上田局長は左手に貫通銃創、由田さんは右足に盲管銃創を負った。しかも、ようやく引きずってきた同巡査部長は背中に数発の機銃弾をあびていて、のちに死んだ。

（『樺太一九四五年夏』）

上田局長は十字街で動けないままソ連軍の捕虜となり、郵便局の裏の庁立病院に収容された。

ソ連兵は郵便局の正面の岸壁から上陸し、そのまま市街地に突入し、木造二階建ての郵便局にも流れ弾が飛び込んで来た。その激しさに、腰をかがめてでも歩くのは困難な状態で、壁に流れ弾が突き刺さる音がするたびに、局員たちの悲鳴が上がった。壁を見ると、二十センチ間隔で穴があいていた。

郵便局の道路を挟んだ隣は警察署であり、彼女達は真岡署の警察官同様、逃げる間もなくソ連兵に包囲され、激しい銃撃を受けた。

郵便業務は一階で行なわれていたが、一階にいた人々は長い棒に白いシーツを結び付けて窓の外に出した。この内、部屋の奥の押入れまで這って入った人は助かったが、防空壕に入ろうと外に飛び出した人は殉職した。

一方、電話交換業務は二階で十二名の電話交換手（内、一名は非番であったが、緊急事態により、菅原電話主事の要請を受けて出勤した志賀晴代交換手）が遂行していた。気丈に業務遂行に当たっていた彼女達であったが、ソ連兵が郵便局の近くまで迫って来た。元々、ソ連兵が上陸した港から郵便局までは近い上、隣の建物は既述の通り、ソ連兵の攻撃目標の一つ、真岡警察署だったため、ソ連兵の数も少なくなかったであろう。

窓から見えるソ連兵の姿は彼女たちに「死」の選択をさせる後押しになったのではなかろ

うか。

真岡郵便局から泊居《とまりおる》郵便局に「今、みんなで自決をします」という電話がかかって来たのは、泊居郵便局所弘俊局長の記憶によると「午前六時半ごろだったという」。所局長は、電話をかけて来た交換手に「絶対毒を飲んではいけない、白い手拭いでもよいから入り口に出しておけ」と、必死になって叫んだ。しかし、電話の向こうから「高橋さんはもう死んでしまった、交換台にも弾丸が飛んできたし、もうどうにもならない。永々御世話になりました」と言われたときには、みんなで泣いてしまったそうである。

上記の泊居郵便局と真岡郵便局の交換手たちのやり取りは、筆者が上田豊蔵真岡郵便局長の手記から交換手の自決経緯を筆者が要約したものである。交換手達が自決した際、上田局長は郵便局に不在であった。事件翌月の九月十日にソ連軍の許可を得た上田局長は、泊居郵便局に出かけ、所泊居郵便局長に自決した交換手達とのやりとりを確認し、手記にしたためたものである。

最初に青酸カリを服毒したのは、電話主事補高石ミキであった。それまで交換台についていた交換手達は、後に続くように各自、紙包みにいれてあった青酸カリを口に入れ、やかんから湯呑に注いだ水で一気に飲みほした。そのため、彼女達の青酸カリを飲んだ口から、叫び声、うめき声が上がり、その声は部屋を埋め尽くした。

彼女達が使用した青酸カリとは次の様な毒物である。

青酸カリの致死量は、成人で経口量〇・二〜〇・三ミリグラムといわれ、ほんの僅かな量でも効き目は十分にある。胃に入ると胃酸に分解されて脳の呼吸中枢を瞬時に犯す呼吸毒であるため、急性の意識喪失と痙攣により呼吸が止まり、一分から五分で絶命する。

(『九人の乙女一瞬の夏』)

真岡郵便局事件を研究され『九人の乙女一瞬の夏』『永訣の朝』を上梓された川嶋康男氏は当時の事をより詳しく調べられており、上田局長の手記と異なる箇所もある。以下は『永訣の朝』から電話交換手の自決経緯を要約したものである。

ソ連艦隊の砲撃が始まり、最初に青酸カリを仰いだのは、高石ミキであった。それに誘発されたのか、五名の交換手が次々と青酸カリを飲み、高石の後を追った。

しかし、毒を飲まなかった者もいた。ある交換手が、その場にいた他の五名の交換手に、豊原郵便局に指示を仰ぐことを提案した。そして、豊原郵便局電話交換室に真岡郵便局から電話がかかって来た。かけて来た「二十歳か二十一歳の交換手」は豊原の電話主事補に局長や上司達と連絡が取れないことや、既に六名が自決したこと等を報告をし「指示を求めた」という。その声は「すごい早口で切羽詰まった口調だった」。それに対し電話主事補ら複数の交換手達は、代わる代わる、必死に自決を翻意させようとした。薬を飲まないように、生きるように。そして真岡から「ソ連兵の接近」を伝えられた後、一切の応答はなかった。

真岡郵便局の交換手は泊居郵便局にも三回電話をしていた。

一回目の「時刻は六時半頃」だった。真岡はソ連艦隊の攻撃を受けているという報告で「いまから避難する」という言葉を最後に電話が切れた。重い空気に包まれた泊居郵便局電話交換室の人々は真岡からの最後の言葉である「いまから避難する」を信じ、無事を祈っていた。それからしばらくして、二回目の電話が真岡よりかかって来た。

電話をかけてきたのは、一人の交換手だった。彼女は局の裏側にある下水溝に隠れていたのだが、銃撃の隙をついて再び交換室に戻ったのだ。しかしそこには、自分以外の交換手達が自決を遂げており、泊居郵便局に電話をかけて来たのであった。泊居郵便局の交換手は彼女を懸命に励ましたが、彼女も泊居郵便局の交換手に別れを告げたのち服毒した。

この後、どれくらいたったのか不明であるが、三回目の電話がかかって来た。

真岡郵便局の状況は緊迫しており「銃をもったソ連兵が、局の周りを行ったり来たりしています」「やがて交換室にもソ連兵がやってきそうです」という状況を伝えて来た。この時、交換室には、電話をかけて来た人物を含め六名がいた。泊居の交換手達は豊原同様に、代わる代わる、真岡の交換手に生きるよう涙を流して説得をした。しかし、ついに真岡の交換手は「もうみなさん死んでいます。わたしも乙女のまま清く死にます。泊居のみなさん、さようなら」という言葉を最後に、交信が途絶えた。

それでも電話線を切らずに、彼女たちの返事を期待して真岡局の呼び出しレバーを押し続けた。ところが、突如交換手の耳に聞こえてきたのは「アロ、アロ」というロシア語の男性の声であった。この時、泊居局の交換手は真岡局の同僚の死を確信したのだった。

なお、真岡郵便局員でこの日、殉職したのは彼女たちだけでなく、戦闘のさなか回線の修理業務を行なっていた技師を始め、合計十九名に上った。上田局長は前述のように、局に向かう途中負傷し、ソ連軍の捕虜になった後に生還した。また、電話交換室でも奇跡的に三名が命を取り留めた。

上田局長が、ソ連兵に懇願し、郵便局に行ったときは、事件の三日後、二十三日昼過ぎであった。現場の郵便局二階にはソ連将校と上田局長、鈴木交換手、斎藤事務員が行った。

同行したソ連将校は、局長らの背後に立って、最後の瞬間まで職場を守って死んでいった九人の遺体をみじろぎもせず見つめていたが、ついにひざまずいて慟哭する鈴木さんをみると、静かに胸元に十字を切って、しばらく瞑目していた。死―ことに職責に死した乙女をみたとき、そこには敵、味方も人種の差もなく、人間としての崇敬の気持ちがあるだけだということを上田さんは思った。

（『樺太一九四五年夏』）

そして彼女達が通信業務のために真岡に留まり、自決したことに崇敬の念を持ったソ連軍人は上記将校だけではなかった。

真岡郵便局庶務主事であった斎藤英徳氏は札幌逓信局の要請に応じて「真岡郵便局職員殉職顛末書」という文書を提出している。その一節をここで紹介したいと思う。なお、以下の文章は上記報告書ではなく、その写しが記載されている樺太逓友会がまとめた非売品の『追憶の樺太逓信』からの引用である。

　昭和二十一年四月も末頃と思はれる頃突然ソ連軍隊の行進が郵便局前で止った。その中から二十名位も局内に入って来たので聞くと電話交換室へ案内せよと、極東軍総司令官元師《ママ》の来訪であった。交換室入口迄案内した。中に入った元師《ママ》は椅子にかけて部下より当時の室内の状況等を聞いたのであろう。聴取が終わると、直ちに立って交換台中央前に進み敬虔な祈を捧げて直ちに帰還されたのであった。

（『追憶の樺太通信』「真岡郵便局職員殉職顛末書」）

相次ぐ自決

　他にも真岡中学校の軍事教練助教官江村孝三郎少尉がその妻子四人と隣家の平野太郎体育教諭の妻子二人の計六名を江村家仏間にて首を落とした後、隣室にて割腹。鴨志田英語教諭は妻子四名を殺害した後、カミソリ自刃している。元陸軍曹長であった真岡第二国民学校の佐藤源一郎教諭も、家族全員の首を落とした後、自決した。また、真岡神社の湖山博氏は白装束に着替え、ご神体を抱いて本殿のそばで胸を包丁で一突きして座ったまま亡くなっていた。

　逃げ遅れた人や、逃げることを潔しとしない人々の自決が多発した。また、幼子をつれて防空壕に逃げ込んだものの、子供が泣き出したがために、周囲の人からソ連兵から皆が見つからないよう、防空壕から銃弾飛び交う外に出るか、子供を殺すよう迫られた母親。逃げ切れないと思い、家族全員で死のうとし、我が子を己の手で殺し、自分も死のうとしたが、死にきれず己を攻め続ける者等々、地獄絵図そのものだった。

このような光景はソ連軍に攻撃された町だけでなく、南部の港に向かう住民の避難路でも頻繁に見られた。その多さに、全てをここで取り上げるのは不可能である。

これは自決した人々が民間人とは言え「生きて虜囚の辱めを受けず」という教えだけに縛られていたというわけではない。むしろ、恵須取方面での数多くの自決の際に語られた、シベリア出兵のさなかに起きた尼港事件（ニコライエフスク事件）で赤軍パルチザンが日本人を虐殺した事が再現される恐怖。特に婦女子は陵辱された上で惨たらしい方法で殺されることを恐れていたからである。大平炭鉱病院看護婦の集団自決と同じ原因であり、樺太に住む人々の共通認識と言っても過言ではないだろう。また、自分達が築き上げたもの全てを敵軍に奪われるという絶望感から自決を選んだ者もいただろう。

ただ、推測ではなく、はっきり言えることが一つある。著者が樺太からの緊急疎開者、引揚者や第八十八師団関係者から直接聞いた話や多数の回想録を読んだ限りにおいて、軍の命令で自殺したという話は一つも出てこないことを付け加えておきたい。むしろ軍人達は彼らを逃がすために戦ったのである。

山澤聯隊長が荒貝沢固守を命令した際、菅原歩兵砲大隊長が熊笹峠で隷下部隊の将兵に訓示した際、「北海道へ一人でも多くの住民を逃がすために戦うのだ」という、軍人としての存在意義を示す強い意志が部下へ語られたことを忘れてはならない。

四人の真岡中学一年生

ソ連軍の無差別攻撃の中、幸運にも一命をとりとめた人々の中に、当時真岡中学一年生だった四人がいる。筆者が取材で別々に知り合ったこの四人は偶然、真岡中時代からの友人であり、それぞれ異なる体験をされている。

そこで、この四人の話を聞いてみたい。

一人目は辻井泰輔氏である。辻井氏は真岡市街地南側の崖上の本泊《ほんどまり》に住んでおり、そこは「王子製紙の社宅が並び、真岡港と王子製紙港の両方を見渡せる場所であった。ソ連軍入港時は霧がはれていて両港が見渡せた」そうである。

真岡町本泊の自宅近くでソ連艦隊の入港を弟さんと二人で目撃した辻井氏は、第一波は王子製紙の港にはいかず、真岡港に侵入・接岸したと証言している。

この日は出発の準備で早朝五時頃から起きており、保存食準備ために餅つきを家族で行なっていた。それが終わり荷造りを家族がしていた時、「軍艦が来たぞ」と言う声が聞こえてきたため、弟と「軍艦見物」に外に出た。すると、五隻の「駆逐艦くらいの大きさの船」が入港するのが見えたという。ところが、轟音とともに至近弾が落下し目の前で土煙があがる。

辻井氏は必死で弟を抱きかかえて家に帰ろうとしたが、その銃砲撃の激しさになかなか動けなかった。

そこをなんとか家に戻り、家族と防空壕に避難。壕内には荷造りを済ませた荷物がしまってあり、それを壕の入口に置き、弾除けにした。父親は壕内にあった太刀は自分で持ち、長男である辻井氏には脇差を渡し「いざという時には、これで腹を切れ」と言った。辻井氏は死を覚悟したという。

それから二時間ほどたったころであろうか。口笛が聞こえ、ソ連兵が近くにいることが分かった。東京の学校から帰郷し、ついさっきまで樺太を離れる準備をしていた辻井氏の姉は、「B29なら爆弾を落としたら帰って行くのに（ソ連兵が）上がってくるのだから、こんなに怖いものはない」と言ったという。

さらに防空壕の中にまで銃弾が飛んで来るようになり、父は「逃げよう」、母は「死ぬなら一家皆でここで死のう」と言い合いになったが、母親の意見が通った。結果として、それが辻井家の人々の命を救った。

どのくらい時間が経ったのであろう。防空壕の扉をノックする音が聞こえ、扉が外から開けられ、壕の中に拳が突っ込まれ中指で「来い来い」というジェスチャーがなされた。それを見た母親は、父親の持つ太刀と辻井氏の脇差を奪い、とっさに地面に埋めた。

防空壕の外に出ると、黒い軍服を来たソ連海軍の水兵が十数人待ち構えていて、万年筆と時計を取り上げられた。そしてソ連機が飛んでいる中、男（大人）は海岸の倉庫に連れて行かれ、辻井氏等女子供は公園に集められ、しばらくとどめ置かれた後、帰宅が許された。このようにして、とりあえず生き延びる事ができたが、家の中は一目見て「家探しをされた」のが分かる荒れ様であった。

一方、父親は一週間以上帰って来なかったが、海岸の倉庫に監禁されているのは、その後、人づてに耳にしたので、餅や身欠き鰊などの食糧を度々届けた。倉庫には歩哨が立っていたが、万年筆を渡すとすぐに父親達が監禁されている所へ案内をしてくれたばかりか、倉庫にあった物資を「ハラショー、ハラショー」と言いながら、持っていくようジェスチャーで勧めたそうだ。

二人目は高浜町（真岡の中心部）に住んでいた岸擴氏の体験である。岸氏は朝食前家族団らんの最中であったが、物凄い銃声に家族で近所の大きな横穴防空壕に避難することになった。岸氏はストーブを始めとする火の始末をしてから逃げ出した。

余談であるが、岸氏によるとこの時期の真岡ではどの家庭でもストーブを使い煮炊きをしていたという。ソ連軍上陸時に発生した火災の原因について、朝食の準備をしている時間に突如ソ連軍が攻撃をしてきたため、火の始末をしないまま避難した家庭が少なくなかったのではなかろうか。これによる失火もソ連軍の艦砲射撃と共に真岡の火災の原因と考えられる。

話を戻すが、岸氏は自宅から飛び出したものの、銃撃の激しさに腰をかがめながら動き、百メートル走るのが精一杯で、近くにあった防空壕に飛び込んだ。そして、岸氏は隙があれば飛び出して横穴防空壕に向かおうとしていたので、そのまま入口で外の様子を伺っていた。

壕の奥には既に数人の大人が逃げ込んでいて、何やら相談していた。耳をすますと「攻撃してきたのは外国の軍隊で、きっと殺されるだろう。敵に殺されるなら……」。すると知らない婦人が近づいてきて「あんちゃん、もう助からないから死のう。死ぬときはおばさんがこれで殺してあげるからね」と包丁を見せられ、ゾッとした。

岸氏は玉音放送の後に恩師から言われた「死んではいけない。生き残って、日本を復興させねばならない」という言葉を思い出し、再度銃火の中に飛び出した。横穴防空壕まで、あと五十メートル位だが、ソ連兵は手当たり次第に銃を乱射しており、その銃弾が凄まじい勢いで周囲で音を立てて飛び交っていた。岸氏は「近くに当ってバチーン、バチーンと音がしたり、ピューンという音を立てて跳ね返って行く音がするものだから、何回か隠れながら走って逃げた。それも普通の姿勢でスースーハーハーと走っていくわけじゃないですからね。かがみながら走るものだから息苦しかった」と語る。そして、なんとか横穴防空壕まで逃げ延びることが出来た。

横穴防空壕の入口には子供が二、三人と、背中に赤ん坊を背負った六十歳位の男性が立ってた。岸氏はそこにいた子供に「おいどうしたんだい、一体何が起きたんだい」と聞くと、「俺の家は崖の側で駅の近くで、バンバンって音がするから窓開けて見たら、すぐそこに外国の兵隊がいたんだよ。目が青いし鉄兜の格好が違うだろう。だから日本兵じゃないよ。それがバンバンやっているんだよ。それが来たから慌てて逃げて来たんだよ」という返事が返ってきた。

赤ん坊を背負った男性は、逃げ込んできた人たちを奥に入るよう誘導していた。その男性に岸氏は、奥で白い布を取って来るように言われ、先に逃げ込んでいた二十～三十人ぐらいの人々に白い布を持っていないか聞いて回った。すると、一人の婦人が模様の入った白い手ぬぐいを持っており、岸氏はそれを入口の男性のところに持って行った。男性はその手ぬぐいを壕の入口から垂らして、岸氏に奥に入るように言った。そして、接近してきたソ連兵相手に一人で交渉をしたようである。

三十分位すると、その男性は皆に出て来るように声をかけてきたので出てみると、そこは小銃を構えたソ連兵で一杯であった。どうも男性は降伏の意思をソ連兵に伝えていたようだ。そして、ソ連兵の誘導で壕の中にいた全員は港に向かったが、あちこちに日本兵や住民の遺体が転がっていた。

あまりの惨さに、ある婦人は倒れて死んでいるように見えた日本兵の顔に襟巻をかけたが、その日本兵はまだ息があった。不運にもソ連兵は気づき、直ちに銃を構え日本兵を撃とうとした。すると先ほどの赤ん坊を背負った六十歳位の男性がソ連兵と日本兵の間に両手を広げて大の字になって立ちふさがり「やめろ！　撃つな！」と言ったがソ連兵は男性を押しのけて「パンパンパン」と三発発射し、日本兵は動かなくなった。大の字になって立ちふさがった男性は幸運にも撃たれず無事であった。岸氏はこの時のことを「思い出すと涙がでる。自分の命も危ないのに、飛び出してやめろというんですから。そのおじいさんだってその場で撃ち殺されても仕方ないのに」と、目を潤ませながら筆者に語った。

その後、一行は港に連れていかれたが、そこもいたるところに日本人の遺体が転がっていた。その時のことを岸氏は次のように語った。

一番はじめに岸壁に連れて行かれた時、一緒にいたおばさんが、「ここで撃たれて死ぬんだね」って言うわけ。そして岸壁に行ったら艀に乗せられた。今度は「艀引っ張って行かれて沖で沈められるんだ」と言うんだ。艀に乗る時に、波で岸壁との間がちょっと離れるでしょう。するとソ連の将校二人が手を貸して渡してくれるんですよ。子供も大人も。

艀に乗せられるのを不審に思った岸氏の父親がロシア語でその理由を尋ねると、「陸地にいては火災に巻き込まれるので、艀に乗せている」との返事が返って来た。全員乗せ終わるとロシア兵は艀のそばに警備兵を残し、燃え残った倉庫の屋根に上り、小銃を持って、双眼鏡で山側を警戒し、日本軍の反撃に備えながら、時折、銃を撃っていた。しかし、艀に乗せた人達に危害を加える様子はなく、パンも与えられ、日が落ちた後、解放された。

三人目は小野雄次氏。小野氏も町の中心部である山手町に住んでいた。

小野氏は家族と一緒に、この日の緊急疎開船に乗船する予定で、荷物は既に港に送り、早く起きて朝食を取ろうとしていた時に、ソ連艦隊による艦砲射撃が始まった。

すぐさま、防空壕に避難したが、出発の準備と早朝から起きていたため、恐怖を通り越して防空壕の中で眠ってしまい、起きたのは昼頃だった。そこへやって来たのは顔を真っ赤にして酔払ったソ連の水兵だった。真岡町の北端荒貝周辺には焼酎会社、酒造会社、ウイスキー会社があり、そこがソ連兵の「攻撃目標」となり、おそらくそこを襲撃してからやって来たのだろう。

酔っ払った七〜八人のソ連水兵は泥まみれだった。同じソ連軍でも陸軍の兵士は綺麗な軍服を着ていた。水兵はどこかの家で掠奪して来たのか、白鞘の日本刀をもっていた（短刀？）。小野氏のお兄さんは戦闘帽をかぶり、国民服姿で、足にはゲートルを巻いていたため、兵士と間違えられたようで、水兵がお兄さんを殺そうとしたが、偶然近くにいたソ連の陸軍将校が怒鳴って止めさせた。

その後、父親や兄は倉庫に連れて行かれたとの事である。

余談であるが、小野氏宅は火事から免れることができ、この日の夕方、近くの真岡高等女学校の寄宿舎にいた女学生と、三人の先生とその三家族の全部で二十五名位が小野宅に逃げて来た。

大人の男性は港に連れて行かれ、女子供だけだったため、ソ連兵の乱暴狼藉を恐れ、屋根裏に小野氏のお姉さん（女学校を卒業したばかり）と四、五人の女学生（家に帰れない）を隠した。

他は床下。畳がある。そこで、年配の女性たちはどうやって海に行くか相談していた。

当時、沖縄戦の話がもれていた。それで女性たちは海に入って死ぬと言っていた。ところが、ソ連兵は道のところどころに機関銃を設置して、誰もいないのに、時々、撃っており、結局海に行くという人は家を出られなかった。

戦闘が終わった後も共同生活は続いたが、真岡高等女学校に進駐してきたのは航空部隊の観測部隊で「飛行機のマークが軍服についていた」。彼らは「知的水準も高く」、「変な兵隊」が来ないよう女学生たちを保護したと小野氏は語った。

四人目は池端哲氏である。池端氏は辻井氏と真岡市街地を挟んで正反対の北端で、北真岡駅にも近い、荒貝《あらかい》に住んでいた。

池端家はちょうど朝食の準備をしていた時、艦砲射撃が始まった。「突如大きな音がした。最初は何の音だかわからなかった」と池端氏は語る。そして、近所に廣瀬聯隊砲分隊陣地があったためか、池端氏宅にも激しく銃撃が飛び込み、家族四人（父親、姉、兄、自分）で自宅の庭に作りかけだった六尺（約一メートル八十センチ）ほどの防空壕（というより「穴」に近い状態だったと池端氏は語った）に隠れた。昼頃になると、家の前を歩くソ連兵の長靴の音や話し声が、家の中からはソ連兵が何度も出入りしている音が聞こえて来て、「恐ろしいと言えば恐ろしかったが、当時はどこか映画をみているようだった」と語る。

そして、作りかけの壕に隠れていた池端氏の眼前に突如ソ連兵の顔が現われた。茶褐色の軍服を着たソ連兵は自動小銃を持っており、ロシア語で何かを言った後、万年筆と腕時計を強奪され、拘束された。「両手を上げて坂を下って行くと荒貝橋の袂で射殺されたばかりの生々しい血がながれている数体の日本軍・軍使を見た」。その後、「きし」という運送店に他の日本人と集められたのちに、真岡港に連行され、岸氏同様に艀に乗せられた。その途中、ソ連兵に意見を言っていた僧侶や警防団長は射殺されたという。

さて、父親と姉と一緒に艀に乗せられた池端氏だが、暗くなると「子供だから帰っていいよ」と言われて一人解放され（父親と姉と兄は残され使役をさせられたと言う）、体が熱くなるほどに燃えさかる町の中を駆け抜けて荒貝の家に戻り、靴を履いたまま寝た。家の柱には数十箇所にわたり、激しい銃撃の跡が残っていた。

ここまで紹介した、四人の真岡中学一年生は、死ぬ思いをしながらも、命をながらえたが、一方で、ソ連兵は、捕らえた十六歳以上の男子を道路上に二列に座らせ、その中から国民服、警防団服および戦闘帽、カーキ色の服などを着ていた者を否応もなく「あなた兵隊」と一方的に抜き出して真岡港岸壁に立たせては、機関銃掃射を浴びせ、射殺した。戦闘員・非戦闘員に関係なく、非武装で捕えた者をいきなり射殺する行為は、虐殺以外の何ものでもなく、決して許される行為ではない。

これは、真岡だけでなく、樺太全土での民間人の犠牲者に言えるであろう。

岸氏の友達のY君の父親は警防団員で、ソ連軍に捕まり岸壁に並ばされていた。その近くにY君がいるのを見つけた父親は傍に呼び寄せ「強く生きるんだぞ。お母さんを大切にな」と伝えた。するとそれを見ていたソ連兵はY君にも父親の傍に並ぶように命令し、父親と一緒に射殺した。おそらく、父親がY君に話しかけた日本語が分からないため、何か重要機密を話したと誤解され、一緒に射殺したのであろう。

「射殺された」人の中で、奇跡的に助かった人が一人だけいた。それは高橋勝次郎真岡町長だった。町長は三発の銃弾を浴び、海に転落したが、近くの浜辺に流れ着き、自力で近くの知人宅まで這っていき、そこで助けられ、庁立病院に収容された。

高橋町長は傷が治ると、藤岡助役と共に、引揚げまで役場で仕事を続けた。藤岡助役によると、「谷町沢と高浜町裏山に憲兵隊の横穴防空壕を掘るために、町民、在郷軍人等の勤労奉仕が行なわれたが、それがソ連軍進駐時の地図には『要塞』となっていたことを見せつけられ愕然とした」。(『樺太終戦史資料10』)このソ連軍の地図からわかるように、ソ連軍の真岡への認識は明らかに間違っており、その誤認に基づいて立案された作戦によって、真岡への熾烈な攻撃が行なわれたと思われる。

ソ連兵の証言

当時ソ連軍第一一三狙撃旅団の一員として真岡戦に従軍したクーツォフ・アレクセイ氏はNHKの取材に応じ、当時のソ連兵の様子を以下のように語っている。

身を守るために動くものには何でも発砲したこと。他の兵士達が放火をしたり、逃げ遅れた日本人女性を強姦していたこと。母親が殺され子供が泣いている姿や人々が重なるように倒れているのを見たこと……。

そして、それらを思い出すのが辛くて仕方ないのか、インタビューを終わりにするよう、求めている。

当時の真岡住民からよく聞かれるのが、ソ連軍は囚人部隊であったという話である。その根拠とされるのは、ソ連兵から腕に刻まれた四桁の囚人番号をチョルマ（監獄）と指差しながら見せられたという証言である。ソ連軍第一一三狙撃旅団の兵士について、サハリン州郷土博物館元館長のヴィシネフスキー氏に確認したところ、「一部、囚人兵が含まれていた」との回答を得た。ただ、それが事実だと示す公的文書は、私たち日本人が知る限り、発見されていない。

その時、第一大隊本部は

偶発戦闘防止のため、真岡郊外に撤収していた第一大隊本部にも、荒貝沢入口の監視哨より「漁師からの情報によると、真岡港の沖合に軍艦らしい艦艇数隻が濃霧の中右往左往しているのを出漁中に確認した」（『北東方面陸軍作戦〈2〉千島・樺太・北海道の防衛』）との報告がもたらされていた。

前掲書には、荒貝沢の監視哨からの報告受領後の仲川大隊長の行動を次のように記されている。

大隊長は直ちにこの旨を聯隊本部に報告するとともに、その状況確認のため大和田少尉を長とする将校斥候を市街に派遣した。同少尉には、いかなる事態が発生しても発砲しないよう特に注意が付け加えられた。

仲川大隊長は、漁師からの情報の確度が甲であるとしても、終戦の大詔に接してから、はや五日を経過し、わが軍も終戦処理業務を実施中のことであるので、ソ軍が平和裏に進駐するであろうと判断し、この場合いかに対処すべきか考慮しながら、斥候からの報告を待った。

ところが大和田将校斥候の報告に先立ち、不意に猛烈な艦砲射撃が始まった。真岡市街の一部が炎上している模様で、黒煙のたち上がるのが望見された。


（『前掲書』）


当時、荒貝沢にいた第一大隊の主力部隊である第二中隊は「朝五時頃、大隊本部より伝令来り『只今ソ軍の輸送船団真岡沖を移動中』の連絡あり。私等武装解除を受けるべく準備をなす」（『眞岡の対ソ戦に対する山沢大佐回答』）という状態で「戦闘配置についたのは、ソ連の艦砲射撃が開始されてからであった」（『樺太一九四五年夏』）。

しかし、戦闘配置についたとは言っても、肝心な陣地は全く造られていなかった。第一機関銃中隊の北島幸一大尉は以下のように回想している。

幕舎の周囲も明るくなり目をさまし入口を出て見ると曇空ではあるがすみ切った朝の空

気は快かった。早速当番が用意して呉れた洗面器に手を入れた時であった。突如砲撃のごう音がなりひびいた。弾道はかなり高く荒貝沢ぞいに海岸方面より熊笹を目標に、かなりの威力を有する火砲であると直感した。早速軍装を整え各小隊に戦闘準備を命じ単身、大隊本部へかけつけた。

（『歩兵二五聯荒貝沢熊笹峠を中心とする戦闘概況』）

荒貝沢

突然のソ連艦隊の出現に真岡市街地の状況確認のため、大和田少尉を長として派遣されていた将校斥候が第一大隊本部に帰還し「ソ軍の舟艇が一隻、真岡港内で座礁し、離礁につとめていたが半転した瞬時、遂に機関が停止した。間もなく、沖合の軍艦より砲撃が開始され、目下真岡町の山腹にある家屋が延焼中である」（『北東方面陸軍作戦〈2〉千島・樺太・北海道の防衛』）との報告がなされた。

そこで大隊長は、今後の対応に必要なより詳しい情報把握のため、新たに将校斥候一組を真岡付近に、下士官斥候一組を荒貝沢南側高地の西端に派遣した。

また、大隊長は最悪の事態に備えて、荒貝沢の部隊を、その両側高地の反射面陣地に配置すると同時に、各隊には決して軽挙妄動を起こさせないよう、厳重に発砲禁止を守らせ、待機の姿勢に入らせた。

この荒貝沢は真岡市街地北側にある川の河口部にあった。そこは真岡と豊原を結ぶ全長七十二キロの豊真山道の起点でもあった。ちなみに、豊真山道は真岡背後の高地の谷間ぞいを蛇行しながら熊笹峠方面にのびており、道幅は三メートル程度で戦車及び輸送トラックの通行が可能な道であった。つまり荒貝沢は避難民ばかりか、豊原占領を目指すソ連軍部隊の進撃路にあった。

同山道の海に面した左側は傾斜が急で、右側は左側よりなだらかな高地であり丘陵のすそに至るところに平坦部がある。ソ連軍の真岡攻撃が始まってから、荒貝沢の海岸から約千五百メートルの斜面に第一大隊は急遽陣地構築を始めた。

一方、真岡方面からは、ソ連艦艇の艦砲射撃や銃声が聞こえ、火災も発生しているようで、町から立ち上る黒煙がよく見え、町内の混乱ぶりが容易に想像できた。さらに荒貝沢には市街方面より避難して来る住民が姿を現わした。突然の艦砲射撃による恐怖におびえた多くの人々は着の身着のままの姿で、大した荷物も持たず、朝食さえ取らずに、続々と豊真山道を目指して荒貝沢に殺到した。

そこで将兵は事前に集積してあった部隊の糧食・衣類や個人の携帯口糧まで持ち出して、避難民に配給を始めた。それを手にして感謝の言葉を述べる避難民を、将兵は豊原方面へ避難させるために、急ぎ誘導した。幸い、ソ連兵の姿は昼過ぎまで、少なくとも北島第一機関銃中隊の方面では認められず、北島中隊長は「この間上陸地点に橋頭堡を築き、逐次、兵器、資材の揚陸作業が行われていると判断した」(『歩兵二五聯荒貝沢熊笹峠を中心とする戦闘概況』)。

真岡に対しソ連艦隊が攻撃を開始したと判断した聯隊長は、既述の通り、戦闘配備命令を出した。（第一大隊長からの報告とほとんど同時だった）そして第一大隊長に対しては「終戦後の事だから速かに軍使を派遣して事を穏便に取り運ぶやう」（『歩兵第二十五聯隊眞岡附近の戦闘概史』）に指令した。

また、真岡住民が豊原経由で大泊へ出て、北海道への緊急疎開船に乗れるよう、豊真山道の確保を第一に考え、留多加《るうたか》の第三大隊主力を始め、各地に分散配備されていた部隊（西能登呂要塞に在る第二大隊は除く）をなるべく速かに戦場に到着、戦闘加入出来るようにした。そこで同日早朝、第三大隊主力は豊原北方の小沼《こぬま》に転進するべく留多加を出発したが、その途中、聯隊本部より逢坂に急進するよう命じられた。そこで、第三大隊長藤田大尉はまず第九中隊を先行させ、その後、第十一中隊に追及させ、それ以外の部隊は自動車にて、逢坂《おうさか》に向かわせた。ただし第十二中隊は真岡南方で北海道への緊急疎開船の出発地でもある、本斗へ派遣するよう命じられた。右の外聯隊長は真岡北方約十一キロ離れた羽母舞《はぼまい》付近にあった第四中隊主力及歩兵砲主力を逢坂――真岡道上の最高地点である熊笹峠付近へ転進も命じた。

山澤大佐の下に集まった情報は、

ソ連軍は最初全砲を使って艦砲射撃し真岡の海岸と其の東側高地（第一大隊の主陣地のあった所）一帯を徹底的に破壊し真岡市街を焼き払い日本軍が射撃が出来ないようになる

と射程を延長し上陸用舟艇を使って上陸して来たのです。後になって聞いたのですが、敵は六隻だったそうです。

（『歩兵第二十五聯隊関係聴取録』）

この頃、真岡の町は、ソ連軍の猛烈な艦砲射撃で燃えさかる中をソ連兵が上陸を開始した。そして、ソ連軍戦史（『幹部学校記事』「南樺太および千島戦史4」）によると、ソ連軍は「二個大隊の日本軍」と交戦し、日本軍は「戦死三〇〇、捕虜六〇〇の損害を残して、鉄道や舗装道路沿いに樺太内部に後退し始めた」と記している。しかし実際には、真岡市街地から戦闘部隊は荒貝沢に移動済みであり、残っていたのは、百名に満たない非戦闘部隊である。ここで言う日本兵の大半は、軍服に似た国民服を着ていた民間人であり、鉄道沿いに樺太内部に後退したのは、真岡の住民や北部地域からの避難民のこととしか考えられない。そうなると、ソ連軍が言う「日本兵」には老幼婦女子も含まれているのであろう。

真岡市街地から北真岡駅斜め上の高台地で、豊真山道の入口より登ったところにある金毘羅神社境内に聯隊砲分隊は布陣していた。この聯隊砲分隊長の広瀬保伍長は大隊本部の命令を厳守して聯隊砲の射撃は行なわず、最後は部下を退避させ、自分一人、拳銃一丁で押し寄せるソ連兵に応戦し、銃弾二発を受けた後、聯隊砲の発射装置を隠して自決したものと思われる。

日本軍軍使、村田中尉一行殺害事件

真岡郊外の荒貝沢にいた歩兵第二十五聯隊第一大隊長仲川義夫少佐は、「十九日夜、ソ軍輸送船団接近の報を聞き、既に終戦後数日を経過したので、いよいよソ軍が平和進駐するであろうと判断し、軍使ら派遣を考慮」(『眞岡の対ソ戦に対する仲川少佐回答』)していた。

事実、仲川少佐は、ソ連艦隊発見の報告以前より、軍使派遣の準備は進めており、敷き布を割いて、タタミ一枚ぐらいの白旗を作らせていた。『樺太終戦史』によると軍使の携行する停戦申し入れ書も日ソ両国語のものを通信紙に記述させるなど、二十日午前三時半ごろまでかけて大隊本部は停戦の準備を整えた。

軍使には信頼する大隊副官の村田徳兵中尉を選び、少しロシア語のできる軍曹を通訳とし、それに随員、護衛など十三人の人選も済ませていた。

八月二十日朝、仲川大隊長は真岡方面から聞こえる砲声、銃声からソ連軍の上陸を理解し、軍使村田徳兵中尉の派遣を決定、村田中尉以下の随員、護衛兵を本部前に集合させ、訓示のあと決別の水さかずきをかわし、これを送り出した。

そして、軍使一行を送り出した後のことを次のように回想している。

　さいわい、このとき霧も少しうすれ四、五十メートルの視界になりました。しかし、霧の中で、突然、彼我が遭遇したら、軍使の識別がつく前に撃たれるおそれがあったから、一行とは別に、五十メートルに一人ぐらいの間隔で兵隊を先行させ、何かあったらおたがいに通報せよ、ということにしました。軍使を見送ってから、いてもたってもおれない祈る気持ちでしたね。

一時間ほどたったころ、ダダダと三回ほど聞きなれない自動小銃の音が、明らかに真岡とは違う荒貝沢の谷間から聞こえました。ハッとしたが、すぐには何事もなく三、四十分たって軍使につけてやった護衛の一人、松木重雄一等兵が顔中血だらけにして本部へかけ込んで来たのです。「副官どのがやられました」というなり、あとはオンオン泣くばかり。しっかりしろといって、やっと聞き得た報告はこうだったのです。

村田軍使一行は、豊真山道を真岡の方へ降りて行った。避難民の群れが長蛇の列をなして逃げてくる。寝間着姿でゲダばきの人々が多かった。この群れをかきわけるようにして、やっと町にはいり、鉄道の踏切のところまで来た。霧はもうすっかり晴れていた。踏切の向うに一隊のソ連兵がいて、こちらの白旗をはっきり認め「とまれ」と命じたので、通訳が軍使であるむねを告げ、二言、三言やりとりしたと思ったら、いきなりソ連兵は自動小銃を乱射、村田中尉以下なぎ倒されるようにして殺された、というのです。生き残ったのは、その松木一等兵と、あと二人で帰って来ました。

（『昭和史の天皇ゴールド版6』）

この時の軍使殺害の様子を見ていた人がいた。現場の豊真山道入口の踏切近辺に住んでいた阿部安太郎氏の当時六十五、六歳ぐらいの母親が、逃げ遅れたおかげで、物かげから偶然現場を目撃していた。それを戦後、（多くの日本人の感覚では、この日は既に戦後だが……）北真岡の廣瀬聯隊砲分隊員であった前田上等兵が直接聞いた話を以下に記す。

この朝の引揚げ船に乗るため、港に向かう途中、ソ連の軍艦を見てあわてて引返した。いつか家族とも別れわかれになり、再び家を出ようとすると、ソ連兵はすでに踏切を渡って二、三〇メートルのところにきていた。あわてて引返し、物置小屋の蔭に身をひそめて、じっと動かずにいた。ところが荒貝沢の奥から将校と一団の日本兵が、白旗を掲げて進んできた。その先頭が踏切にかかったとき、飛び出してきたソ連兵が停止を命じた。そして手まねで銃を置けと命じ、自動小銃で撃った。そのとき日本の将校は軍刀を抜くが早いか何か叫んで敵の方に突入し、それに兵も一団となって続き、ソ連兵はどっと道を開いて逃げたが、将校は少し走って酒屋のそばの橋の付近に倒れた。あとの兵隊も自動小銃の乱射で傷つき、バタバタと倒れた。

（『ハマナスの丘』）

軍使射殺の報は直ちに聯隊長に報告された。そして山澤聯隊長は、やむなく「衛戍勤務令第十二条、第十三条に基づき行動せよ」との命令を発した。この条項は、現在の警察官職務執行法のようなもので、戦時戦場とは全く違う考え方（自衛あるいは暴動鎮圧のため止むを得ぬ兵器の使用）である。これは、停戦命令が出されているにも関わらず、自衛とは言え、止むを得ず戦闘行為に踏み切らざるを得ないという状況を踏まえ、この条項を聯隊長は選んだのであろう。

この命令は直ちに大隊本部から各部隊に伝達され、折り返すように命令を受領した第一線部隊からは、ソ連軍が豊真山道及び、荒貝沢の両側の山から進撃中との報告がもたらされた。さらに荒貝沢南側高地に派遣されていた下士官駐止斥候が帰還し、次の報告を行なった。

「敵は戦車らしい車輌、火砲、自動車等の陸揚げを実施中で、橋頭堡を逐次山腹まで拡大しつつあり、上陸した敵兵は町の諸所に自動小銃をもって射撃し、非戦闘員たる真岡町民を殺傷し、また掠奪放火を始めている」（『一九四五年夏最後の日ソ戦』）

この時、山澤聯隊長は歩兵砲大隊長菅原少佐を第一大隊に派遣し、次の命令を伝えた。

真岡に上陸したソ軍が豊原市に進入すれば、それから北の住民の北海道引き揚げが不可能になるので終戦の詔書も出たことでもあり、ソ軍と話し合いで双方そのままで相対じし、時間をかせぐことが肝要であることから上司から命令あるまでお互に現位置でとどまることが得策である旨連絡。尚、万一敵がこれを認めない場合は自衛のため交戦をしてもやむを得ない。この場合でも、こちらから発砲しないように（先に発砲しない意）

（『歩兵第二十五聯隊関係聴取録』）

そして菅原少佐はこの命令と、万が一ソ連軍の侵攻を防げない場合の処置について、仲川少佐との確認事項を、以下のように回想している。

「以上の連絡、すなわちソ軍の豊原進行をくい止めるよう命令したものである。この時の話し合いで現位置の保持困難な場合次の要点は熊笹峠であることも仲川少佐は承知していた」（『前掲書』）

荒貝沢の戦い

ソ連軍が荒貝沢の第一大隊の前に姿を現わしたのは、二十日午後三時半頃であった。避難民の豊原方面への避難路を確保していた第一大隊とソ連軍との間で、小規模の戦闘が発生した。ソ連軍主力は真岡市街地から動かなかったが、ソ連軍機は終日、真岡、逢坂に対し、間欠的に爆撃を繰り返した。

この夜、日本軍は軍使が殺害された踏切の少し手前にある橋を爆破し、ソ連軍の進撃を遅らせようとした。この場所には二つの橋があり、真岡側の橋はソ連軍の斥候に発見され失敗したが、その三時間後に実施した荒貝沢寄りの橋の爆破は成功した。

荒貝沢に布陣する第一大隊の兵力は実質二個中隊（第二中隊と第一機関銃中隊）であった。その配備状況は、豊真山道上の最前線に沢田小隊と機関銃弘平谷分隊、山道の北側斜面に佐藤小隊（第二中隊第二小隊）、その反対側である南側斜面には第二中隊長高橋中尉が指揮する岡田小隊、さらにその南側の春風山に大和田小隊。それらの後方（熊笹峠方向）に第一機関銃中隊（長：北島幸一大尉）の指揮班、高田小隊（第一機関銃中隊第二小隊）、第一大隊砲小隊（若林孝司中尉）というようになっていた。

しかし、荒貝沢の陣地正面は三キロの幅がある上、陣地と言っても名ばかりで、陣地構築を開始したのは、ソ連軍の真岡攻撃開始後であり、兵力・火力に勝るソ連軍を迎え撃つには、あまりにも不十分な状態であった。

いかに不十分であったかを『札幌歩兵第二十五聯隊誌』は「射網設置、左右相互の連携火網も全然皆無の陣地では抵抗力も無く、特に左右中隊の連絡手段も無く、第二中隊と同中隊佐藤第二小隊との距離は約一キロ五百ぐらいあり、中隊内の連絡は通常の音声による報告、命令の伝達で、時として伝令を使用する程であった」と記している。

その「陣地」へのソ連軍の攻撃が本格化したのは二十一日朝だった。

荒貝沢正面に侵攻するソ連軍は戦車を伴う、混成一個旅団とみられ、その攻撃は激しかった。ソ連軍の攻勢の正面にいたのが、北側斜面にいる佐藤小隊を追い落とそうとするかの如く、陣地前方の稜線上をソ連兵が進撃して来て、激しい銃撃戦が始まった。そして北側斜面からもよじ登って佐藤小隊に接近・迫撃して来るソ連兵に対し、大隊砲小隊の四門の大隊砲は、山道の北側斜面を登るソ連兵に的確な射撃を加えたばかりか、山道上に布陣する澤田小隊に迫るソ連兵にも猛射を加えていた。

しかし、ソ連軍も北真岡の裏山の平坦な畑地に六、七門の迫撃砲を運び上げ、弾着観測機も飛ばして、佐藤小隊の周辺を徹底的に、それも正確に砲撃を加えた。春風山に布陣していた大和田小隊の大和田少尉の双眼鏡には、山容が改まるほど徹底的に砲弾を撃ち込まれ、人馬が宙を飛ぶ、佐藤小隊の姿が写った。

その砲撃は大隊砲小隊を後退させ、大隊本部、沢田小隊と照準を変えていった。

佐藤小隊が迫撃砲の猛射を受けていた頃、第二中隊長高橋中尉が指揮する岡田小隊（豊真山道南側の第一線の山）や沢田小隊（佐藤小隊より荒貝沢よりで、豊真山道上に布陣）、大和田小隊に対し、ソ連兵が自動小銃を撃ちながら、攻撃を開始した。前夜のうちに、熊笹の中を進み、陣地附近に接近していたのであった。さらに午前九時頃、ソ連軍は陸揚げした各種火砲や、艦艇からの艦砲射撃による激しい攻撃を、第二中隊に向けた。最初は、第二中隊正面への攻撃だったが、主攻勢正面の荒貝沢南側（岡田小隊とその後方の大隊本部）への砲撃は熾烈で、どの部隊も死傷者が続出し、じりじりと後退し始めた。午前十時頃になると、大隊本部と第二中隊主力は各々包囲され、聯隊本部との連絡も杜絶した。

さらにソ連兵は、山道両脇の熊笹の繁茂した錯雑地という遮蔽物が多く相手に見つかりにくい地形を利用して、間隙から後方へ迂回滲透し、熊笹峠方面へ向かって行った。

その頃、ソ連兵に包囲されていた第二中隊長高橋中尉は昼間逆襲の不利を考慮し、第二中隊指揮班、岡田小隊を率いて、真岡市街のソ連軍に夜襲をかける決心をし、そのための偵察を行なっていた。しかし、仲川大隊長からの同中隊の大隊本部への合流命令が届き、日没後に後退する大隊本部を追及することとした。

第一機関銃中隊は第二中隊の後方に位置しながらも、ソ連軍と第二中隊の戦闘開始後、中隊正面に銃弾が飛来しはじめ、夏草に銃弾が当たる「パシッ」という音が次第に激しくなって来た。ここで北島中隊長は大隊本部に伝令を出すのだが、その時のことを次のように回想している。

「今後の行動の方針を確かめるべく大隊本部へ伝令を派遣した。この伝令は急ぎ大隊本部にいたったがすでに本部は移動したあとであり所在をたしかめることなく帰って来たが以後大隊本部とは豊原集結まで連絡が杜絶した」(『歩兵二五聯荒貝沢熊笹峠を中心とする戦闘概況』)

右記回想にある「豊原集結」とは、武装解除後、将校は豊原に集められるが、その時のことを指している。

艦砲射撃や真岡港に陸揚げされた火砲の援護射撃を受けた一個旅団、約一万名のソ連軍兵士の圧力は増々増加し、北島中隊の正面を見下ろす位置からの銃撃をうける状況となった。また、周囲の各部隊も死傷者が続出し、もはや、わずかな歩兵と機関銃で山道正面の敵の侵攻を食い止めるのは、極めて困難な状況になってきた。

そこで北島中隊は、山道方面の小隊丘陵上部及斜面に展開すべく移動を開始したが、配備完了した頃には、銃声も逐次散発的な状況となり、北島中隊長は、態勢の立て直しを図る時と判断した。しかし、午後になると荒貝沢・豊真山道を滲透してきたソ連軍により、大隊主力と分断され、ソ連軍は同中隊及び、第二中隊の抑えの兵力を残して、主力部隊はこれを迂回して、熊笹峠方面に進んだ。

この時点で、北島中隊長は現状を以下のように判断した。

一、進出中のソ軍兵力は極めて優勢である。

二、これに対し我が軍の兵力及配備は劣勢であり、又戦斗の目的が自衛であり、彼我の戦斗力の差は大である。しかし無謀なる挑戦に対しこの際座してこれを看過すべきではない。

三、左右分断された我が軍の態勢は極めて不利であり、ソ軍の逢坂方面の進出を阻止するため、熊笹峠の防備を急遽固める必要あり。

（註）豊真山道の要衝は地形上熊笹峠を最適とする

以上の如き状況判断の下に、今や連絡の杜絶した大隊本部も必ずや右の如き状況判断を下すものと確信した。

依って所在の各隊に連絡し丘陵上に急遽集結を命じ熊笹峠へ向かうことを命じた。

（独断）当時右翼方面は銃声も散発的であり、第二中隊も後退策する行動を開始したものと判断す。　　　　　　　　　　　　　　　（『前掲書』）

かくして機関銃二ヶ小隊を以て熊笹峠に急行した。

所在地が不明となっていた大隊本部は、後退した場所でソ連兵に包囲され、各中隊との連絡が取れず孤立していた。この時の事を『北東方面陸軍作戦〈28〉千島・樺太・北海道の防衛』は次のように説明している。

「仲川大隊長はもはやこれまでと自決しようとしたが、新任の副官奥田富藏中尉（村田中尉の後任として二十日聯隊本部から着任、少24期）などに止められ、夜間離脱を決意した。その後、第二中隊とも連絡がとれ、所在部隊をもって現位置を保持しつつ夜に入るのを待った」

しかし、仲川大隊長が夜を待って脱出した先は、事前に山澤聯隊長から萱原歩兵砲大隊長を介して指示をうけていた熊笹峠ではなく、戦闘とは無縁の方向で、戦闘に復帰することはなかった。

この戦闘の死傷者について山澤聯隊長は「荒貝澤附近の戦闘での戦死三〇名（内将校二名）、負傷二四名」（『歩兵第二十五聯隊眞岡附近の戦闘概史』）としている。

熊笹峠の戦い

熊笹峠は樹木多く、かつ灌木の他、特に人の背丈もある熊笹が繁茂し見通しは悪く防御配備、指揮連絡上、極めて不便な場所であった。峠の右側斜面は急傾斜となっているが、左側斜面は中腹よりなだらかに傾斜しながら荒貝沢へ続いていた。その斜面を豊真山道が荒貝沢から峠を目指しては蛇行していた。その両側は樹木、熊笹という遮へい物が多く企図を秘匿し敵を不意に攻撃するに適する地形である。

その一方で背丈ほどの高さのある熊笹がびっしりと根を張っていて、タコ壺を掘るのが精一杯であり、敵から身を隠すことはできても、身を守るには不適切な場所である上、移動も困難だった。その上、十九日～二十日の朝にかけての雨で熊笹はよく滑った。

その峠も八合目あたりから台地状になっており、松やエゾ松が群生し、所々に白樺が立っていた。

ソ連軍が真岡に上陸した後、山澤聯隊長は真岡住民の豊原方面への避難を円滑に進めるため、可能な限りの兵力を熊笹峠に集結させることとした。第一大隊は元々真岡方面に配備され、第二大隊は樺太最南端の西能登呂岬にある要塞に配備され、指揮権は歩兵第二十五聯隊から稚内の要塞司令官に移譲されていた。

終戦により、小沼に集結予定であった第三大隊が、留多加から列車で移動中に逢坂への移動命令を受領し、同地経由で熊笹峠に向かった。しかし、第三大隊もこの方面に向かうことが出来たのは、第九中隊と第十一中隊で、残る第十中隊は上敷香（国境地帯）、第十二中隊は本斗（真岡南方にある港町で、緊急疎開船の出港地でもあった）に配備されていた。

その第九中隊が逢坂の聯隊本部に到着したのは、二十一日午前三時であった。そして聯隊長命令により、熊笹峠に向かった。午前五時には藤田第三大隊長も到着し、山澤聯隊長は第九中隊と共に熊笹峠へ派遣して第九中隊及第一大隊方面より後退したる部隊を指揮して持久戦を行なうよう命じた。

しばらくすると、豊真線方面より避難した真岡の鉄道関係者役員等から山澤聯隊長は鉄道電話を利用し「相当大部隊の黒服を着た敵が豊真線方面に上陸した」との通報を受けた。ソ軍の主力は荒貝沢方面と判断し、藤田大尉を熊笹峠に派遣し、第一大隊の後方に第二線陣地を設けるとともに、第十一中隊をもって豊真線方面のソ軍を阻止させることに決し、それぞれ命令した。

藤田大隊長と第十一中隊が出発してしばらく経たのち、聯隊は豊真線に進出したのは相当の大部隊であることを承知した。（『北東方面陸軍作戦（28）千島・樺太・北海道の防衛』）

この報告を受けた山澤聯隊長は「熊笹峠方面よりも却って豊真線方面の戦況が危険を感じ出した」（『歩兵第二十五聯隊眞岡附近の戦闘概史』）。

そこで、藤田第三大隊長に急遽宝台方面の部隊の指揮を命じた。藤田大隊長は当初の命令通り、熊笹峠に到着し第九中隊の配備指導中の移動命令であった。

熊笹峠に第九中隊が到着したのは、第二小隊長架間義光少尉によると午前四時であったという。その後中隊長の浅野良夫中尉は各隊に応急の配置を指示し、陣地構築を命じた。ソ連軍は荒貝沢を占領し、ただでさえ時間が少ない上、熊笹が根を張り巡らして壕を掘り難い熊笹峠であったが、以前、真岡地区の特設警備隊が真岡方面から迫る敵から峠を守る想定で行なわれた演習に際し、掘られた壕が存在した。

おかげでその陣地を基に陣地構築に取り掛かることが出来た。

そのような中、荒貝沢方面から避難民や同地で戦闘を行なった第一大隊に所属していた機関銃一個小隊、大隊砲一個小隊、歩兵一個小隊が多数の負傷者と共に登って来た。

熊笹峠守備についた部隊は第九中隊や第一大隊の残存部隊だけではなかった。小能登呂及び羽母舞から急進してきた第四中隊及び逢坂の聯隊本部にいた歩兵砲大隊の主力も派遣された。当初熊笹峠の指揮官に任ぜられていた藤田第三大隊長の豊真線宝台方面の指揮官への再任命に伴い、山澤聯隊長は歩兵砲大隊長菅原養一少佐を熊笹峠方面の部隊指揮官に任命した。

これを受けて、菅原歩兵砲大隊長、副官今井久太郎少尉、大隊書記平田富士夫軍曹は、途中、ソ連機の爆撃を潜り抜け、馬を飛ばして熊笹峠に急進し、午後一時半頃、熊笹峠に到着した。そして熊笹峠にいる全将兵を集め、訓示を行なった。

その時の様子を聯隊砲中隊広瀬分隊の生き残りである、前田貞夫上等兵は回想録に次のように記している。

峠下より、撤退して来る将兵がぞくぞくと集まって来た。

全軍に集合を命じて訓示をした。「我々軍人は、樺太島民の為、此の峠を死守する。敵を此の峠より一歩も入れてはならぬ。住民全員が北海道に渡るまで戦うのが我々軍人の務めで有る。」と言う様な内容であった。

若い精悍な、此の大隊長の決意を聞く他部隊の将兵には厳として耳に轟く。敗退して、心身共に傷ついてようやく登って来た峠、意気消沈した心に「ガン」と、くさびを打ち込まれた感じであった。ほかの将兵も、同感で有ったと思う。我が分隊は、初めて直属上官の出現で、緊張の中にもほっとした安心感がわいた。

各中隊に、陣地の配置を命令指示する。私の知っているのは九中隊で、あとは記憶にうかんでこない。

九中隊は（善戦の末、全滅と後日聞く）は、峠の道の正面の山、砲大隊本部は次の山、そのとなりの右翼の山に、頭を負傷した高田少尉を指揮官に、軽機一ヶ分隊と私達分隊六名で防備するよう命令された。直ちに配置に付く。

時は、もう夕日が沈みかけていた。指揮官の少尉は、傷が痛むのか全く無言で、歩くのがやっとで気の毒で有った。命令は出来なく、各分隊の自由意思で行動した。早速山頂に登り、タコ壺掘りに取りかかった。穴を掘る円ピもないので、なるべく笹のない所を選んで、帯剣と鉄帽で掘る。笹の丈は私達の背丈もあり、ものすごい密集で有った。三十分以上もかかって掘り下げ、やっと身をかくした。これは、敵は迫撃砲が得意の為、大隊長より注意が有ったからだ。

（『ハマナスの丘』）


熊笹峠に到着した菅原大隊長は同峠確保のため、各隊の配置を決めると共に、三神曹長に命じ、退却中の第一大隊の各隊と連絡をとり、同峠への速やかなる集結を命じ、部隊掌握に努めた。

そして菅原大隊長は地形偵察中、荒貝沢より下がり、同じく地形偵察中であった第一大隊第一機関銃中隊長北島大尉と遭遇したのであった。

北島大尉は応急の処置として熊笹峠の一本道路を重点に配備を終え、なお、周辺の地形偵察を行なっていたのだ。そこで、菅原大隊長の指揮下に入ると同時に、これまでの行動の概要を報告した。ただ、北島中隊長は仲川大隊長とは依然、連絡が取れていなかった。

この時点で菅原大隊長が掌握していた部隊は次の通りである。

第九中隊　浅野中隊長以下七十名
第二中隊　佐藤少尉以下二十名
第一機関銃中隊　北島大尉以下三十名（機関銃五銃）
輜重隊　菅原少尉以下二十六名
衛生隊　水浴少尉以下二十名

（『丸別冊　北海の戦い　第14号』「樺太西海岸『真岡』付近の戦い」）

その頃、ソ連軍は第一大隊の一部を追うように熊笹峠に接近し、既に、航空機による攻撃回数は増えていた。そしてソ連軍が攻撃を加えて来たのは、夕闇せまる午後七時三十分過ぎであったと前田上等兵は記憶している。

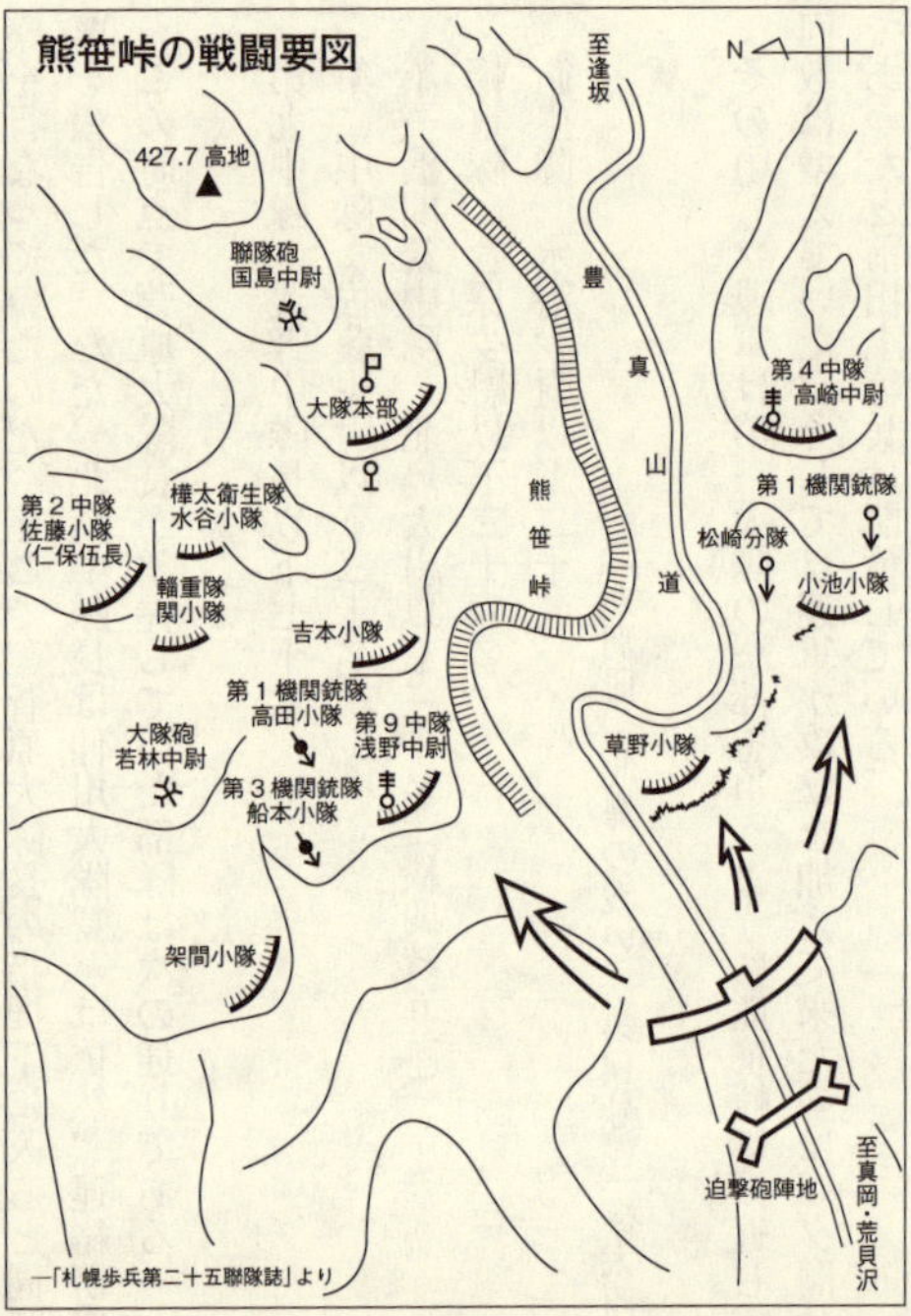

一「札幌歩兵第二十五聯隊誌」より

さらに迫撃砲による援護射撃の下、山道を十数台のトラックに乗車したソ連兵が自動小銃を乱射しながら攻め上ってきた。その車両部隊めがけて攻撃の火ぶたを切ったのが、船本光男少尉が指揮を執る第三機関銃小隊の二挺の重機関銃であった。山道を挟んで右側の陣地（峠から見て）二挺の重機関銃は低く力強い発射音を発しながら、次々とトラックを狙い撃ち、道路上を制圧。トラックから飛び降りた……投げ出された……ソ連兵は再び荒貝沢方面に後退していった。しかし、ソ連軍は歩兵を乗車させたトラックだけでなく、今度は徒歩の歩兵も随伴させ再び攻め上って来たが、重機関銃や擲弾筒攻撃をはじめとする、山道左右両側の日本軍の反撃により再度後退。ソ連兵の行動は活発で、この夜は三〜

四回、このような戦闘が繰り広げられたがその都度撃退された。また、その合間を縫うように、絶えず少人数にて口笛で連絡を取り合いながら、日本軍陣地への浸透を図ったが、これも日本兵の的確な射撃により阻止した。

前田上等兵は「一秒の休みもなく敵も軽機、重機、迫撃砲の集中攻撃で有る。日中の荒貝沢の戦闘の比ではない。両軍の撃ち出す弾丸は、一分間に何万発で有ろうかと、私は息を殺して聞いた」（『ハマナスの丘』）と、両軍の戦闘の激しさを回想している。

日本側には樺太西岸の羽母舞からトラックを使って急進してきた高橋弘中尉の率いる第四中隊が到着した。第四中隊は峠の二キロ手前で下車し、戦闘隊形をとりながら前進してきたのである。第四中隊第二小隊長吉本三郎少尉によると自らの小隊が配置につき、大隊長に配置完了の報告をしたのが、午後八時二十分頃であったという。

第四中隊は戦闘中の第九の背後を固めるように配置についた。吉本小隊長は、早速、分隊長を集め、軽機、狙撃手を小銃で戦う歩兵と離して配置するよう命令を下した。

菅原大隊長は高橋中隊長に以下のような命令を出した。

「高橋中隊長と第一小隊（小池士郎少尉）は山道の左の谷を越えて第九中隊の左台地に、第二小隊（吉本三郎少尉）と第三小隊（石井義夫少尉）は大隊本部で大隊長の指揮下に入れ」という指示によって配置についた。

以上の各隊のほか通信中隊（日比一男中尉）の中川小隊（中川秀次曹長）なども配置。

（『札幌歩兵第二十五聯隊誌』）

かくして各部隊の配置は完了した。

ソ連軍の砲撃の激しさは一向に変わらず、夜通し火柱が峠に立った。それにもかかわらず持ちこたえたのは、峠の地形とピアノ線顔まけの熊笹の群生のおかげであるが、同時に移動し難く、前線の隊が壊滅の情況に陥っても、速やかに支援できる状態ではなかった。

この晩は、ソ連兵は小グループで熊笹に隠れながら、日本軍「陣地」に接近し、攻撃を繰り返し続けたため、一晩中、彼我の銃声がやむことはなかった。それは陣地戦というより、遭遇戦のようであった。さらに三十分砲撃を行なうと、十分砲撃を休止が繰り返された。特に大隊本部後方の中川通信小隊に砲撃が集中していた。

『札幌歩兵第二十五聯隊誌』によるとソ連軍が攻撃を再開したのは、二十二日午前四時であった。この日は快晴で昨日の迫撃砲に加え、真岡港のソ連艦艇による艦砲射撃による砲弾や航空機による爆弾も熊笹峠に激しく降り注いだ。特に艦砲射撃による弾着跡は二メートル以上ある竹が直径十メートルにわたりなくなる物凄さで、その周囲の木々も銃弾で射抜かれていたり、折れたり、裂けたりしていて、銃弾、砲弾及び、その破片だけでなく、木々の破片もタコ壺に籠る日本兵に襲い掛かった。タコ壺に入れたものはいいが、熊笹がびっしりと根を張る土地で円匙もなく、鉄帽と素手しか地面を掘る術のない兵士には、砲撃から身を隠す場所はなかった。おかげで、死傷者が続出した。

さらに峠下約三百メートルの森林から陸上部隊が一斉に進撃を開始した。

「はじめ約三百とみた敵歩兵は砲爆撃の支援下、次々と増強され、山道わきの森林伐採地帯にあふれるばかりの数となってわが陣地に近迫、総兵力は約二千と判断された」（『樺太終戦史』）。

これに対し、第四・第九中隊は手榴弾戦・白兵戦を繰り返しながら、その攻撃を撃退し、敵に多くの損害を与えたが、味方も逐次損害を生ずるに至った。午前十一時には羽母沢から転進した聯隊砲中隊（岡島哲夫中尉）と塚原小隊（砲二門と重機一挺）約七十人が戦場に到着。

熊笹峠への日本軍増援部隊の到着を阻止しようとする、ソ連機の猛爆撃をかいくぐりながらの到着であった。直ちに戦闘に加入し、両中隊正面に押し寄せるソ連兵に聯隊砲による砲撃を加えた。ソ連軍も砲撃で応戦し、双方の砲撃音と爆発音が峠全体でこだまする中、再び白兵戦・手榴弾戦が行なわれた。

熊笹峠を死守しようとする日本軍は、機関銃分隊や衛生隊に至るまで白兵突撃に投入し、陣地を守り抜こうとした。

その激しい戦闘で道路左翼最前線の草野小隊陣地前方三十メートルまでソ連兵は迫ったが、擲弾筒は欠乏し、激しい砲撃と銃撃を受け三十数名の兵は、ばたばたと倒れ、草野少尉まで胸に銃弾を受けて戦死し、分隊長である成田忠直兵長が代って指揮をとった。

しかし満足に戦闘行動がとれる小隊員は六、七名にまで減っており、止むなく陣地から後退したところ、それから数分後、約六百名のソ連兵が稜線を超えて攻め寄せ、二百メートル位まで接近したが、待ち構えていたように国島聯隊砲中隊が直接照準で砲撃を開始。ソ連兵の集団に十数発の砲弾を叩き込み、さらに日本軍の全重機関銃も襲いかかったため、ソ連兵は急に陣形を崩し、叫び声をあげながら、後退していった。

吉本小隊の陣地は、草野小隊の陣地の後方約百五十メートルの場所で、山道からは崖を登った場所にあった。吉本小隊長によると、戦場には多数の避難民が紛れ込んでおり、ソ連兵に見つからないように、熊笹の茂みの中を移動したり、吉本小隊の目の前の崖を登ったりしていたが、その多くはソ連兵に射殺された。それは子供だろうが、老人であろうが、婦女子であろうが無差別に射殺された。吉本小隊の兵士達は、敵弾に倒れた避難民の仇を討つかのように、そのソ連兵を狙い撃った。

吉本小隊長の部隊も十七日に真岡の入口で三十七名の古年次兵を召集解除したが、「真岡の住民が逃げて歩いているんだから、それをなんとか脱出させねばいかん。そのために兵隊に来たんだ」と言って、召集解除した兵士の多くが戻ってきていた。避難民と一緒に丸腰で逃げまどうより、部隊にいた方が安全だと考えた者もいた。しかし、召集解除された兵士の多くは樺太出身の兵士であり、部隊に復帰することは、彼等の家族を守る事と同じ事であった。彼等は戦場となった故郷を逃げまどう避難民を一人でも多く助けたかったのだ。

吉本小隊長の眼に映っていた光景はそれだけではなかった。約七百メートル前方、眼下の草野小隊に迫っている集団を指揮するソ連軍指揮官は、外套をまとい軍旗のような旗のついた長い棒をもって立っていた。その指揮官は大男で、手に持つ長い棒で部下に指示をだしていたが、日本軍の反撃で部下が後退しだすと、その棒で逃げる部下を打擲しながら叱咤し、再び日本軍の陣地に向けて送り出していた。送り出された兵士はまさに泣きながら「ウラー」と叫び突進して来た。吉本小隊長と船本小隊長は相談して、その指揮官を何度も狙撃したが、弾は当たらなかった。他の兵士も小銃や機関銃で指揮官を狙ったが、誰の弾も命中しなかった。しかも至近弾にも動じることなく立ち尽くし、長い棒を振り回しながら指揮を続けていた。

対する吉本小隊長の指揮ぶりも部下には頼もしく映ったことであろう。現場にいた松永軍医中尉によると「自分には敵弾は当たらない、不死身であると、阿修羅の陣頭指揮をしておりました」（『大戦を偲んで　一軍医樺太従軍記』）と回想している。

一方、道路右翼最前線の浅野中隊も熊笹峠到着した日の午後から戦闘に加入し、既存の壕を利用していたが、防衛戦に十分な陣地とはいえないものだった。そのため、陣地に拘らず、ソ連兵が接近すると、しばしば打って出る陣前逆襲を行ない、ソ連兵を撃退させる等、粘り強く戦った。しかし、午後六時頃、逆襲から戻って部下を集約した際、浅野中隊長も迫撃砲の至近弾で砲弾の破片を背から胸に受けて、戦死した。

それでも中隊長の戦死後、風間少尉、架間義光少尉らは奮戦し、戦線を支えた。

なかでも、架間小隊長は、ソ連兵の指揮官が接近した際、「中隊長の仇を討つ」と言ってソ連兵がいる谷底に自ら斬り込み、敵指揮官を軍刀で胸から背中へ突き通した。指揮官の勇敢さは部下達にも伝染した。部下達も「小隊長を守れ」と小隊長の後に続き、ソ連兵の撃退に成功した。

架間小隊長は、「隊長の仇を討ったぞ」と両手を挙げて大声で怒鳴り、敵指揮官の銃を奪い持ち帰ったが、小隊長自身も頭や肩を負傷した。

吉本小隊長によると、第九中隊の中間に位置した船本第三機関銃小隊は六百発入りの弾薬箱十八箱をカラにするまで撃ち続けた。途中、射手が敵弾に倒れると誰かが機関銃に這い寄り、射撃を再開。船本三雄小隊長も胸を撃ち抜かれて重傷を負いながらも指揮を続け、最後は船本小隊長自ら重機関銃で攻め寄せるソ連兵に応戦したという。

各中隊の奮戦に目覚ましいものがあったが、菅原大隊長は激戦数刻を経た午後二時、我が損害も逐次増加し、長く第一線陣地を固守し、兵を消耗させる不利を避けるため、三角標高四二七・七高地を中心とする地区に戦線を縮小させることを決意した。

それには、味方が熊笹峠を保持している間に、戦闘中の各隊を後退させねばならず、急坂にもかかわらず聯隊砲二門を押し上げ、撤収援護を命じ、その砲撃の下、逐次各隊は後退した。また、大隊砲小隊の若林小隊長は手榴弾で頭部に重傷を負いながらも指揮を継続し、全弾撃ち尽くさせた。そして荒貝沢以来活躍してきた大隊砲三門を土中に埋めた後、四二七・七高地に後退した。

ただ、全部隊が四二七・七高地に後退出来た訳ではなかった。兵力の大半を失った第四中隊では、第一小隊がその陣地をめぐって、ソ連軍と熾烈な争奪戦を繰り返しており、大隊副官を兼任していた吉本少尉が陣地に赴き、右肩を撃ち抜かれ重傷の小池小隊長と会ったが、小隊長は頑として下がらなかった。そして日が落ちてきた午後六時頃の戦闘で、小池小隊長も銃弾を胸に受け、戦死した。またこの頃、上官である第四中隊長の高橋中尉も負傷していた。高橋中尉は戦線を縮小し、中隊本部付近に生存者を集め、新配備についた。

ソ連軍は日本軍の戦線縮小により生じた虚隙に乗じて山道南方を迂回し夜迄には其の先頭は逢坂との中間地区に到着すると共に、大隊の新拠点と第四中隊を分断した。

ソ連軍は重囲下の第四中隊に激しい攻撃を行なった。

激しいソ連軍の自動小銃の音、応戦する重機の音、あちこちで突撃する高橋隊、逃げるソ連兵、新たに横から攻撃するソ連兵。突撃する度に兵隊の数が減っていく。重機が止まった。最後の突撃の声、自動小銃の音。これを最後として山は静かになった。

高橋中隊長が最後の突撃を敢行し、壮烈なる戦死を遂げ台地がソ連軍に蹂躙されたのは午前九時半頃であった。

（『札幌歩兵第二十五聯隊誌』）

右記引用文の中「午前九時半頃」とは「二十三日午前九時半頃」のことである。熊笹峠に展開していた部隊は二十二日午後六時に移動を完了している。菅原大隊長の戦後回想を読む限り、高橋中隊が二十三日午前九時半頃に最後の突撃を敢行したことについて触れられていない。また第四中隊主力は大損害を受け、第九中隊長の浅野中尉も状烈な戦死をとげた。

辺りは熊笹の生い茂る森林地帯— 大豊から真岡へ向かう途中で見た戦闘場面の跡。

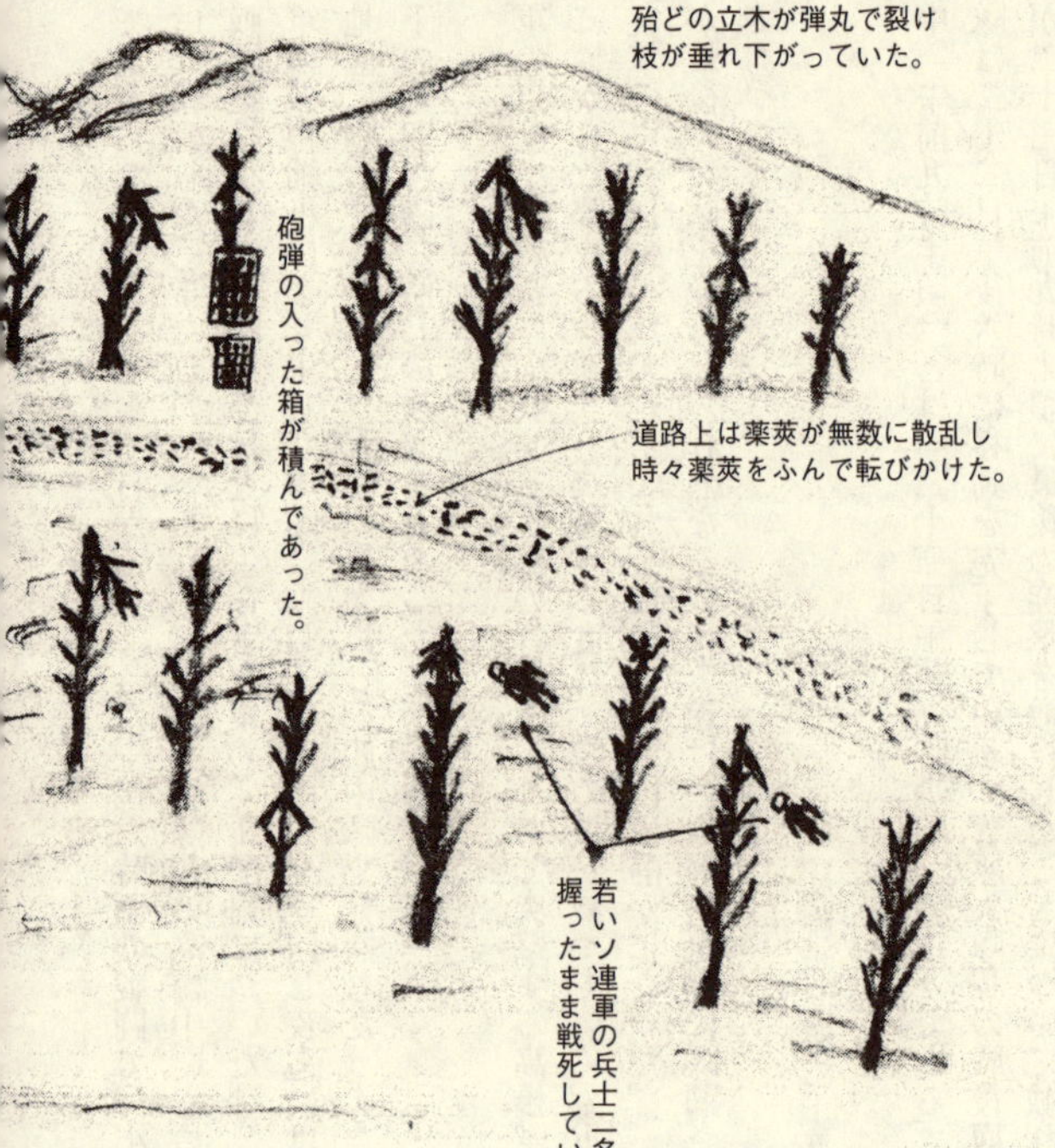
殆どの立木が弾丸で裂け
枝が垂れ下がっていた。
砲弾の入った箱が積んであった。
道路上は薬莢が無数に散乱し
時々薬莢をふんで転びかけた。
若いソ連軍の兵士二名、銃を握ったまま戦死していた。
真岡港方面が一望できた

熊笹峠頂上付近—1945年8月下旬

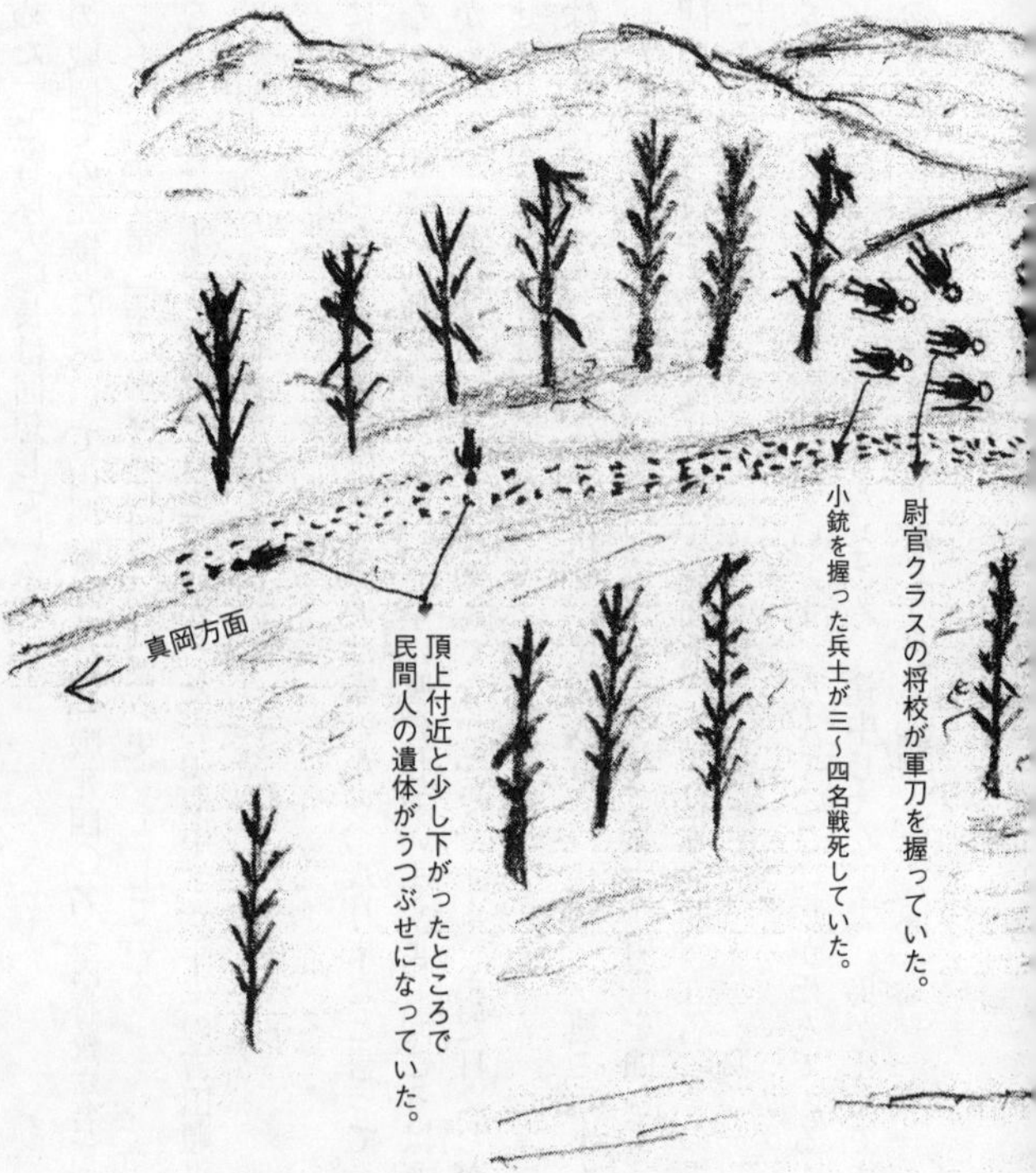
尉官クラスの将校が軍刀を握っていた。
小銃を握った兵士が三～四名戦死していた。
頂上付近と少し下がったところで民間人の遺体がうつぶせになっていた。
真岡方面

——吉田順平画

「しかし、これらの犠牲により、大隊の戦線縮小を容易ならしむることができ、ソ連軍の心胆を寒からしめた」と菅原大隊長は回想している。

熊笹峠付近の戦闘での死傷者について山澤聯隊長は「戦死四〇名（内将校六名）、負傷三四名（内将校一名）」（『歩兵第二十五聯隊眞岡附近の戦闘概史』）としている。

この熊笹峠を八月末に、歩いて塔路の自宅に向かった恵須取中学一年生の吉田順平氏は、戦闘後の熊笹峠の頂上及び、その付近の様子を次のように語る。

帰る途中に熊笹峠を見た訳ですよ。ほら、樺太は寒いから、八月末だと言ってもね、遺体は腐食しないんですよ。内地だったらね、完全に腐食していますよ。向こうは寒いし、乾燥地帯だから。だから遺体はね、そんなに傷んでなかったですよ。まだ日にちが経っていなかったせいもあるでしょうけど。

でも遺体はどういうわけか、みんなうつ伏せ。民間人もうつ伏せ、ソ連の兵士もうつ伏せ。頂上にいた尉官クラス（日本軍）も軍刀持って。そして兵士が尉官を囲むようじゃないけど、集団で小銃を持って。ソ連兵二人、民間人二人、日本兵四、五名。その場でね、なんとなしに合掌して。

あと、かなり下ったところに馬が死んでいたよ。なんでここに馬が死んでいるんだろうと思ったけど。とにかくね。かなり下ったところ、途中じゃないよ、馬が死んでましたよ、道路上で。（筆者註：菅原少佐が熊笹峠に派遣された際、乗って来た馬か？）

あとね、木に弾丸が当たって折れているんですよ。とにかく半端じゃないんですよ。圧倒的に折れているんですよ。二本、三本とか折れてたんじゃないですよ。それでね、始めはないんですよ。頂上に近づくにしたがって、（落ちている）薬きょうが増えていくわけ。だから頂上がいかに激しかったか。だって踏み外して転がるほど、薬きょうが転がっているんだもん。

頂上に近づくにつれて、薬きょうが多く落ちているというのだから、いかに頂上で激しい戦闘が繰り広げられたかを、窺い知ることが出来る。

豊真線方面宝台附近の戦闘

ソ連軍は兵力五百～六百の海兵隊に砲数門をつけ、豊原に向かい、真岡町手井《てい》から豊真線上を進撃した。しかし、これは日本軍には想定内のことであった。ソ連軍が真岡に上陸した時点で、工兵八十八聯隊長東島時松少佐は、ソ連軍が豊真線線上から豊原を目指すことを予測しており、峯木師団長に「①トンネルに機関車数台を入れて爆破、閉そくする②高架鉄橋の高さ十五メートルのレンガ橋脚を爆破する」（『樺太終戦史』）ことを具申していた。

この豊真線は、樺太唯一の不凍港であり西海岸の有力な港町である真岡と樺太の首府である豊原の間に横たわる山岳地帯を這うように敷設された鉄道であり、同時に東海岸と西海岸を結ぶ唯一の鉄道でもあった。以下の文を読まれると、どのような場所が戦場となったのか想像しやすいと思う。

真岡側から深い谷底を縫ってきた列車が、池ノ端駅を過ぎてらせん（螺旋）状に一つの山を登りつめ百五十メートルの鉄橋で次の山の宝台駅に向かっていくと、たったいま通過した地点が遥か足下に見える。これが宝台ループ線で、列車はこのようにして高度を高めるとともに長いいくつものトンネルによって樺太山脈を超えるが、トンネルと切り立った山の中腹を走る難所の建設工事では多くの人命を失った。宝台、二股など逢坂までの途中駅は駅舎も針葉樹とクマザサにおおわれた山はだにしがみつくように建っていて、豊真線上を進んでくるソ連軍は、行程のほとんどは線路上を歩いてくるしか方法はなく、トンネルを閉そくしループ線の橋脚をくずせばこれを阻止することが容易であった。

（『前掲書』）

あとは速やかなる決断と実行あるのみであった。

東島聯隊長の意見具申を了承した峯木師団長は早速、宮田三郎樺太鉄道局長に伝え、その同意を得た。しかし「停戦命令によって同計画は決行されずに終わった」。（『前掲書』）

ソ連軍が真岡に上陸した二十日には、この付近にも真岡から多くの避難民が押し寄せてきていた。

この避難民の中には、真岡南方の「手井」で、ソ連軍の攻撃のため、汽車から脱出した吉

13才の夏に

①1945年8月20日午前6時すぎ、恵須取方面からの避難民で満員になった列車が真岡駅を出発。まだ徐行中にソ連海軍の艦砲射撃が始まり、上陸してきた陸戦隊の銃撃が列車に当たり多数の負傷者が出た。

列車は間もなく進行を停止、私は列車の窓から飛び降りて避難した。

飛び降りた地点は手井〜豊真線に沿って避難中にループ線のトンネルの前で遭遇。途中で何人かの負傷者が線路の脇に横たわっていた。

②レールの付いた枕木を線路上に乗せて列車の進行を遮断していた。傍には鉄道員が数人佇んでいた。この対処は結局列車では豊原に行けなかったのではないか。

③この斜面をたった一人で這い上がり宝台から二股を経て大豊まで南下した。大豊で恵須取からの避難民と合流した。

——吉田順平画

田順平氏もいた。吉田氏は当時の事を次のように語る。

「手井」で崖（汽車の山側は崖だった）を登るとき、荷物をしょっている人は弾があたったかどうかわからないけど、転げ落ちた人が二、三人いましたよ。真岡から逃げて来た人達が寝転がっている崖をのぼってホッとしたら、けが人ですよ。ループ線に行くまで何人けが人を見たかな。けんですよ。家族もろとも。お年寄りだけ。ループ線に行くまで何人けが人を見たかな。けが人が、あっちにも、こっちにも。

ループ線につくと、鉄道員がレールを遮断してるんですよ。レールのついた枕木をレールの上にどんと置いて、話していましたよ。鉄道員が五、六人いましたよ。

そして宝台の駅まで斜面を登ったけど誰もいないんで、歩いて二股駅に行ったら鉄道員がいました。そこで、大泊に行きたいと尋ねると、豊原に行かずに大豊経由で留多加に行けと言われて歩きましたよ。大豊まで逃げたのは三十人ぐらいだったかな。

ループ線近辺で戦闘が発生するのは、翌二十一日からであり、筆者が調べた限りでは、この戦闘に避難民が荒貝沢や熊笹峠のように巻き込まれたという記録も証言も見つかっていない。もし、これが事実であれば、まさに間一髪で避難民は戦闘に巻き込まれずにすんだのである。

二十一日朝「予測どおり、線路上を『黒い服装の大部隊』が宝台方面に向かっていることが、避難民や鉄道員の電話で連隊本部に知らされた」(『前掲書』)。

二十一日午前三時頃、逢坂に着いた第十一中隊は豊真線沿いに進撃するソ連兵を撃退するよう命令を受け、トラックで二股に引返し、線路上を徒歩で四キロ離れた宝台駅に向かった。その際、滝本三雄中隊長は、軍に協力を申し出た同地の男子に後方の弾薬輸送を頼み、トラックを二股地区の婦女子避難のために残した。同中隊は逢坂を出る際、第一小隊を残してきたが、第三歩兵砲小隊の砲二門、第三機関銃中隊の一個小隊、工兵分隊、通信隊が逢坂より配属されていた。

同中隊は上述の通り、二股から線路上を徒歩で宝台駅に向かったが、その途中、執拗にソ連機の機銃掃射を受け、宝台駅到着寸前のトンネルを出た地点の鉄橋上で死傷者も出た。

しかも宝台駅周辺には身を隠す遮蔽物がないので、止むなく八百メートル進んで午前十一時過ぎにループ線を俯瞰出来る場所に到着したが、二百メートル前方にソ連兵らしき人影が見えた。ソ連軍は度重なる空襲により、日本軍の動きを把握して、それを迎え撃つ態勢をとっていたものと推測出来る。滝本中隊長はまず前進を中止し、同地点にタコ壺陣地構築を急がせた。また、同地点に分駐していた一個分隊と交替すると共に、逢坂で配属された工兵隊に眼下のトンネルの爆破を命じ、線路沿いに逢坂(豊原)方面に進出しようというソ連軍の企図を封じた。さらに第二小隊長片山少尉を将校斥候に出したが、それから約三十分後、片山少尉の進んでいった方向から銃声が聞こえた。つまりソ連軍と遭遇したのである。

片山少尉からの報告によると、①ソ連軍と遭遇した②この方面のソ連軍は砲数門を伴い砲陣地がある③同陣地付近にはかなりの兵力が集まっている、との事であった。この内容を直ちに聯隊本部に報告するべく通信分隊の無線機が発信を開始した瞬間、敵の銃砲火が集中し、通信所は一瞬にして吹き飛ばされ、その場にいたほぼ全員が死傷し、以後聯隊本部との通信は途絶した。

滝本中隊長はソ連軍を攻撃して、これ以上の進撃を阻止する計画であったが、藤田大隊長はこれを中止させた。その後、線路上から日本軍を攻撃するソ連軍火砲を制圧する為、射撃を行ったところ、重擲弾筒の一弾がソ連軍火砲に命中し、制圧に成功した。この射撃を契機に、両軍相対峙したまま夜に入った。

豊真線方面の指揮官に任ぜられていた第三大隊長藤田大尉が宝台駅に到着したのは、第十一中隊到着の後であった。藤田大隊長は熊笹峠からの移動中、たまたま真岡から避難して来た列車が二股駅にあったので、同駅付近に集積されていた糧秣、弾薬を積み込み、昼頃、宝台駅に到着し、駅舎を大隊本部とした。この時列車に積み込んだ糧秣、弾薬は米軍の樺太上陸に備えて、事前に集積されていた物資であった。

二十日夜になると、逢坂に第十中隊上敷香残留隊の内、津島芳雄軍曹以下八名が自動車で到着。翌二十一日第三大隊に配属された。そして第十一中隊の正面で交戦中のソ連軍を側面から攻撃するため、津島軍曹らに命じて、左前方のループ線上の高地に進出させた。

ソ連軍は夜になると、スピーカーを用いて「もう戦争は終わった。直ちに停戦を結ぼう」

「平和な社会を作ろう」などの宣伝戦を続けた。滝本中隊長はソ連軍による夜襲に備えて、各小隊に二名の歩哨を立て四囲を厳重に警戒させつつ、部下達になるべく早く休むよう命じた。

翌二十二日午前三時頃、滝本中隊長のもとに、各小隊の歩哨から、前方が騒がしいという、ソ連軍が進撃を開始したと思わせる報告が入った。聞き耳をたてると確かに「熊笹を踏み倒すような音」がする。滝本中隊長は、ソ連軍が攻勢に出るための配置につこうとしていることを知り、各隊に速やかに配置につき、前日の陣地を強化するよう命じた。

午前五時三十分、日本軍陣地をめがけて猛烈な銃砲撃が開始された。ソ連軍は日本軍陣地より高地の正面第一線に観測所を持ち、その砲撃は正確であった。一部のソ連兵はループ線鉄橋付近から侵入を企図したが、日本軍の火力により阻止した。

しかし、ループ線上の津島分隊は陣地保持が困難になり、午前十時頃、線路沿いに撤収しようとしたところ、敵の集中砲火を浴びて、津島分隊長以下全員戦死した。

午前十時三十分頃に戦闘指導のため、藤田大隊長は前線に進出し、滝本中隊長はこれまでの戦況を報告。大隊長は中隊長の左側約百メートルに位置した。しかし、この頃、大隊砲小隊、機関銃小隊の弾薬が切れ、火力は軽機、擲弾筒、小銃のみとなり、前線の将兵の健闘にも関わらず、死傷者が増加して来た。藤田大隊長も左肩に貫通銃創を受けながら指揮を取り続けたが、滝本中隊長の説得で後退、片山第二小隊長、木村第三小隊長、中隊指揮班の下士官・兵も戦死乃至負傷者が続出。そして滝本中隊長も右足を撃たれ負傷したが、そのことを隠して指揮を続行した。

死傷者が続出し、我軍が一寸沈黙した時、全滅したと思いこんだのか左の観測所左下附近の線路上を十人ほどのソ連兵が進んで来た。滝本中隊長が双眼鏡でのぞいて見ると中の一人は階級はわからないがベタ金の肩章で、とにかくこの方面の指揮官級であろうと思い、同中隊長は静かにこの一団に照準を合わせるよう命じ、知らずに進んでくる敵をもう一度眼鏡で確認すると、一斉射撃を命じ、あらゆる銃口がこの一点に集中し、一瞬にして敵の一団は吹っ飛んだ。

（『札幌歩兵第二十五聯隊誌』）

「ベタ金」と呼ばれる肩章を軍服につけているのは将官クラス、つまり将軍と呼ばれる軍人だけである。

この直後からソ連軍の攻撃は前にもまして熾烈を極め、午後一時半頃には中隊正面の敵が喚声と共に突撃してきた。第十一中隊の陣地はソ連軍より高地にあり、下方から攻め上ってくるソ連兵に擲弾筒と手榴弾を叩きつけ撃退した。ソ連兵は再度逆襲を試みるが、これも撃退した。

午後四時十五分、滝本中隊の背後に迂回した有力な部隊が突撃して来たが近接射撃により、撃退。同三十分になると正面と左右より喚声をあげ、銃剣を振りかざし、手榴弾を投げつけながらソ連兵は突撃をし、白兵戦となった。同四十五分、ついに第一線は突破。滝本中隊長は軍刀を抜きソ連兵に立ち向かおうとした瞬間、左手、左足に銃弾を受け倒れた。敵は止めをさすかの如く、中隊長の肩から胸にかけ自動小銃を乱射した。

第一線が突破された後の戦場は熊笹の藪の中となったが、その藪の深さに敵味方誤認が起きても不思議でないくらいの混戦となり、夕方まで激しい白兵戦が続いた。瀕死の重傷を負った滝本中隊長は、味方の兵に救出されるが、兵に起こしてもらい、再び指揮をとった。日本軍の必死の抵抗により、ソ連軍を撃退できたが、藤田大隊長も右肩を負傷するほどの激戦で損害も大きかった。

しかし、この日のソ連軍の攻撃は、これで終わりではなかった。

「薄暮に近い頃迫撃砲の射撃を中止するや敵は日本語で『焼き殺すぞ』と叫んだかと思ふと焼夷弾を射撃し熊笹が猛烈な勢で燃え出し第一線は遂に陣地の位置を変更するの止むなき状態となった」（『歩兵第二十五聯隊眞岡附近の戦闘概史』）

夜になると、中隊長は各小隊長を招集し、戦線整理の目的で宝台駅の大隊本部に集結するよう命令した。

この夕方の混戦について、滝本中隊長は次のように回想している。

四時三十分、大挙敵の一斉射撃を受ける。「ウラー、ウラー」前方、左、右――いよいよきたかと私も観念した。前線では「ウワーッ」と喚声をあげて応戦している。

同四十五分ごろ、敵はわが一線の前方十五メートル付近で手榴弾攻撃とともに突破して私に向かってきた。右手に軍刀を振り〝サア、こい〟の構えで立ち向かう。無我夢中であった。と、その瞬間左胸、左足に衝撃を受け、私はころがるように倒れた。しかし、意識ははっきりしている。「この野郎、やったな」と思ったがいたし方ない。突き進んできた敵の十四、五人に包囲された。残念だが、殺すなら殺せと目を閉じた。すると何やら二、三の敵兵がしゃべり、私にとどめをさすのか自動小銃で連続撃った。肩から胸にかけて数弾、だが、動くことができない。すると敵は私がもう死んだものと思ったのだろう、ちょっとすると、その場を去った。

まだ各戦線とも互いに射撃しているのが聞こえてくる。私のまわりには敵は見えない。しかしクマザサの深い当地で敵、味方入り乱れての戦闘である。いつどこから敵が出てくるかわからない。敵がいなくなったので起き上がろうとしたが、起きることもできない。左足と左手は鉄棒でも入れたように、まるっきり動かないのだ。

やがて倒れている私を発見して駆け寄ってきた兵に起こしてもらい指揮をとった。午前中右足をやられ、また左足、そのうえ左手までやられたとはまことに無残な姿である。前線に連絡し状況報告させる。相当の損害である。大隊長も負傷、すでに後送されている。しだいに二十二日の夕闇が迫ってくる。そのうちに私のところ目がけて焼夷弾攻撃をかけ、バリバリ音を立てて付近が焼け始めた。兵たちが私をササの少ないところに移してくれた。付近は真っ暗になる。全員集合をかけた。ボツボツと集まってくる。互いに健在であった喜びを小さい声で語り、堅い握手をする。だが私は倒れたのみ。そのとき私はこれ以上、生き残ることは、いたずらに部下に迷惑をかけると思い、自殺する覚悟をして背中の拳銃に手をかけようとしたがとれない。五十嵐曹長はそれをみると、私の拳銃をとって投げてしまった。致し方ないので、ついに死ぬことを断念して成りゆきにまかせた。弾丸を受けていない右手も動かすことができない。神経作用というのか、からだ全体が動かない。（入院後わかったが、弾丸が九発、それに破片で肋骨四枚が折れ、そのうえ両足、左手に弾丸を受けていたのでは身体の動く道理がなかった）

四、五十人の生き残りがいた。各小隊長を集合させ、部隊は一応戦線を整理する目的をもって、宝台駅に集結することを命じた。東の空には月があがり、兵の顔を青白く照らしていたことが印象にある。各小隊順に豊真線上に態勢を整え、私は前日二股住民が弾薬運搬のため使用したトロッコの上に乗せられ宝台に向かった。宝台駅に着いたとき、中村辰夫軍医少尉が私の手当をしながら「あと二時間もつか、どうかわからない」といったのをかすかに知っていた。そして各小隊長に「戦闘はまだ終わっていない。明日からの戦闘をよろしく頼む」といったことはわかっているが、その後の行動が記憶にない。

（『樺太一九四五年夏』）

また、滝本中隊長が重傷を負ってからの模様を五十嵐曹長は次のように回想している。

中隊長が敵に撃たれたとき、私は片山小隊の配置をみるため同小隊の陣地に行っていた。片山小隊長の負傷後、石川広一曹長がそのあとの指揮を執っていた。前線に出た頃から双方が入り乱れての混戦で、深いササやぶで味方かと思うと黒い敵であったり、敵かと手榴弾をかまえると戦友が飛び出してくるという白兵戦が長いこと続き、指揮班に帰ることができなかった。

夕方、戦闘がやんで周囲にいた兵を集めて戻ったら中隊長は身を動かすことも出来ない重傷であった。しかし、意識ははっきりしていて自決するために手榴弾をほしがったり、水を飲みたがっていた。敵が火を放ったのはそのころ。ループ線の谷から吹き上げる風でクマザサはものすごい音をたてて燃えた。夜になって宝台に向かった。

ソ連軍は夜の戦闘をしない。陣地のすぐ下の方でガヤガヤと騒ぎながら炊事をしている姿をみながら、私たちは中隊長ら負傷兵と戦死した宮川軍曹の遺体をトロッコに積んで脱出した。

線路わきに背より高く積んである敵の弾薬に火をつけて、ゆうゆう出発した。途中、鉄橋の中央につっ立っている人影に、敵かと緊張したが、それは十二中隊の負傷兵であった。私たちは宮川軍曹の遺体をおろして、橋わきに埋葬、その負傷者をトロッコに乗せた。当時、すでに敵は宝台とループ線の中間地点に進出しており、日中後退した負傷兵などはトンネルの入り口の上から狙撃されたらしく、死体が入り口近くの線路上や鉄橋の下などに

六、七体もころがっていた。しかし、夜にはいって陣地に引揚げたのだろう。着剣して必死の形相でトロッコの四囲を固めて進む私たちの前に敵は最後まで姿をみせなかった。（『前掲書』）

五十嵐曹長の回想にある通り、宝台と陣地との中間附近まで進出した。「此の頃敵はループ線の橋梁を破壊した。我が増援阻止のつもりであらう」（『歩兵第二十五聯隊眞岡附近の戦闘概史』）と回想している。

宝台方面での戦闘の死傷者について山澤聯隊長は「宝台方面での戦死者三五名、負傷二九名（内将校三名）」（『歩兵第二十五聯隊眞岡附近の戦闘概史』）としている。

停戦命令と真岡方面の停戦交渉

八月二十二日夕刻、歩兵第二十五聯隊長は師団からの「俘虜となるも停戦せよ」命令を受領した。

聯隊長山澤大佐によると「命令を受け各部隊へ下達したけれど中々伝わらず殊に熊笹峠方面は敵が熊笹峠を越へているので如何に伝へんかは困難中の困難だった。石黒聯隊副官か宮下大尉か何れかに此の重任を命じようとしたが二人が争って此の難局に当らんとしたのには聯隊長も頭が下つた」（『前掲書』）と回想している。

そして、宮下大尉が菅原大隊に派遣されることになり、その任を全うした。

一方、ソ連軍に派遣する軍使に、聯隊長は露語をよくする第一大隊村山康男主計中尉（兵数名を附す）を軍使に選び、午後八時二十分頃、逢坂を出発させた。それにあたり、軍使一行の自動車上に大白旗を立てての出発であった。

しかし村山軍使は村田軍使のように「逢坂西方約四粁の道路の屈曲点附近にて車上でソ軍の為射殺された」（『前掲書』）。

石黒粂吉聯隊副官によると、村山中尉ら三人が射殺され、二人が助かった。そのうちの一人はソ連軍のメモを持ってきた。それには「午前零時、ラッパを吹かせながら連隊長自らが峠に向かってくるように」と書かれていたそうだ。

そこで山澤聯隊長は自ら行こうとするが、石黒副官がこれを止めて、通訳、ラッパ手を同行して指定された場所に赴いたが、ソ連側はあくまでも「聯隊長自から来れ」とのことだったので、聯隊長自身が交渉に向かい、直接停戦交渉を行なった。

聯隊長によると「敵の交渉相手は中佐で道路上で話したが其附近には自動小銃を持った敵兵が約五十名散開していた」（『歩兵第二十五聯隊眞岡附近の戦闘概史』）という状況下での交渉であったが、ようやく、停戦は成立した。『樺太一九四五年夏』によると「二十三日午前二時」の事であった。

山澤聯隊長は、ソ連兵と一緒に逢坂に戻り、午前七時頃から在逢坂部隊の武装解除が行なわれた。

ソ連軍との事務的折衝は高級軍医吉岡武雄少佐、石黒副官などが当たり、円滑に進められた。

八月二十三日は、知取で樺太全島における日ソ間の停戦協定が成立した日の、翌日であった。

第四章　日ソ停戦協定成立と豊原空襲

知取で、日ソ停戦交渉成立

国境線を越えて南下してきたソ連軍を八方山で押し留めていた歩兵第百二十五聯隊は、十八日、八方山にて局地停戦協定を成立させたものの、ソ連軍の南下は続いた。

第八十八師団は大本営からの指導を受け、気屯、上敷香で樺太島内での日ソ全軍の戦闘停止を目指した停戦交渉を試みたが、大泊にむけての南下を主張するソ連軍相手に、交渉は成立しなかった。

ひたすら南下を急ぐソ連軍は、北部国境地帯の中心都市である敷香《シスカ》を通過して、樺太東線沿いに南下を続け、民間人が多く居住する南部地区に迫った。そして、敷香からの緊急疎開列車の折り返し駅であり、豊原方面への乗換駅になった（緊急疎開開始当初は大泊まで直通だった）知取町に迫った。

知取町は樺太中部の東海岸に位置する人口約一万八千人の町で、製紙業と炭鉱業で栄え、王子製紙の工場があった。ソ連参戦後、大津長官の来町中に、艦砲射撃を受けて王子製紙工場の倉庫が焼け、大津長官が避難するという事もあった。

ソ連軍と停戦交渉を行なうために、豊原の師団司令部をたった鈴木参謀長一行は「二十一日夜、知取王子クラブに宿泊、ソ連側と連絡を取り、翌二十二日午前十時半、アリーモフ少将と消防署で会見に決まった」（『樺太防衛の思い出　最終の報告』）。

この町で一番立派な建物は王子倶楽部（王子製紙の迎賓館）である。ソ連側もそうと知りながらあえて消防署を選んだのには理由がある。サハリン州郷土博物館元館長のヴィシネフスキー氏は「建物が街の奥、遠い所にあるのではなく、街から南方への出口近く、幹線道路への交差点のそばにあるから会見場に選ばれた。建物は五階建てで、知取ではおそらく一番高い建物であり、この町を取り巻く周辺すべての地域を眺め渡すことが出来るから監視するにも適している」と指摘する。

筆者も同意見である。つまりソ連軍は停戦交渉と称して日本軍が攻撃を仕掛けてきた場合、即座に日本軍部隊を発見し、脱出できるよう警戒して消防署を指定したということである。

ヴィシネフスキー氏によると、アリーモフ少将は張鼓峰事件に少佐として従軍した、日本軍との戦闘経験のある将官であり、ソ満国境の町ブラゴベシチェンスクの要塞司令官として日本軍とアムール河を挟んで対峙し、昭和二十年に樺太に異動してきた人物である。

アリーモフ少将が知取まで率いて来た部隊は、北樺太から侵攻して来た第56狙撃軍団から抽出された第２１４戦車旅団、第２８４砲兵連隊に歩兵部隊と工兵部隊で臨時に編成された戦闘団であった。

この戦闘団は、迅速に敷香、内路の南部方面への主要道路へ出て、さらに島の東海岸を元《もと》泊《どまり》、豊原へ侵攻することになっていた。戦闘団は軍団の主力部隊の南樺太南部への侵攻を支援し、同時に日本軍による鉄道、橋梁、駅、全車両の破壊を未然に防ぎ、基本的施設の保持を保障し、第56狙撃旅団のために輸送列車を組織するという任務が与えられていた。これらの任務は後述する停戦協定にも反映された。

当時、知取町長であった木立猛氏の回想によると、八月二十一日の時点で、ソ連軍の知取町到着を同日夜半から二十二日にかけてと予想していたところ、二十一日午後十時頃、役場の宿直からソ連軍が知取警察署を占領したとの知らせが入った。そして深夜十二時頃、木立知取町長は警察署に呼び出され、尾形樺太庁警察部長、新妻知取警察署長と共に、ソ連軍大佐との会談（ソ連軍中尉が通訳）が行なわれ、それは午前三時まで続いた。しかし、会談終了後、木立町長だけが残され、通訳の陸軍中尉の案内で、警察署の外に連れ出され、数十台の戦車が停車している場所へ連れて行かれた。そこには停戦協定のソ連側責任者であるアリーモフ少将が待っていた。

その時の事を木立町長は、次のように回想している。

真夜中の三時で、顔もよく見えない所で私への尋問が始まった。先ず氏名・年齢・何時樺太に来たか・町長就任は何時か・その他町政に関係した事項の尋問が終ると少将は、

「あなたの指揮する此の町は焼けてもいない。破壊されてもいない。感謝する」と言うや手を差し延べて握手し、「あなたの身分は保証する」と言明した。次に「町長に命令するが従うか?」との事、この瞬間私は一大決心をした。即ち敗戦占領下やがて引き揚げる同胞にとっては、その作業が順調迅速に進捗されねばならない。それを期待する意味からも今は出来るだけソ連側に協力すべきであると。

そこで私が命令に従う旨を答えたら「次の命令を良く実行せよ」と強く要望された。命令は八ヶ条で、第一火事を出さぬ事、第二泥棒を出さぬ事（以下省略）

（『樺連情報』平成十年三月一日第二面）

このような問答を夜も明けた午前五時半頃までつづけられたそうである。まるで、ソ連に抑留される軍人、樺太庁幹部、警察官とソ連軍の軍政下で手足となって働く人々に分け、木立町長が「味方」につくか試したように思われる。

二十二日行なわれた停戦交渉は、峯木師団長の指示通り、十九日にソ連沿海州のジャリコーボで関東軍総参謀長秦彦三郎中将と極東ソ連軍総司令官ワシレフスキー元帥の間で結ばれた協定に准じた内容で進められ、特に問題もなく成立した。その概要は以下の通りである。

(1)武器の引渡しの位置は日本軍に於て決定のこと。
(2)八月二十四日十三時ソ軍の前衛部隊は豊原附近に前進する。（部隊主力は市内に進入しない）宿営地は日本軍に於て決定して置くこと。
（註）在樺太師団は豊原市北側と予定して居る。
(3)鉄道通信はソ軍之を管理する。之に伴い、
(イ)鉄道及通信の破壊を禁ずる。
(ロ)人員貨物の輸送を停止する。
(ハ)豊原停車場にソ軍哨所を設ける。
(ニ)八月二十三日正午より明二十四日前衛部隊到着迄通信の使用を禁ずる。
又電信電話局にソ軍哨所を設ける。
(4)輸送機関空車の運行は前衛部隊に（……以下不明）
(5)日本軍隊及住民の島外への移動を禁ずる。
(6)憲兵及警察機関は現況の儘とし治安確保に任ずる。
(7)一般市民は夫々生業に服すること。
(8)其の他の事は追って豊原附近に於て協定の予定。

（『終戦時における内外地第一線軍隊の概観』）

協定内容は十九日に関東軍とソ連軍が結んだ停戦協定に準拠しているが、知取での協定締結の際、日本側は次の五点について厳重に申し入れを行ない、ソ連側の承諾を得た。

①掠奪、暴行、強姦等の事なきよう、ソ側に於て厳守されたい。
②真岡に上陸したソ軍は、住民を砲撃、爆撃して居るが、直ちに電報を打って停止せしめる事。
③真岡では軍使を射殺している。厳誡し再発防止を厳重に要望する。
④日本軍を捕虜として扱わず、名誉を傷つけない事。
⑤停戦実施伝達の為、各地に派遣する将校に、ソ軍将校を同行便宜を図られたい。

（『樺太防衛の思い出　最終の報告』）

この申し入れに対し「ソ軍は軍紀厳正寸毫も犯す所ない、安心せよ」と鈴木参謀長の回想録にはある。しかし、その後に発生した「出来事」から判断する限りでは、この約束はどれ一つ守られてはいない。

こうして樺太における日ソ間の停戦協定が正式に成立したのは「二十二日正午過ぎ」だった。

この停戦協定の成立過程について、ロシアでは日本で知られている史実と大分かけ離れた認識が持たれている。

このような協定への署名の事実は総じてロシアの歴史家には知られていなかった。ソヴィエトの、またその後のロシアのサハリンにおける戦争の歴史に関する出版物ではサハリン島における戦闘の終結はユジノサハリンスク攻撃作戦が成功裡に遂行された結果だとされている。すなわち、ソヴィエト軍の樺太南部への迅速な前進と急襲によって日本軍集結部隊を壊滅させたことにされる。

（二〇一七年十二月二日、ニコライ・ヴィシネフスキー氏講演記録）

しかし、ヴィシネフスキー氏の著作である『第2次世界大戦期におけるサハリンとクリール諸島』の第二版が平成二十四年に出された際、この停戦協定について記載されたとのことである。これはロシアの出版物として初めての出来事であった。

鈴木参謀長は停戦確認のため、内路に赴き、第16軍司令官チェレミーソフ少将、第56狙撃軍団長ビアクーノフ少将と二十三日に会見した。その際、鈴木大佐は日本軍は武器を引き渡す用意があることを確認し、以下の要望を提示した。

1. サハリンにおける日本軍降伏部隊全将校の刀剣所持を許可すること。
2. 降伏した日本軍部隊に「捕虜」という用語を使用しないこと。
3. 日本軍将校に彼らの家族と共に生活することを許可すること。
4. 朝鮮人住民を日本人住民から分離すること。

（二〇一七年十二月二日、ニコライ・ヴィシネフスキー氏講演記録）

この要望に対し、ソ連側の対応は次のようなものだった。

陸軍少将チェレミーソフはこれに対し何らの約束も与えず、八月二十五日十五時までに武器を引き渡すよう要求した。鈴木大佐はソ連少将のこの要求を司令部に伝達することに同意し、日本軍司令部が軍の全部隊と分隊に時宜を得て指令をきちんと伝達できるように引き渡し期限を八月二十七日まで延期してほしいと願い出た。

（二〇一七年十二月二日、ニコライ・ヴィシネフスキー氏講演記録）

日本側の四項目の要望は『1945年の大祖国・ソ日戦争：30―40年代における2大強国の軍事的政治的敵対の歴史、公文書と資料』第二巻に記載されているそうだが、1、2、4は理解できるとしても、果たして鈴木大佐は3のような要求を本当にしたのであろうか。なぜなら、将校家族は第八十八師団の中堅将校が既に樺太を離島させているからである。

とはいえ、ソ連軍への武器の引き渡しについては、鈴木大佐の要望の期限である八月二十七日までに完了させた。

その鈴木大佐より停戦協定成立の報告を受けた峯木師団長は一行を引き連れ、二十二日に豊原に向かった。ただ、尾形警察部長だけは豊原には戻れず、翌日ソ連兵に銃剣を突きつけられ、腕時計、万年筆といった所持品を奪われた後、十一年四ヵ月に及ぶ抑留生活が始まった。

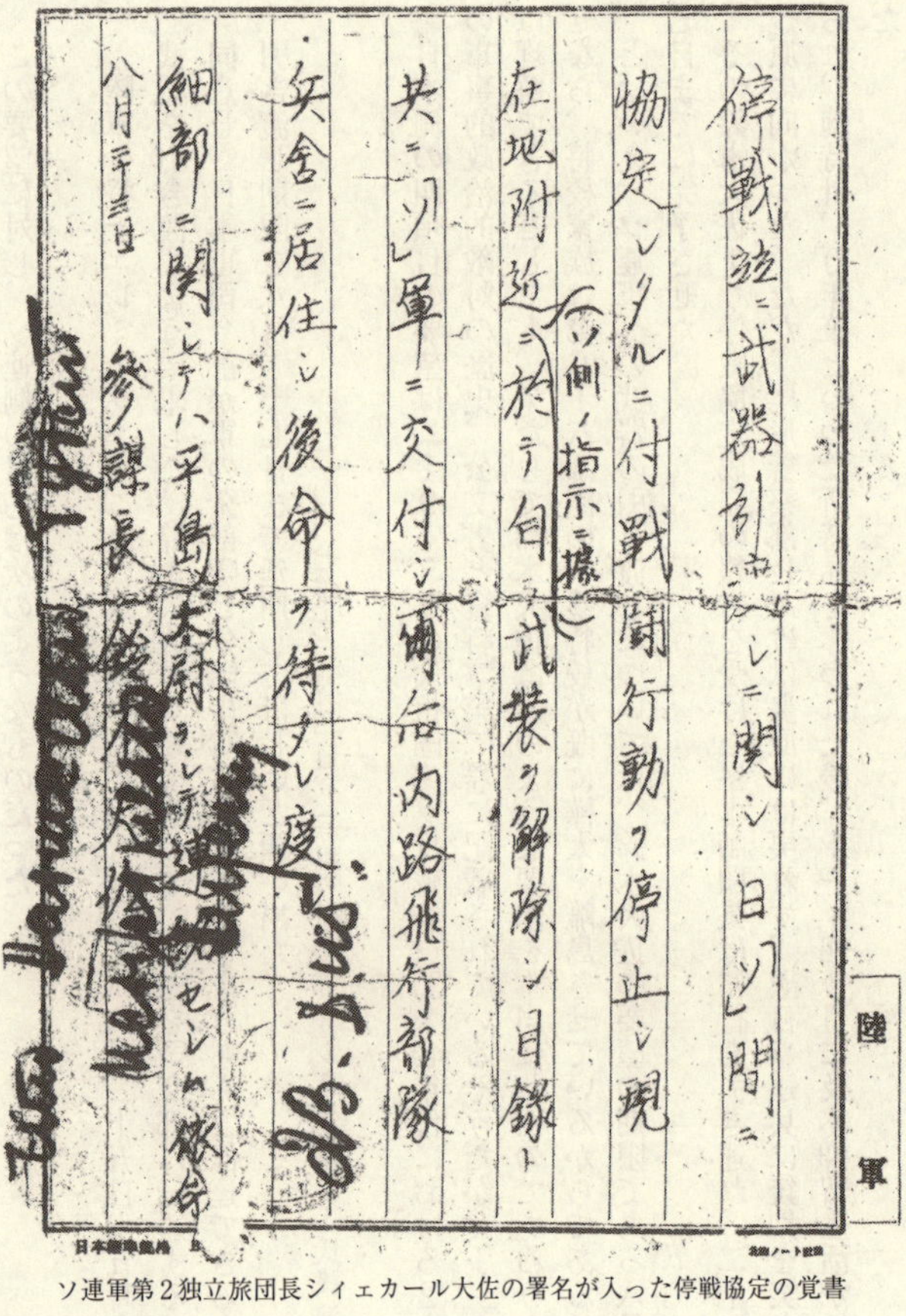
停戰並ニ武器引渡シニ關シ日ソ間ニ
協定シタルニ付戰鬪行動ヲ停止シ現
在地附近（ソ側ノ指示ニ據リ）ニ於テ自ラ武装ヲ解除シ目錄ト
共ニソレ軍ニ交付シ爾后内路飛行部隊
兵舎ニ居住シ後命ヲ待タレ度
細部ニ關シテハ平島大尉ヲシテ連絡セシム
八月二十三日　参謀長　鈴木

ソ連軍第２独立旅団長シィェカール大佐の署名が入った停戦協定の覚書

各部隊への停戦の伝達に関し、内路→内恵山道→恵須取方面には平島大尉が派遣された。鈴木大佐の戦後回想によると、この際、同大尉は鈴木大佐が書いた停戦協定の覚書――それにはシェコー大佐のサインも書かれた――を持参し、武装解除を行なわせた。

既出のヴィシネフスキー氏はソ連側の代表としてサインしたシェコー大佐という人物について、日本では知られていない事を述べている。

まずシェコー大佐の名前だが、ヴィシネフスキー氏がロシア連邦国防省中央文書館から発見した資料によると、シエコーではなく、シィエカール。第二独立狙撃旅団長シィエカール大佐だということが判明した。同大佐はモスクワ攻防戦、スターリングラードの戦い、クルスクをはじめとするウクライナ各地で戦った勇士である。そのような人物まで樺太での戦闘に従軍していた事からもソ連軍の錬度を想像することが出来る。

また、この覚書には日本側はこの会談での最高位者である鈴木大佐が署名しているが、ソ連側は二人の少将がいるにも関わらず、シィエカール大佐が署名している。おそらく「戦勝国」であるソ連側が自分より階級の低い「敗戦国」代表と同じ覚書に署名するのを拒否したであろうことが想像出来る。

ではなぜ、シィエカール大佐が署名したのであろうか。ヴィシネフスキー氏は「少しでも早く戦闘を終わらせ、部下や日本人を死なせないために自らサインをしたのではないかと推測している」。誰がサインをするかで、ソ連側は面子を重んじたであろうし、日本側も面子を重んじたであろうことは、将校の帯剣や捕虜という言葉の使用を拒否したことからも容易に伺える。その点、実際に署名した両名の階級は共に大佐。片や師団参謀長で、片や旅団長であり、お互いの面子が保てるという判断があったのではなかろうか。

避難民でごったがえす豊原駅前

その頃、南樺太の行政の中心地である豊原（ロシア名：ユジノサハリンスク）市内は樺太庁からの命により、至る所に大きな白旗が翻っていた。豊原駅もその例外でなく、駅の屋根に三本立てられていた。大詔渙発後、樺太庁ではソ連軍に抵抗することなく、迎える方針を決めていた。

豊原は人口が約三万七千人（昭和十六年当時）の南樺太で唯一「市制」が敷かれた町で、市内は札幌のように碁盤の目状に設計され、豊原駅はその町の西側に位置していた。

ソ連参戦後、国境地帯の敷香や恵須取から大泊港を目指して南下してきた人々、二十日の真岡のソ連軍艦砲射撃と上陸後の一方的な攻撃から着の身着のままで逃れてきた人々が、交通の要衝でもある豊原にあらゆる手段を用いて集まってきた。しかし、緊急疎開船の出港地の大泊町内は、緊急疎開船への乗船順番待ちの避難民で溢れかえり、町内の施設では収容しきれず、豊原―大泊間の鉄道は、ほぼ運行停止となり、乗客は豊原で下車せざるを得なくなった。そのため、およそ三万もの避難民が急遽市内の学校・寺院・映画館などに収容されていたが、それでも駅前の広場には概ね数千人の避難民がいたと言われ、街中はそれらの人々でごった返していた。

当時の豊原駅前の様子を、同駅長だった北三松氏は次のように語る。

（豊原駅の）出入り口は東口一か所、その前に千平方メートルぐらいの広場があり、中央が花壇になっていましたが、八月はじめ駅員総出で花壇をこわして穴を掘り、土盛りして、十二、三人ずつはいれる防空壕を十五ほどつくり、さらに広場の南側に十九日からテント張りの仮設救護所を設け、市内の医者三人、看護婦五人ほど来てもらっていたんです。防空壕は万が一の場合ですが、救護所は避難民に続出する病人を手当てする目的のもので、ここには大きな赤十字旗をかかげてありました。

（『昭和史の天皇ゴールド版6』）

豊原支庁の要請により、樺太医学専門学校は二十日より教官、学生による医療班を編成して避難民の収容先を巡回し、彼らの健康管理にあたった。

ソ連機による無差別爆撃

八月二十二日、豊原にある樺太神社では、例年より一日繰り上げて例大祭が行なわれた。この日も気温三十度を超える暑い日で、豊原の住民は家の窓を開け、涼しい恰好で過ごしていた。その一方で駅前の避難民は着られるだけの服、それも晴れ着を重ね着して、故郷の町から真夏の熱い日差しの中を避難して来た者も少なくなく、その着物が放つ臭気と暑さから倒れる者もいた。

そして事件は起きた。

この日、ソ連機九機（六機という人がいれば、三機という人もいる）が停戦協定成立後に豊原駅及び周辺にいる民間人、及び民間地域に対し、無差別攻撃をくわえてきたのである。まずは、以下の電文を読んでもらいたい。

次長宛　発「札幌」達部隊参謀長

達参情電第一五九号（八月二十二日二二三〇発）

一　本二十二日十五時三十分—十六時二十分「ソ」聯機「テー・ウー」二型六機「ヤー・カー」九型三機ニ次ニ亘リ豊原停車場竝ニ北豊原停留場付近ヲ銃爆撃セリ爆弾五—六発　焼夷弾約二〇

二　当時豊原停留場付近ニ　避難民五、〇〇〇—六、〇〇〇群衆シアリテ　四〇〇—五〇〇ノ死傷者ヲ出セルモノノ如シ　豊原停留場半壊　北豊原付近被害ナシ

三　我ガ方邀撃セス

（『連合国との折衝関係事項　其四』）

この電文は達部隊参謀長こと、第五方面軍参謀長が東京の参謀次長宛にソ連軍機による豊

原駅前爆撃について、抗議の意思を込めて打ったものである。しかも、日ソ間の停戦協定が成立してから三時間以上もたった時刻に起きた空襲である。ただしこの時刻も諸説あり、正確な時刻は不明である。当時、豊原警察署に警察官として勤務し、八月十五日以降、大津長官の身辺警護にあたっていた池田久造氏によると「ソ連機は執ようにも三度飛来し、豊原駅構内の鉄道用品庫をはじめ付近に焼夷弾六、七発を投下したため、大火災になり、駅前から南方を焼きつくした」と回想している（『遥かなり樺太』）。

ちなみに同日早朝には、北海道留萌沖でも老幼婦女子を定員以上に乗せて樺太から脱出してきた緊急疎開船がソ連潜水艦の砲雷撃を受けて、二隻撃沈、一隻大破、死者千七百八名以上という痛ましい事件も起きている。そしてこの豊原駅空襲の死者は百八名と言われている。

南樺太における日ソ停戦協定が成立する直前の十一時五十分、国境に近い樺太東海岸の町、敷香から緊急疎開列車が到着し、全員が降ろされた。八百人もの避難民が下車し駅前広場に腰を下ろし、ある者は収容先を待っていた。

この列車の本来の終点であった大泊町はこれ以上の避難民の収容は不可能と判断し、大泊駅長から豊原駅長に緊急疎開列車の豊原での運航停止を申し入れていた。そのため、豊原市は、市職員や警察、駅員、警防団員が手分けして疎開者を市内の学校に分散収容していた。

一般の人々は「終戦」から一週間たち、町中には白旗が翻り、しかも前日の落合駅前空襲を知らず、危険が迫っているということは全く考えになかった。そして駅前には一刻も早く列車に乗り、北海道へ避難しようと座り込む人も大勢集まっていた。その中から、なんとか大泊まで列車で行こうと、乗客の代表三名は激しい剣幕で駅長室にて駅長を相手に談判をしていた。その時である。豊原駅の対空監視係責任者の丸尾嶽堂助役が駅長室に飛び込み、

「敵機襲来」

と叫んだ。

この時、乗客代表の希望を諦めさせようとしていた北三松駅長は、自らの体験とその時の気持を次のように語っている。

バカな、いま知取で停戦交渉中ではないか、わたしは前日、軍使として出発した峰木《ママ》師団長と尾形警察部長を見送り、どうなっても交渉を成立させる、という峰木さんの決意も聞いていました。それに屋上には白旗もある。まさか、と思いますよ。ところがその瞬間、大音響が連続して駅舎が揺れました。わたしは思わず机の下に身を伏せましたが、駅長室の線路側の窓ガラスがみじんに砕けて飛び、壁にかけてあった幅一メートル、横五メートルもある大きな額が背中の上に落ちてきました。この額は大正時代に鉄道大臣をした大木遠吉氏の筆で『国鉄精神』とあったものですが、この国鉄精神にガラスの破片がいっぱい突き刺さっていました。あの三人の客の姿はもう見えませんでした。

この間、爆発音と機銃掃射のダダダという連続音、それに飛行機の爆音で耳もつぶれそうでした。爆発音がこんど駅前広場の方でしたので、これはたいへんだと思い飛び出しましたが、一目広場を見て息がつまりました。ひどいというもおろか、無残に腹や胸をえぐ

られた婦人、子ども、老人がまるで魚河岸のマグロのように一面ごろごろころがっているのです。ふと自分の足もとを見ると、ちぎれた手や足が散らばっている。木造の駅舎の壁に、どの部分ともわからぬ肉塊がペタッとはりついている。道には血が一面流れている。

「あぶない、駅長さがれ」

と駅員のだれかが腕を引っぱったが、そのとき敵機二機はまだ駅の上を低空でぐるぐるまわりながら、しつように突っ込んで来ては、ダダダと機銃掃射を繰り返していたのです。ともかく、あまりのショックにうまくいいあらわせませんが、生き地獄とはこんなのをいうのでしょう。この爆撃はずいぶん長く感じましたが、二、三十分は続いたでしょう。花壇の防空壕は二つが完全にこわれていました。それから兵隊や警防団員がやって来て、救出作業が始まったわけですが、タンカが足りずムシロを持って来て、死体やケガ人を運びました。豊原病院、鉄道病院はたちまち満員というので、どこでもいい、〝院〟と看板のあるところへ運び込めということで、歯科医院とか産院にまで運び込んだ駅員もいて、あとで苦笑したものでした。

（中略）

鉄道の方は駅員が三人死に、十四、五人が負傷しました。最初の二発は三番ホームに落ち、ちょうどそこで入れ替え作業中の機関車に命中し、めちゃめちゃになりましたが、いたはずの機関士と助手がいないので、車輪の下をのぞくと首も手も足もない胴体だけの死体が出て来ました。モロに命中したらしく、そのとき近くにいた連結士一人も爆風で吹き飛ばされ、三日ほどあとで死にました。　　（『昭和史の天皇ゴールド版6』）

この空襲を豊原駅前の樺太新聞社屋から目撃した同紙常務星野竜猪氏は、「ソ連機の襲撃は二十分ほど続きましたが、どう見ても面白半分にやっているとしか思えませんでしたよ。背すじがぞくぞくする思いでした」（『昭和史の天皇ゴールド版6』）と語っている。そして、星野常務の記憶によると「午後二時半頃」、駅前広場に行ったそうだが、自身の眼に映った光景を次のように回想している。

いやもう、めちゃめちゃでしたね。大きな穴が三つ四つあいていて、そのそばに死体がごろごろころがっている。負傷者があっちでもこっちでもうめき声をあげている。その間を警官、消防団《ママ》、駅員、兵隊も出動していましたが、早くしろ、こっちへ運べ、と口々にわめきながらタンカで負傷者を運んでいるんです。駅の南側に大きな赤十字のマークをつけた救護所が二か所ありましたが、その前の地面に負傷者がずらっと並べられているのです。流れ出る血が地面にどす黒く吸い込まれ、血と土にまみれて、負傷者が痛い、痛いと泣きわめいている。　　（『前掲書』）

空襲直後の駅前の様子を豊原駅助役だった加藤照衛氏は次のように語る。

五〇キロ爆弾が、駅前にたくさんある防空壕中程のアスファルト上に落とされ駅や北海屋ホテル等の壁には無数の穴が開き、多数の死傷者が出ました。子供を抱いて死んだ母親、手・足・頭等に負傷した人びと、防空壕の入口で死んでいる人など、さながら生地獄の様相で、その悲惨さに愕然としました。死傷者は直ちにトラック等で病院に送られ、軽傷者は駅の北側で応急手当てをうけておりました。

（『鈴谷3号』「敗戦の思い出」）

加藤助役によると、北駅長はソ連機が駅前に爆弾を投下して低空からの機銃掃射を行なっている中、倒れている避難民に向かって防空壕から飛び出し、救助活動を行なっていた。さらにそれをみて、心を動かされた若い駅員たちも飛び出し、行動を共にしていたという。既述の通り、機関車に爆弾が直撃し、機関士達は即死したが、一人だけ炭水車の下に隠れて助かった者もいた。

ソ連軍が攻撃したのは豊原駅および駅前広場だけではない。駅前広場の南側の商店と住宅地が混在したエリア（このエリアには豊原統治に必要な公的機関は存在しない）もそうである。このエリアはこの時の空襲による焼夷弾攻撃で焼け野原となった。ただし、このエリアの東側の大通りと駅前広場のおかげで、それ以外のエリアに火災は及ばなかった。

豊原駅前にあった北海屋ホテルも直撃弾を受けて多くの死傷者を出している。当時、北海屋ホテルは、北部地域からの避難民らで満室であった上に、避難して来た親戚・知人に会うべく、豊原在住者も訪問するなど、ホテルのロビーはごった返していた。この時の事を、敷香から家族と避難して来て北海屋ホテルに宿泊していた進藤智恵子さんは、次のように回想している。

爆音が聞こえて来たなあと思っていた瞬間、甲高いキーンというような飛行機の急降下の音と同時に、駅前に集合している群衆の中に、そして「北海屋ホテル」に爆弾が投下された。

一瞬、目も明けあけられぬ砂煙とガラスの破片が飛び散った中に、ただただ呆然と立ちすくんだ。

ホテルは屋根が抜けてぽかりと口を開けたようになり、そこから青空が見えた。一瞬の出来事で、目前で即死した人々が折り重なり、うめき合い、血の海で阿鼻叫喚の生き地獄のありさまであった。

（『生きて祖国へ6　悲憤の樺太　樺太篇』「敷香脱出行」）

樺太新聞の大橋一良記者は豊原駅から直線距離で約一キロ離れた樺太庁立病院近くを歩いていたが、その時、爆音が聞こえ、空を見上げると爆撃機一機と戦闘機二機が北西の方角から低空でやって来た。もちろん、どれが爆撃機でどれが戦闘機か分かったのは、戦後のことである。その時見て、体験したことを次のように回想している。

街の人はボンヤリと見ていた。進行方向は東南、やや私の方に向かっている。突然、戦闘機二機がクルリ、クルリと爆撃機を中心にコマのように回りはじめた。曲芸のように思えた。

それからサッと戦闘機が左右にはなれた——と思った瞬間、爆撃機からパラパラと黒い固りが落ちた。ちょうど豊原駅の前あたりである。夢をみているようであった。

白旗を掲げた街の人間の誰が予期したであろうか。空襲警報も鳴らなかった。防空壕に入る者もいなかった。

突然、バリバリという銃撃音でハッとした。戦闘機は低空で庁病院の屋根をかすめていた。

私はそのまま地べたにふせた。

防空壕を探して入る暇もなかった。

豊原の土質は玉石や砂利が多く堅い。二十ミリ機銃の音もすさまじいが、その反響もすさまじかった。戦闘機は二機しかみえていないが、機銃の音は全市に響きわたり数機が乱れ飛んでいる感じであった。

爆弾は駅付近が主で、爆撃機の進行方向である東南の街はずれに一個だけ、忘れものを思い出したかのように落ちた。

飛行機の爆音と銃撃音は絶え間なく襲いかかり、機影がチラリとみえる。間もなく樺太庁病院や郵便局の屋上から日本軍が応戦する機関銃音が聞こえて来た。

（『失われた樺太』）

二度目の爆撃

大橋記者は立ち上がってあたりを見ると、駅の附近から蒙々と黒煙が上がっている。彼はその方向に向かって走った。途中、荷物を運び出そうとする老人を見つけて、手伝っているとき、ソ連機の第二波がやって来た。その時の様子を次の様に記している。


こんどの空襲はすごい。防空壕を必死に探した。ところがどの防空壕の中も荷物で一ぱいだ。人間一人入る余地がないのだ。

三つ目の防空壕にやっとスキ間を見出して身をひそめることができた。

上ぶたを閉めようとする瞬間、目の前の民家が……アッという間もない、家全体が火ダルマとなっていた。焼夷弾かな――そう思うと同時に熱い爆風と火の粉がフワリと頬を撫でた。危うく防空壕の蓋を取られるところであった。

爆弾の音と機銃弾の音が錯綜して耳が錯綜してガンガンした。かぶっていた登山帽に火がついているのを知ったのはしばらくたってからであった。

爆撃地点の中心部にいるらしい。私は煙草を取り出して火をつけた。朝日を五本吸って、爆弾の音を九ツ数えたら爆撃は終わっていた。爆弾の数は私が数えはじめる前の分は入っていない。

防空壕を出ると一面火の海となっていた。風上の駅の方に走った。

背の高い原田という樺太庁警防課長が全身泥だらけとなって消火の指揮をとっていた。私が大泊港の岸壁にいたとき、状況視察に来た彼の姿をみた。東奔西走の活躍をしていたようだ。

付近には十名余りの警官と消防手しかいない。消防のホースが水を出放しのまま捨ててある。私もそのホースの一本を取り上げてみたがすでに消火は不可能である。

白旗が焔を透してユラユラとみえる。

白旗ひるがえる街への空襲、こんなことがあってもよいものか。私の血は駅前広場に到着してさらに逆流した。

駅舎の時計も窓枠もすっ飛び、駅前の北海屋ホテルと同じように廃墟の観を呈していたからでもない。また庄内みやげ品店の家屋がつぶれていたことでもない。もちろんその家屋に逃げこんだ群衆から多数の重軽傷者を出したが……。

駅前広場には数百名の引き揚げ婦女子が整列していた。最初の爆弾がそれを目がけて落とされたことであった。

駅前広場の中心部には幾つかの防空壕があったが爆弾が落ちて掘り起こされたようにな

っていた。広場全体に、引き揚げ婦女子の風呂敷包みやリュックが点々と何百個も置かれてあり、それは乱れた部分もあったが、所有者が整列していたことを示していた。

この惨劇の被害者は知取方面からの婦女子が主で大泊港が満員のため、一時豊原に降ろされた地方人が多かった。

空襲で何十、何百の人が死んだのか、それさえも判らないほど街は混乱していた。

最初の空襲のとき、私と同じ社の記者が一人、駅の建物付近に居合わせた。壁土落とされた物が爆弾と気のついたとき彼は夢中で駅の中に飛びこんで身をふせた。壁土が崩れ落ちた入口をみると三、四人の子供が駈けこもうとしていた。だが口から血をどっと吐きながらのけぞった。銃撃に襲われたのである。

現代の戦争には戦闘員も非戦闘員も区別はないとはいえ、白旗をかかげ安心している者に不意打ちをくわせるとは……どう解釈したらよいのか。

しかも二度目の空襲のときは白旗で街は埋まっていた。


（『前掲書』）

ソ連軍機の一回目の空襲から間もない時に豊原駅に到着したと証言するのは丸子澄江さんだ。丸子さんは十九日に列車に窓から押し込められて乗車して南下して来たが豊原で止められ、降ろされた。その時はソ連軍機の最初の空襲の直後だったようで、豊原の駅構内は既に包帯をした大勢の人がいた。

列車から降ろされた避難民一行は十人や二十人ではとてもきかない、大勢のケガ人の中を地元警防団員の誘導で避難民のための収容所に向かう途中、ソ連機の襲撃に遭遇した。周囲には「伏せろ」「姿勢を低くしろ」という怒号が飛び交い、ソ連機は屋根すれすれの低空から丸子さん達一行にせまった。丸子さんの眼には飛行帽をかぶった赤ら顔のソ連軍操縦士の顔がはっきりと見えたという。

無事に着いた収容所から見た豊原の町（豊原駅周辺）は、夜通し燃えていたと、丸子さんは語る。

停戦協定成立後のソ連機の空襲についてヴィシネフスキー氏によると、攻撃に参加した機体は「沿海州の飛行場を飛び立ったもので、停戦協定成立の連絡が間に合わなかった」との事である。

豊原空襲の犠牲者は北駅長の記憶では百名と言う。また外務省管理局引揚課樺太係が纏めた『南樺太に於ける戦後日本人の状況』には犠牲者百八名（内三十五名は豊原市民）とあるが、それらの根拠は不明である。生存者の中には、犠牲者数はもっと多かったという人々もいる。

犠牲者達はその後いずこかへ運ばれ埋葬地は不明のままであった。しかし平成二十九年に全国樺太連盟が現地自治体との長年の交渉の結果、豊原空襲の犠牲者の現地での埋葬地捜索を開始した。

犠牲者達がご遺族のもとに、一日も早く帰る日が来ることを願うばかりである。

第五章　樺太から北海道へ ―三船殉難事件

緊急疎開

「緊急疎開」とは、樺太で戦闘が行なわれていた期間の中で、昭和二十年八月十三日から二十三日にかけて実施された樺太から北海道方面への住民避難（主に老幼婦女子）のことである。

敗戦前後の樺太から北海道方面への住民の移動について「緊急疎開」「脱出・密航」「引揚」という言葉で分類されている。「緊急疎開」については冒頭の通りである。「脱出・密航」とは「緊急疎開」終了後、ソ連占領下で島民（当時は「州民」と呼んでいた）が、ソ連側から出された島外への移動禁止命令を無視して、私的な手段（密航船）にて、北海道へ移動したこと。ちなみに密航船は樺太の漁船だけでなく、北海道（それも稚内だけではなく、留萌近辺の船まで）から来る漁船もあった。

樺太からの「引揚」とは、昭和二十一年十二月以降にソ連軍政下で行なわれた樺太在住日本人の日本への送還のことを指す。

第八十八師団参謀長鈴木康生大佐の著書『樺太防衛の思い出　最終の報告』によると、昭和十九年秋から樺太庁大津敏男長官と樺太が戦場になった際の老幼婦女子の引揚について、内々に相談がすすめられていたという。

そして、昭和二十年八月九日、ソ連の対日参戦により、樺太庁大津敏男長官、第八十八師団師団長の峯木十一郎中将、豊原海軍武官府武官の黒木剛一少将と、十分未満という短時間の緊急会談で緊急疎開の実施を決定した。

この決定を受けて、大津長官は老幼の北海道への緊急疎開のため、自らが責任者となって緊急輸送評議会（樺太庁、鉄道局、船舶運営会がそれぞれ常任理事を出している）を八月九日の三者会談後に設置。十日正午から緊急会議を開き、十二日緊急疎開要綱を作成した。緊急疎開要綱では、十六万人を十五日間で輸送することを目標として、樺太庁は市町村別の毎日の輸送者数を算定。樺太鉄道局は疎開列車と連絡船による輸送。船舶運営会支部は樺太在泊中及び近海を航行中の船舶を大泊・真岡・本斗に集結させ、海軍は宗谷海峡の護衛に当たるとした。

樺太庁は、各市町村、警察に緊急疎開に関する対象範囲、優先順位、所用手続きについて、以下のように通達を出した。

一、戦災地、僻遠地を優先する

二、さしあたり六十五歳以上の老人、十四歳以下の児童、幼児、四十歳以下の婦女子と不具廃疾者、病人とする
三、市町村長は疎開証明書を発行、警察署長は戦災証明書を発行する
四、携行荷物は一人一個、一家族三個までとし、一個の重さは八貫目以内とする
五、食糧配給通帳、衣料切符を携行する
六、船車は無料
七、乗船地は大泊、本斗とし、眞岡も使用する
八、市町村は疎開者の収容、給食、医療などに当たる

（『樺太終戦史』）

この緊急疎開のために、大泊港には合計十五隻の軍民の艦船が集結を命じられ、本斗港には稚斗連絡船の樺太丸と他に三十隻の大型発動機船が動員された他、大宝丸、第十八春日丸等も動員された。その中には、海上警備隊の駆潜艇北竜丸も含まれていた。

樺太警友会北海道支部札幌フレップ会が出した『遥かなり樺太』によると、北竜丸は緊急疎開者の輸送だけでなく「本庁の重要書類、荷物」「国境警備警察官（家族を含む）」の輸送にも従事した。

緊急疎開に使用される三港の輸送指導のために、樺太庁警察部から大泊に原田勝二郎警防課長、本斗に林雅爾警防係長、真岡に竹内刑事課長、寺谷忠吉勤労課次席が派遣された。

一方、港に到るまでの陸路の避難については、豊原鉄道局は樺太東線（古屯～大泊）、樺太西線（久春内～本斗）、豊真線（真岡～豊原）の緊急ダイヤを組んだ。また、北部西海岸は恵須取～久春内間にバス、トラックを動員して、避難民を久春内から列車に乗車して避難できるようにしようとしたが、現実にはバス、トラックが圧倒的に足りず、多くの人は徒歩で移動した。

これだけでなく、樺太庁は北海道庁、内務省、鉄道省、逓信省、海軍省に対して電話にて事態急迫を説明し、緊急疎開者の受入支援要請を行なった。また樺太防衛の任にあたっていた第八十八師団司令部は稚内近郊の宗谷要塞司令官芳村覚司少将（前歩兵第百二十五聯隊長）に疎開者の稚内上陸に当たっての支援要請を行なった。

大泊港

八月十三日の緊急疎開船第一船は、空席のある状態での出航であった。住民の北海道への避難が本格化するのは八月十五日を過ぎてからであった。十五日以降、緊急疎開船内の混雑ぶりは酷くなり、甲板、船倉はおろか、船長をはじめとする乗組員の船室等、避難民が立つことが可能なありとあらゆる場所に可能な限り乗せた。

その混雑ぶりを、島民疎開事務所で避難民への援護活動に従事していた黒川清三郎氏は『私たちの証言　北海道終戦史』の中で「いま思えば沈没しないのが不思議なくらいだった」と回想している。

そして列車で次々と大泊港に到着した人々は、大泊港並びにその周辺の倉庫や映画館や港から離れた学校など、ありとあらゆる施設、空き家に収容された。

八月十六日の朝、緊急疎開船として大泊港に到着した機雷敷設艦高栄丸の関本二等兵曹の目に映ったのは、避難民で真っ黒に埋め尽くされた岸壁であった。岸壁は、我先にと乗船を目指す人々で混乱していた。

大泊の婦人会の人々は、飲まず食わずで大泊港にたどり着いた避難民のために炊出しを行ない、心のこもったおにぎりや湯茶を振る舞った。しかし命からがら、全てを捨てて大泊にたどり着いた避難民達の間では、おにぎりの奪い合いが発生することもあった。

樺太医学専門学校の教授や学生達は岸壁で医療支援を、樺太師範学校の教官、学生は荷物運搬の手伝いを行なった。

そして乗船の際は歩兵第三百六聯隊の将兵と警察、消防関係者はロープを張って秩序を保って避難民を乗船口に誘導しようとした。

稚内港の桟橋待合室では、樺太庁から派遣または、島外への出張中に起きたソ連軍侵攻のために樺太に帰れなくなった職員達による、疎開証明書、救急食料、外食券の発行交付が行なわれた。

これら避難民援護のために全力で尽くした、名も無き多くの人々の事も、是非、記憶にとどめていただきたい。

乗船をめぐるトラブルは避難民の間だけで起きたわけではなかった。船の責任者と埠頭で乗船者整理をしている軍人が乗船者の数を巡って口論になったり、樺太内における自らの立場を利用して、自分の家族や同僚の家族を強引に乗船させようとする者と、それを阻止しようとする現場責任者とのいざこざも起きた。命からがら大泊港に辿り着き、何日も乗船の順番が来るのを待っていた避難民は、一刻も早く乗船しようと、割り込みも各所で発生した。

そのような状況下で、少しでも早く、避難民を乗船させるために、高栄丸のように網はしごを張って、少しでも多くの乗客を短時間で乗せようとする船もあった。それでも、乗船出来ない人、待ち切れない人の中には兵士の制止を振り切って、無理やり乗船しようとする者もおり、乗船を取り仕切る埠頭の将兵や船員が、混乱を鎮めるためやむを得ず上空に向けて拳銃や小銃で威嚇射撃を行なうこともあった。

その一方で要領のいい者は、「妻一人で多くの荷物を持って、子供や老いた両親を連れて乗せるのは心配だから、船内まで送っていく」と称して乗船し、そのまま下船しないこともあった。その一方では、本当に家族を船内まで送った後「仕事があるから」と言って下船した警察官や官吏、一般市民もいた。中には、稚内港まで任務で赴き、そこで下船せずに大泊港に引き返し、後にソ連軍に逮捕され、シベリアに連行された警察官もいた。

樺太での戦闘が終わり、大泊港で港湾使役作業をさせられていた、賀戸一等兵（古屯で聯隊砲分隊員として活躍）は、休憩時間に地元住民の差し入れをソ連兵に見つからないようにいただいたことがある。その時、地元民が言った言葉が、「兵隊さん、ここも酷かったんだよ。船に乗れなくてさ、子供を抱えたまま（海に）落ちた人がいっぱいいたんだよ」。なんでも船が定員を超え、出航する際、岸壁と船を結ぶ綱はしごはそのままで、無理に船に掴まり、なんとか乗船を試みるも失敗して海に落ちる人、無理だとわかっても、何とか乗船しようと埠頭から船に飛び移ろうとして失敗し、滑り落ちる人、乗船しようと後ろから前を押してくる力により、埠頭から海に落下する人もいたという。

当時の大泊港の海面には子供や老人の遺体が、あちこちに浮かんでいたという証言もある。

中北部国境地帯からは、屋根は避難民で覆いつくされ、先頭の機関車にまで人が張りついた列車が続々と大泊に到着する。大泊港を出航する疎開者より、大泊港に到着する避難民の方が多くなり、数千人の人が二〜三日待っても乗船できない上、大泊町内に避難民を収容できる限界を超え、駅前広場では砂利を寝床にして乗船待ちする人までいた。そのため、二十二日朝、大泊駅長は豊原駅長に、これ以上の列車運行を豊原で停止するよう要請した。

この八月二十二日は第四章で述べた通り、樺太での日ソ両軍の停戦協定が成立した日である。そして豊原駅前で乗車を待っていた人達は空襲に巻き込まれた。

翌二十三日になると、ソ連軍から北海道への渡航禁止命令が出されるが、港には数万人の避難民が北海道への便を待っていた。

八月二十三日、ソ連軍からの渡航禁止命令が出されてすぐ、大泊港に宗谷丸、春日丸ほか二隻の疎開船が入港した。埠頭周辺に殺到していた避難民のうち、約一万人は我先にと乗船した。ところが渡航禁止命令が出た直後であること、詳細は後述するが、この前日に北海道留萌沖で緊急疎開船三隻がソ連潜水艦の攻撃を受け、二隻が沈没し一隻が大破して命からがら留萌港に緊急入港したこと（三船殉難事件）から航海の安全が危ぶまれ、出港すべきか関係者を悩ませた。そこで小幡大泊警察署長は樺太庁の後藤経済保安課長に対し電話でどうすべきか相談した。

後藤課長は樺太庁警察部の尾形警察部長の指示を仰ごうと考えたが、尾形部長は、昨日、知取町において行なわれたソ連軍侵攻部隊長アリーモフ少将との停戦会議に出席したまま身柄を拘束されて連絡が取れず、指示を仰げる上司がいなかった。また、大津長官やその他の上司に相談しても、命令違反として責任を問われることになっては大変だと判断し、後藤課長は、小幡署長と二人で秘密裏に電話会談を行ない、ともかく二十三日夜に最後の緊急疎開船を出航させることを決意した。

そこで、小幡課長は大泊の日本海軍武官府に行って、現在の亜庭湾《あにわわん》内でのソ連艦艇の動静を調べ、湾内が全く暗くなるのは何時頃か、その他稚内までの航海で考えらえる危険について、綿密に調査した。やがて、これならば多少の危険はあっても無事稚内港に入ることが出来るという見通しがついたところで、小幡署長から船長達に意見を聞いたところ、全員、ここでソ連海軍に拿捕されるよりも、どんな危険を冒してでも自分たちは内地に帰りたいという。

また小幡署長は一万人の乗船者に対し、現状、危険性を正直に話し、それでもこのまま稚内まで行くか下船するか、乗船者の意志確認を行なった。その結果六千人以上の人が三船に残った。ただ、一万人が乗船したという証言が多数あるところから推測すると、下船した四千人分、あらたに、危険を承知で乗船した人達がいたのかもしれない。

二十三日午後十時、三隻の緊急疎開船は決死の覚悟で大泊港を出港し、船長たちは細心の注意を払って船を進め、翌朝、無事に稚内港に到着した。稚泊航路は、これをもって消滅した。

最後の宗谷丸に乗船出来た長澤幸子さんが『敗戦、引揚の労苦』に寄稿した話によると、大泊の岸壁には沢山の人が残っており「乗れなかった沢山の人が『早く迎えに来て下さい』と泣き叫んでいる」のを見ながら、船は出航していったという。

樺太から北海道へ渡った避難民の数を正確に把握するのは、当時も今も不可能である。なぜなら、北海道への脱出は緊急疎開船による公式なものと、漁船で自らの家族、親類縁者、あるいは、有料で希望者を運んだ私的なものがあるからである。しかも、公式なものと言っても、正確な乗船者数を示す記録（乗船名簿）はとられていない。避難民はあらゆる手段を講じて、乗れるだけ乗ったからである。

当時、樺太庁地方課長であった金子利信氏は「概数で大泊港六万七千六百人、本斗港一万五千人、眞岡港その他五千人、合計八万七千六百人と推定されている」（『樺太終戦史』）としている。この数字の中には、各漁港からの自力脱出者も含まれている。また、外務省管理局樺太係札幌調査班の『南樺太に於ける戦後の日本人の状況』によると、大泊港・本斗港に動員された船舶数はのべ二百二十隻で、上記資料内の樺太緊急疎開者渡道数明細表では、輸送数は七万六千二百九十二人である。他に国警道本部からの報告として天塩《てしお》百二十四人、枝《え》

16.

緊急疎開者渡道数明細表

月日	稚内	小樽	留萌	岩内	函館
（道庁資料分）					
八月十四日	二二八				
十五日	二三二				
十六日	一五八二				
十七日	四六三五				
十八日	一四五三五				
十九日	九〇〇〇				
二十日	三〇〇〇	四三七七			
二十一日	一九〇一六	一四〇	一五〇	三五	
二十二日	四五〇〇		三二一九		
二十三日	八六三〇				一一三
二十四日	二九〇〇				
計	六八二五八	四五一七	三三六九	三五	一一三

外務省

17.

札幌鐵管報告分

枝幸	七六
紋別	三九
鬼鹿	一三
猿払	四
沓形	二
天塩	一二四
遠別	七八

合計七六、六一八名

本疎開の対象者は当初は十三才以下の男女及び十四才以上の婦女子であったが実際は若干の老人、病人、傷疾軍人及び引率者も相当数疎開した。

市町村別緊急疎開実施状況は次の通り。

外務省

——『南樺太に於ける戦後の日本人の状況』より作成

市町村別 緊急疎開実施状況

敷香支庁	敷香郡	1	散江村
		2	敷香町
		3	内路村
		4	泊岸村
	本泊郡	5	知取村
		6	元泊村
		7	帆寄村
豊原支庁	豊栄郡	8	白縫村
		9	栄浜村
		10	落合町
		11	川上村
		12	豊北村
		13	豊原市
	大泊郡	14	富内村
		15	知床村
		16	遠淵村
		17	長浜村
		18	深海村
		19	大泊町
		20	千歳村
	留多加郡	21	留多加町
		22	三郷村
		23	能登呂村
恵須取支庁	名好郡	24	西柵丹村
		25	名好村
	恵須取郡	26	塔路町
		27	恵須取町
		28	鵜城村
		29	珍内町
真岡支庁	泊居郡	30	久春内村
		31	名寄村
		32	泊居町
	真岡郡	33	野田町
		34	小能登呂村
		35	蘭泊村
		36	清水村
		37	真岡町
		38	広地村
	本斗郡	39	本斗町
		40	内幌町
		41	好仁村
		42	海馬村

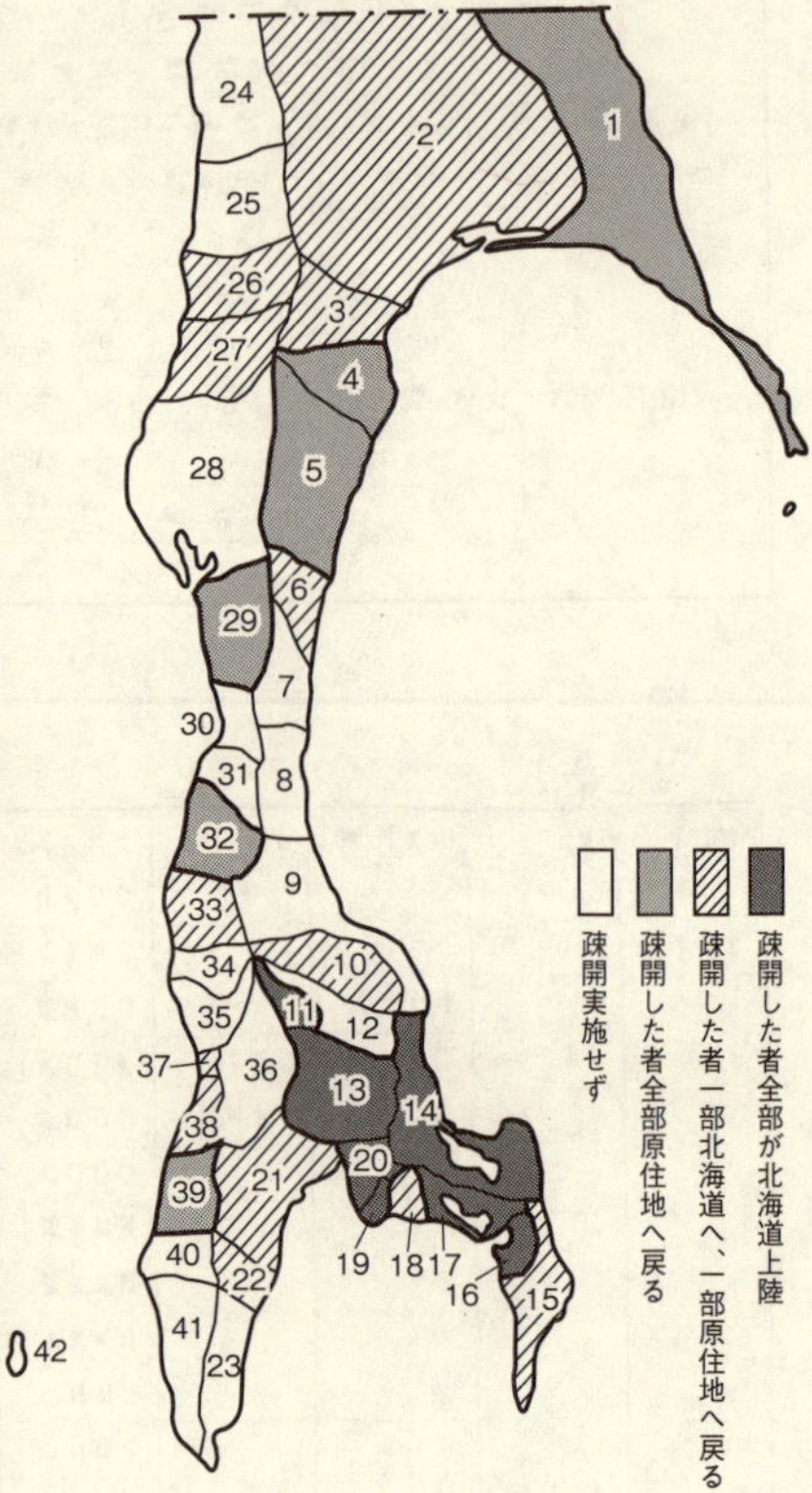

——外務省『南樺太に於ける戦後の日本人の状況』より作成

幸《さし》七十六人、浜頓別《はまとんべつ》七十八人、紋別《もんべつ》三十七人、猿払《さるふつ》四人、鬼鹿《おにしか》三人、沓形《くつがた》二人など、北海道のオホーツク、日本海北部に上陸したもの三百二十六人があり、合わせて七万六千六百十八人としている。

自力脱出は安全なものではなかった。ソ連機の銃撃を受けたり、海岸から砲撃を受けて沈められる船もあった。中には、知取沖であったように、ソ連軍戦車の砲撃で自力脱出中の漁船が撃沈されたこともあった。

樺太がソ連軍の占領下に入れば、なおのことである。今度は、島内での密告を始め、ソ連軍は島外脱出を防ぐために、ありとあらゆる手段を講じた。

また、天候の問題もある。ソ連の監視艇の眼を逃れても、沖に出て天候が激変し、遭難した者も多数いたと思われる。ソ連軍政下で自力脱出を目指した人々は、元来、隠密裏に行動をしているのであるから、そもそもどれだけの人々が、これに自分達の命運をゆだね、どれだけの人が成功し、どれだけの人が遭難したかは不明である。ただ、『南樺太に於ける戦後日本人の状況』によると「潮流の関係で之等遭難者の死体が北海道東北方枝幸《えさし》地方海岸に相当打寄せられたとのことである」。

また『函館引揚援護局史』では「八月中樺太からの避難引揚者、ならびに発動機船などによって稚内および付近の海岸に上陸した数は約八万人」としている。これらの数値から判断すると、十一日間で樺太の人口の五人に一人が北海道に脱出したと考えられる。

この数値並びに、緊急疎開の手順、方法については、様々な評価があるが、短期間に様々な困難の中、これだけの数の主に老幼婦女子を北海道へ脱出させた関係者の努力は、大いに評価すべきであろう。

そして、この緊急疎開に尽力したのは、樺太島内の人間だけではなかった。稚内市民を始めとする北海道民の真心、北海道の各役場職員及び、国鉄関係者の努力を私達は決して忘れてはならない。

三船殉難事件とは

東京生まれで千葉育ちの筆者がこの事件を知ったのは今から十九年前のことであり、この事件との出会いが樺太終戦史の研究を始めたきっかけと言っても過言ではない。

昭和二十年八月二十二日午前四時頃から十時頃まで、避難民を満載した小笠原丸、第二新興丸、泰東丸の三隻がソ連潜水艦により砲雷撃を受け、小笠原丸、泰東丸は沈没。第二新興丸は大破し、その犠牲者は一七〇八名以上と言われている。

それは、他の緊急疎開船同様に、三隻の乗船者名簿が存在しないため、正確な乗船者数が分からず、犠牲者数を正確に算出できないからである。

この一七〇八名という数字は昭和四十二年に北海道庁が留萌《るもい》市、増毛《ましけ》町、小平《おびら》町（旧鬼鹿《おにしか》村含む）、苫前《とままえ》町から集めた資料を基に算出された数字とされている。しかし、この数字は生存者が申告したものや、各町村の海岸に打ち上げられた犠牲者の数から出された数字であり、一家あるいは一族全滅で申告者がいなかった場合は、当然その数を調べる事は出来ない。

さらに、海岸に打ち上げられた犠牲者を数える際の「一人」が、どんな基準で「一人」と数えられ、五体満足の姿で打ち上げられなかった人を、どのように数えたか不明なため「以上」なのである。

昭和二十一年に第二復員局が纏めた『樺太情報速報第六十四号』では犠牲者数を五千人と推測している。勿論、一人でも多くの人々を乗船させ、船内は立錐の余地もなかったくらいで、乗船者の氏名はおろか、正確な乗船者数も最初から不明なままで、戦後七十年もたった今となっては、正確な犠牲者数を算出する術はない。

この三隻を攻撃したのはソ連太平洋艦隊所属の潜水艦、L12、L19の二隻である。八月十九日午前十一時半、ウラジオストック港在伯中の両艦は「北海道留萌沖に出撃せよ」との命令を受領した。両艦は八月二十四日に実施予定のソ連軍の留萌上陸作戦の支援任務をあたえられていたが、そもそも、この二隻が選ばれたのは、L12は千島列島や北海道周辺での偵察行動の実績があり、L19はソ連太平洋艦隊の魚雷発射訓練一位の成績を挙げており、艦長のアナトリー・コノニエンコ少佐自身、最優秀の艦長と評価されていたからであろう。

三船の沈没または攻撃された地点と進路（推定）

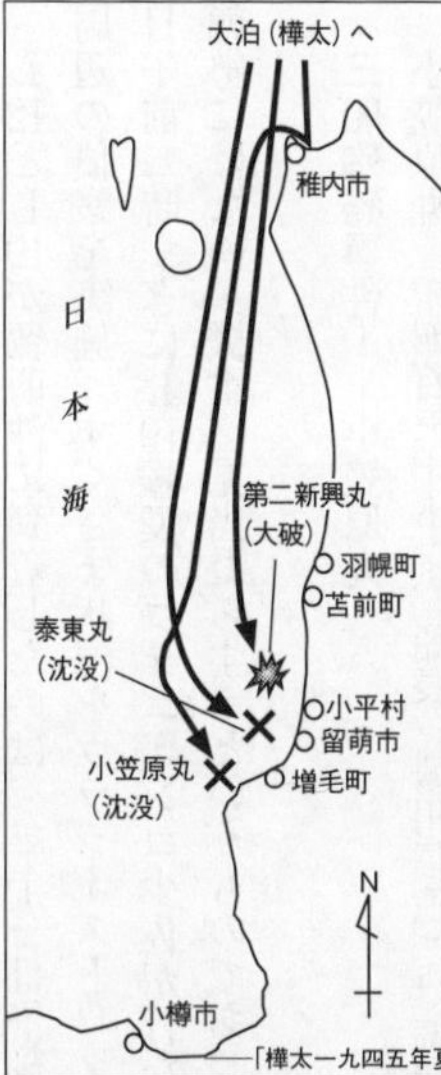

「樺太一九四五年夏」より

L12とL19が留萌沖に到着したのは、二十一日午後二時頃であった。両艦は直ちに留萌港周辺の偵察を実施、すぐさま状況をウラジオストックの艦隊司令部に報告していた。二十二日午前二時すぎにL19艦長のコノニェンコ少佐が行なった報告によると「敵（日本）は偵察態勢にはない、機雷、見当たらず」というものであった。

三船殉難事件——小笠原丸

小笠原丸（千四百三十トン、船長：翠川信遠）は逓信省所属の制式敷設船三隻の中で唯一、八月十五日を迎えることが出来た船で、戦後復興に欠かせない船であった。船尾には大砲一門、十三ミリ機銃一挺、潜水艦攻撃用爆雷十個を装備していた小笠原丸は、樺太（女麗）・北海道（猿払）間の海底ケーブルの修理を終えて、稚内港に停泊していた時、玉音放送を聞いた。

その小笠原丸に、十六日、豊原逓信局長から逓信関係の職員及び家族の緊急疎開のために大泊への同船の回航要請を受け、翠川船長は直ちに出航を決意し、翌十七日に大泊に向かった。大泊港入港後にその事を知った樺太庁警察部経済保安課は、樺太庁長官名で緊急疎開船として小笠原丸の就航要請を逓信大臣に打電し、認められ直ちに大泊署に連絡がなされていた。

当時、豊原逓信局には郵便業務と電話交換業務に従事する若い女性局員が多かった上、逓信病院にも若い看護婦が多数残り、職務を放棄せずに勤務していた。

大泊港に着いた同船乗組員が見たのは、岸壁を埋め尽くす大群衆であった。当初は逓信関係者のみを乗船させるつもりだったが、そのようなことは出来ず、約千五百名の緊急疎開者を乗せて、出航。十九日に稚内に到着した。

当時、逓信省海底線敷設事務所長であった柏原栄一氏は、頼みの綱の制式敷設船である小笠原丸を危険にさらさないため、佐藤千代喜庶務課長を派遣して、同船と直接連絡を取ろうとした。さらに稚内に停泊中の小笠原丸を無事に横浜へ回航させようと、アメリカ軍艦がその無線信号を出している船は攻撃しないという無線符号を教わって二十日頃に小笠原丸に連絡した。

ところが小笠原丸からは樺太の避難者を北海道へ運ぶために出航する旨の連絡があり、柏原所長は、これはやむを得ないと判断して横浜回航について同船へ改めて指示をした。そして一回目の避難民輸送を実施した後、小笠原丸から二回目の避難民輸送の許可を求めてきた。柏原所長は熟慮の末、中止命令を出したが、小笠原丸は小樽で避難民を降ろし、石炭を積んで秋田県の船川港に向かう予定で出航してしまった。

同船の一等機関士だった河井正見氏によると「翠川船長の性格としては非常に勇敢といいますか決断力のある方だもの《ママ》ですから、船長の独断によって第二回目も大泊の輸送を決行したことと考えられます」と回想している。そのような中、豊原逓信局長より、第二回目の回航要請が入り、小笠原丸は再び、大泊に向かった。

大泊についた小笠原丸の翠川船長は、出港は翌日と航海士官に伝えて、海軍武官府に行っ

留萌沖でソ連潜水艦に撃沈された逓信省敷設船小笠原丸

た。この日は真岡にソ連軍が上陸した日でもあり、単に連絡に寄っただけでなく、ソ連海軍の動向についての情報収集という目的もあったと思われる。

一方、船長の上陸中に、大泊港の様子は変わっていった。真岡に上陸したソ連艦隊がいつ南下してくるかわからないとの情勢判断から、岸壁にいた陸軍将校は「疎開者を直ちに乗船させて、すぐに出港するよう」強く迫った。これに対し、乗員は「船長が不在であり、出港は明日だ」と必死に答えた。そうこうしている内に船長も同じ情報を持って帰船し、予定を繰り上げて直ちに出港することを決め、避難民の乗船を開始した。

その頃、大泊港の岸壁で小笠原丸の到着を待っていたのは二、三万人とも言われる群衆であった。この緊急疎開者達は岸壁の倉庫や学校、映画館、空き家等、あらゆる建物で寝泊まりをしていた。中には、少しでも早く船に乗ろうと、岸壁で昼夜を問わず待ち続けた人々もいた。

当時、真岡逓信局工務部建設課長であった東儀雄氏の家族もその倉庫の中にいた。東課長の母親、夫人、長男は同じ町内会の人々の多くが乗船した白竜丸には乗り遅れ、そのため、食糧が足りなくなり、母親から東課長に食糧を持って来るよう電話があり、直ちに米や塩鮭をもって、豊原から大泊に駆けつけた。この事から、東課長は小笠原丸と豊原逓信局の連絡係を務めることになった。

さらに翠川船長は東課長に「出発は最夜《ママ》中か、場合によっては、翌朝になってもよい」と申し出たため、東課長は直ちに豊原逓信局と連絡をとり、豊原逓信局は局員の女子局員や家族を乗船させるために「約七〇人がバスを仕立て小笠原丸に間に合うよう夜出発」させた。

小笠原丸が接岸していた埠頭は、乗船を今か今かと待ちかねる避難民で溢れかえり、その中から男たちの怒号、女子供の悲鳴や鳴き声が乱れ飛び、混乱を極めていた。それだけでなく「船と陸との間でトラブル」が発生し、「船に居る人は逓信省の船が逓信の人間を優先するのは当然ではないか、と言い、埠頭の人は（軍の人らしい宰領者）私の権限で一般の人を乗せるんだと主張」していたが、結局甲板に立つところがなくなるまで、逓信関係者・避難民を乗船させた。

午後十時過ぎ、翠川船長はソ連に拿捕される恐れがあるので、直ちに出航することを決断し、出航命令を出した時だった。七十人を乗せて豊原を出たバスが到着し、これを直ちに乗船させた。ただ、この時小笠原丸に乗船していたのに、「私達百名は定員オーバーと言われ、出航直前に降ろされた」と記憶している方がいる。そしてこの方は第二新興丸に乗船し、留萌港に生きて上陸できた。

樺太逓友会によると、小笠原丸乗船者の千五百名中「部内職員並びに家族及び縁故者約二百五十名」だが、「当時大泊港には一般引揚げ者が殺到し乗船時の混乱ははなはだしく、また当時の小笠原丸の事務関係者の生存者皆無のため一般便乗者氏名及び正確な人数は不明」である。

こうして小笠原丸は避難民を乗せられるだけ乗せて桟橋を離れた。

出航後、同船はソ連艦隊のとの接触はなかったものの、雨が降り、荒れた宗谷海峡を無事に横断し、翌日に稚内港に入港。小笠原丸は宗谷海峡からの風雨を防ぐドームのついた北防波堤に接岸したが、そこにある稚内桟橋駅は列車を待つ人で溢れかえっていた。稚内で下船したのは約九百名の避難民で、その中には、後に昭和の名横綱と呼ばれた「大鵬」こと、当時五歳の納屋幸喜氏もいた。

しかし避難民達は同船が小樽に向かうことを知っており、乗組員らのマイクによる下船の呼びかけにも関わらず、約六百名が残った。

この時の判断が、乗船者の生死を決めた。

小笠原丸轟沈

その後、稚内から大泊に向かう際に下船した工事関係者十七名も再度乗船し、小笠原丸は稚内を出航した。船尾の武器には覆いがかけられていたが、同船に乗船している海軍警備兵は戦争中と変わらぬ（樺太は未だ戦場だった）対潜警備態勢を取り続けていた。ソ連軍の攻撃が続く樺太から離れ、北海道の日本海側沿岸を南下する船内の空気とは対照的に、水中聴音レシーバーから聞こえて来る音に全神経を集中していた当直の兵士の周囲は緊張感が常に漂っていた。

同船は米軍の指示通りマストに航海灯をつけ、柏原所長が米軍から確認した信号を無線で発信し続けながら小樽に向かって航行を続けた。当時、小笠原丸に三等運転士として乗船していた山口智男氏もそれを裏付けるように「終戦後はアメリカ軍の指示により、船舶は夜間は点灯し、通常航海であった」と回想している。

最初に、異変に気づいたのは、留萌防空監視哨員であった。当時、全国の沿岸部に敵機の空襲や敵の上陸に備えて、防空監視哨が設置されており、「増毛町大別苅から鬼鹿村（現小平町）にかけての海岸線に、五ヶ所、海抜七、八十メートルの小高い丘に設けられていた。哨員は日頃から米、ソ空軍機や艦船の識別を厳しく頭に叩き込まれていた」。（『悲劇の泰東丸　樺太終戦と引揚げ三船の最後』）

その哨員が仮眠中の留萌防空監視哨長の尾崎一郎氏を起こし「増毛沖を航行中の汽船のあとに、潜水艦らしきものが、見えるのです」（『前掲書』）と報告したのが、午前四時すぎであった。

尾崎氏は二十倍の望遠鏡でこの二隻を見つめた。

ようやく白みかけた波間に、黒い船体がムクムクと浮かび上がってきた。潜水艦と気付き、雷撃を避けるためか、汽船は急激に方向変換した。それは長い時間ではなかった。

（中略）浮上した潜水艦のハッチから、数人の乗組員が走り出し、機関銃に取りついたのとほとんど同時に、発射された魚雷が汽船に命中し、瞬時にして、大爆発が起ったのである。

（『前掲書』）

「汽船」こと小笠原丸が気づいたのは、魚雷が発射された時であった。水中聴音レシーバーを耳に当てていた当直の兵士が魚雷音に気づいた。警備兵は「魚雷音！」と叫び、船橋に立つ人々は一瞬に緊張に包まれ、航海士は操舵員に「面舵一杯」を命じ、魚雷回避に成功した。その後、就寝中の船長への報告を一等航海士は命じ、針路を元に戻した時、再び「魚雷音！」という警備兵の絶叫が船橋に響いた。その直後だった。激しい衝撃音と共に、みな船橋の床に叩きつけられた。午前四時二十分だった。

既述の山口三等運転士は、魚雷命中から沈没まで間の自身の体験を次のように回想している。

再び「魚雷音」という叫びと同時に、すさまじい衝撃と炸裂音。左舷後部に火柱と水柱、船は大きく動揺した。まだ薄暗い四時二十二分である。

私は救命艇を降ろすためボートデッキに走ったが、早くも船尾から沈みはじめており、私も海水に巻き込まれた。俺の人生も二十才で終わったかと思うと、走馬灯のように過去の思い出が一瞬脳裏を過ぎ去った。
もがきながらも必死に海中から脱出し、近くに浮上した木材にしがみついた。振り返ると船首三分の一ほどが垂直に見えていたが、間もなく船尾側から海面下に吸い込まれていった。

（『樺連情報』平成九年八月一日第四面）

小笠原丸に雷撃を加えたのは、ソ連潜水艦Ｌ12であった。「小笠原丸が船首を空中高く突き出してそのままほとんど垂直のかたちでものすごいスピードでゴーッという水音をたてながら船尾から沈んで」行った。たった一分半後の出来事だった。
小笠原丸の轟沈を確認したＬ12は浮上し、浪間に漂い、助けを求める人々に情け容赦ない機銃掃射を加えたが、銃弾が飛んでこなかった人の目には、その銃弾には曳光弾が含まれており、暗夜にまるで花火か不知火のような強い光が飛んできれいに見えた。しかし、その光がさらに多くの命を奪った。
小笠原丸が潜水艦の攻撃を受け、沈むまでを留萌防空監視哨の尾崎一郎哨長は望遠鏡で目撃していた。尾崎哨長は次のように回想している。

望遠鏡に白波を切り潜水艦の司令塔が海面から出てくるのを見て、潜水艦だ、と息をのむうち、南に向かっていた船が大きく迂回し、へさきが潜水艦に向かった瞬間、マストが横倒しに折れて大きい水柱が上がった。船影は一分としないうちに海中に没したという。潜水艦は浮上しつつ魚雷を発射したものと推測される。

（『樺太終戦史』）

潜水艦が、潜航した後、洋上は船の破片や材木などが浮遊していた。小笠原丸には救命艇だけでなく、竹製の救命筏を多数甲板上に設置していた。既述の山口三等運転士は幸運にも、その救命筏にたどり着くことが出来た。その筏には既に十名が乗っていた。しかしその筏は「竹が古びており浮力が乏しく、綱が切れてしまい筏は解体しかけていたが、ふんどし、腹巻などを使い浮遊している木材などを筏の下部に差し込んで頑張ったが、下半身は海水につかっていた。一方、奇跡的に救命艇が一隻浮上し、付近に漂流していた人々を一人又一人と艇一杯になるまで収容し、救助を求めるため留萌方面に漕ぎ去った」。

その他にも伝馬船が逆さになって漂流し、子供が馬乗りになっていた。それを見つけた河合正見一等機関士は何とかたどり着き捉まっていると、原清一郎二等航海士や警備隊の兵士の一人も泳いできた。そうして浪間を漂っていると、ずっと遠方にボートが浮かんでいて、それが一人、一人と助け、伝馬船に近付いてきて、ボートの中に、拾い上げられた。

そのボートでは、まだ二十歳の高見沢淳一三等航海士が一番元気だったため、艇長として指揮をとることになった。同じボートに乗っていた河合一等機関士の回想によると「寒さと疲労でボートに倒れ込んだまま眠くなっていました。眠ると死ぬということを聞いておりましたものですから、自分でボートの座板や船べりに頭をぶちつけてみたり、つねったり……」必死で眠らないようにしたという。

ボートが陸地と思われる方向に向かって漕いでいる途中、誰もが寒さで唇を紫色にして、眠りそうになる者がいると、高見沢三等航海士は「殴ってあげましょうか？」と声をかけたり、殴ったりして眠らせないようにした。また波間を漂う人を見つけると救助し、その数は五十人にもなった。

陸地に向かう途中、十一人の大人と一人の子供が乗った筏とも遭遇した。筏に乗っている人は腰まで水につかって乗って助かった人達もいた。その筏は古くて竹と竹を結ぶ「結び」がほどけそうだったため、腹巻やふんどしをちぎって、結びなおした。そのような状態で、出来ることならボートに乗せたかったが、既に五十名が乗っており、これ以上乗せるのは危険と判断され、あとで必ず助けにくると約束して、ボートは陸に向かった。

生存者が上陸できたのは、増毛町別苅海岸であった。その中に、翠川船長の姿はなかった。生存者の証言によると「翠川信遠船長は海中に飛び込んだが『船長として生きのびて上陸することはできない』と周囲の部下にいい、うずまく波間に消えた」という。

増毛町住民の救助活動

増毛町役場に第一報が入ったのは午前九時、別苅防空監視哨から「小笠原のシナ人が上陸した」という内容だった。

何か重大なことが起きたと感じた尾崎清四郎町長は自ら二十人ほどの職員を連れて、現地に走った。

そこで「小笠原のシナ人」というのは「小笠原丸の避難民」という事実がわかった。そして、かれらが目にしたのは、海岸に女子供の遺体、あるいは遺体の部位が多くの漂流物とともに流れ着き、その中に、半死半生の生存者が助けを求めている悲惨な姿であった。

この時既に、地域住民は救助活動を開始していた。

救助活動に参加した丸山昭一氏は小笠原丸が雷撃を受けた時の「バーン、バーン」という音は「何の音かな?」というぐらいにしか気にしなかったと言う。なぜなら、戦争が終わったという認識でいたからだ。五時半頃起きて、海岸に行ってみたが、周囲は霧がかかっていて、海は穏やかであった。

平成五年に「戦後50周年特集」を組み、地域住民から聞き取りを行なった増毛町の広報誌、『広報ましけ』は丸山昭一氏の証言を基に次のように書いている。

　岸から数十メートル離れたところに、一そうのボートらしきものがある。数人が乗っていて、何かを叫んでいる様子だ。そばに近づいてみると叫び声は、声がかれているようではっきりと聞き取れない。そういうことから、日本語ではないと勘違いし、シナ人だとなってしまったらしい。

「こっちへ来るな!」と、岸から叫ぶ。沖からは聞き取りにくい言葉が帰ってくる。こんなやりとりが長い時間続いた。一人の男が、ボートから飛び込み岸の方へ泳いできた。自分たちは身を伏せるようにして、男の上陸を見つめていた。

陸に上がった男は、身分証明書みたいなものを見せるようにして近づいてきた。間違いなく日本人だった。そのときはじめて、沖で何か不測の事態が起こったと理解した。

ボートをローソク岩の下に接岸させてから、「とにかく報告を」ということで、当時、別苅の漁師の束ね役だった萌地区に住んでいる川向市太郎さんに連絡を入れて、指示を待つことにした。今はどこにでも電話があるが、当時は近くには電話などなく、足で連絡するしかなかった。大別苅から川向さんの家までは、二キロ半ぐらいの距離はある。

川向さんは電話を持っていた。事態を町などの関係者に一報。小笠原丸遭難者救助の号令が出されたのは、午前八時頃だった。全船を上げて沖に向かった。

丸山さんが乗った船は漂流しているイカダを見つけた。乗っていたのは二十三人。「大丈夫、順番に乗せるから急ぐな」と言っても、船にむりやり乗り込もうとするので、危く船が転覆しそうになったという。ほかに自力で漂流していた三人を助け陸に戻った。

二十六人を無事下船させ、再び現場に向かったが、遺体のほか、ふとんなどの漂流物が浮かんでいるだけで生存者はいなかった。結局、全船上げて救助した生存者は、六十人ぐらい。六百人余りの方が海の中に消えた。

それから毎日のように別苅の浜に遺体や遺品が打ち寄せられ、遺体が上がれば、婦人会の人たちが手厚く湯かんをして葬った。もっとも、今みたいな立派な棺桶などはなかったので、木箱に入れて別苅の火葬場で骨にした。「中には、体の中に銃弾がめりこんでいて痛々しい姿の死体もあった」という。

（『広報ましけ』「戦後50周年特集」）

当時、服には身元がわかるように住所・氏名が書かれた布が縫い付けられており、子供の身元は比較的識別できたそうだが、大人の方はほとんどわからないまま荼毘に付され、今でも増毛町の共同墓地にある納骨堂で眠っている。

身元が判明した遺体は役場職員が名簿にまとめ、どの遺骨かわかるようにしておいたおかげで、事件から五十年たってから遺族の手によって見つけ出されたこともあった。

現在、増毛町役場に残されている『戦時災害報告書』によると、生存者六十二名を救助した他、溺死者二十九体を収容した。生存者は潤澄寺、天眞寺、白毫寺、願王寺に、負傷者四名は増毛病院に収容された。またご遺体の内、引き取り先のない二十二体は仮埋葬された。生存者には町内会、部落会の婦人部より炊出しがなされ、町内より被服寝具などは応急貸し出しがなされた。ただ、逓信関係者には逓信局より、それらが送られて来た。また生存者の着衣は乾燥後、修繕がなされたり、生活必需品も可能な限り給与されたと報告書に記されている。

この時逓信省を代表して現地に赴いた佐藤千代喜庶務課長は、何もかもが不足していた中で、衣類や履物、カンパンなどをかき集めて、それを生存者に配り、郷里に帰ってもらったという。

　増毛町の人々の支援活動はこれで終わりではなかった。

　私財を投げうって、遺体の収容に努めた人物がいた。敗戦時、宗谷要塞第四要塞歩兵隊に所属し、避難民援護に努めていた、村上高徳増毛町議会議員である。村上氏は復員後、故郷の増毛町に戻り、雑貨商を営んでいたが、その店に見慣れない人が線香やろうそくを買いに来ていたという。ある時、村上氏は線香やろうそくを買いに来た客に話しかけてみると、その客は小笠原丸の犠牲者の遺族だということが分かり、自宅に上がってもらいお茶を出して詳しく話を聞いた。

　またある時は、別苅の海岸で遺骨の代わりに小石を拾う遺族もいた。そういう姿は村上氏のご子息である唯行氏も見ており、「涙を浮かべながら海に向かって、奥さんや子供の名前を叫ぶ。その浜で石を拾い、形見として持ち帰ったという人もいた」と証言している。このような情景を目にしたのは唯行氏だけではないだろうし、浜の人々も目にし、それらの話は、村上氏の耳にも届いていたのではなかろうか。そして、敗戦時に稚内で避難民援護に努めていた村上氏の心を強く揺さぶったに違いない。

　その後、町議会議員に出馬し、当選した村上氏は町の力で遺体の収容が出来ないか議会に提案したが、戦後の混乱期である。町には、それを行なうだけの余裕はなかった。生きている人のことだけで精一杯だったのである。

　それでも村上氏は諦めなかった。なんと私費で、引き揚げ作業を行なう船三隻と潜水夫五人を手配し、収容作業を行なうことにした。その金銭的負担は軽くなく、土地を担保に北海道拓殖銀行から融資を受け、引き揚げ作業を行なう船と人を雇った。

作業は昭和二十六年から二十七年にかけて行なわれたが、作業費用は村上家の家計を圧迫し、周囲から蔭口をたたかれることもあった。

しかし、我が身を顧みない村上氏の姿勢に心を動かされた人もいたようだ。ロープ等の資材面での援助をしてくれる人が現われたり、引き揚げられたご遺骨を港から寺院に運ぶのに消防が協力をしたり、そのご遺骨に回向してくれる僧侶へのお布施も地元仏教会は無料にしてくれた。

村上氏の、犠牲者や遺族を想い、遺骨捜索のために、家業も家族も顧みずに無私の心で打ち込んだその姿勢と、その姿に心を動かされ、自分が出来る事で精一杯協力した地元の方々にも心からの敬意を表したい。

三船殉難事件――第二新興丸

第二新興丸（二千七百トン、艦長：萱場松次郎大佐）は特設砲艦兼敷設艦で、元々東亜海運に所属し、海軍に徴用されるまで新興丸と呼ばれていた貨物船である。徴用後、第二新興丸と改称されたのは、海軍には既に新興丸という別の徴用船が存在していたためである。

玉音放送が流れた時、第二新興丸は千島列島の松輪島へ物資輸送の途上で、ちょうど、稚内と松輪島の中間地点を航行していたが、対潜警戒行動を取り止め、稚内に文字通り直行した。

稚内には翌十六日についたが、船が岸壁に接岸するなり、「大工」が一斉に甲板に駆け上がり、両舷に仮設トイレを作り始め、それは出港直前まで続いたという。

同船の四つの船倉には、千島列島防衛の部隊への補給のための米や粉味噌が積込まれていたが、降ろす時間を惜しみ、平らにならし、その上に疎開者を乗せることにしていた。

同艦で避難民の「お世話係長」をしていた池田外雄海軍兵長（旧姓栗山）の記憶によると、最初に樺太についたのは十七日であった。（大泊か真岡かはっきり覚えていないそうだが、各資料から判断するに大泊であったと思われる）この時は、まだ港は混乱していなかったが、その一方で軍・官公庁の関係者が大きな荷物を持って港まで来ていて、船のデリックを使ってそれらの荷物を積み込んでいるのを目撃したと語る。同様の証言をするのは池田兵長だけではない。

そして即日稚内に向けて出港、翌日、避難民を下ろすと休む間もなく大泊港に戻り、最短時間で避難民を乗せて稚内と大泊を往復し、三度目の大泊港接岸は二十日であった。

この日の港は騒然とし、岸壁は避難民で長蛇の列ができ、生理現象のためにひとたび列を離れようものなら、二度と元の位置に戻れなくなる状況にあった。炎天下、倒れる者も出たが、それでも、ただただ、自分の順番を待ち続けた。

その列の中にいた山口郁さん（当時十五歳）は「人がびっちりいて今にも海に落ちそうだった」と語る。山口さんは十八日夜にすし詰めの汽車で敷香を出発し、途中停車することもなく、十九日午後に大泊に辿りついた。大泊の町は空き家だらけで、空き家の中の一軒に腰を下ろし、一夜を明かした。その家の住民は食糧などを残したまま脱出していたため、残されていた米や味噌、裏の畑から取ってきた野菜で食事を済ませた。

翌日、港に向かったが、桟橋は今にも海にこぼれんばかりの人と乾パンの山があり、山口さんの母親は「今日は乗れないね」と言って、乾パンの山に座り込んでしまったが、乾パンの山を通る人々は好きなだけ乾パンをポケットに詰め込み、船に向かって行った。それを見て山口さんも母親の手を一生懸命引っ張り、行列をかき分けて進んだ。山口さん曰く、「子供だから通してくれたんだろう」との事。漸く第二新興丸の乗船口に辿りつき、乗船したら、傍にいた兵隊が山口母子の真後ろでロープを引き、乗船を打ち切った。運命の瞬間であった。

三上澄子さん（当時十歳）は五人の家族と一緒にいた。三上さんは十六日夜に荷物を纏めて翌朝警察署の前に集まるようにとの連絡を受け、十七日朝、上敷香からトラックで敷香の小学校まで運ばれた。持ち物はしょっただけで、服を二～三枚重ね着し、食糧として炒り米も用意していた。当時、上敷香と敷香の間には鉄道が走っていたが、三上さんによると両駅間の鉄道橋は破壊されており、鉄道は使えなかったという。敷香の小学校に運ばれた三上さん一家はそこで夜を明かした。そして十八日の昼頃、大泊直通の列車で敷香を離れたが三上さん一家は幸運にも市電くらいの大きさの客車に乗ることが出来た。途中、豊原では停車時間が長く、三上さんの母親は米を持って駅から出て、近くの民家の台所を借りて米を炊いておにぎりを作って戻って来た。その後、汽車で大泊に辿りついたものの乗船待ちで、大泊港の桟橋で二泊せざるを得なかった。

山口さん、三上さんと同様に敷香から汽車で大泊に辿りついた吉田勇氏（当時十歳）の汽車での逃避行は順調ではなかった。吉田氏は母と六人の兄弟とともに敷香を汽車で脱出したが、途中でソ連機の空襲を受けた。ソ連機が汽車に機銃掃射を加えてくると汽車は停車し、乗客は蜘蛛の子を散らすように周辺の草むらに逃げ込み、息を潜めた。ソ連機は二回攻撃を加えた後に飛び去って行ったという。

しかし、悪いことばかりではなかった。ソ連機が飛び去り、再び出発した汽車は知取駅でも停車した。そこでは地元の男達が「生きろよ」と言う掛け声とともに各車両に筋子の八キロ樽を三樽ずつ、投げ込んでいったという。ソ連軍に取られるくらいなら、同じ日本人に……という気持だったのかもしれない。

色々な想いを胸に何万もの避難民が大泊港へ向かった。

海軍関係者の中には、本来、乗船対象者ではないのに「色々な手段」を用いて乗船して北海道に上陸した者もいた。同じ年齢の陸軍兵士は爆雷を抱いて、塹壕でソ連軍戦車を待ち伏せていたり、同じ年齢の民間人は木銃を持って、町の辻に立っていたのに。

一方で、緊急疎開に従事していた艦船乗組員は、どの艦船でも、真心と憐憫の情をもって避難民に接し、一人でも多く、無事に北海道へ送り届けることに全力を尽くしていた。緊急疎開が始まってからは艦船の乗組員も、ほとんど休むことなく働き通しであった。第二新興丸もその例外ではなく、一人でも多く休めるようにと、艦長を始めとする乗組員達は階級を問わず、自分の寝床を提供し、自分は避難用ボートの中や甲板で寝る乗組員もいた。また身一つで乗船する避難民には自らの私物まで与える乗組員もおり、池田兵長もそのような乗組員の一人であった。

そしていよいよ出航という時になり、この船の運命を変えた出来事が発生した。船と岸壁を繋ぐもやい綱がスクリューに絡みついてしまったのだ。このため、二十日夕方に大泊港出航のはずが、翌二十一日午前九時頃まで延びてしまった。その上、船は稚内への最短コースを選んだわけではなかった。二十日に真岡を襲ったソ連艦隊が大泊に向かっているという未確認情報が流れていたため、万が一に備え、進路を亜庭湾東海岸の中知床《なかしれとこ》半島に向け、亜庭湾を東回りに航行して稚内を目指していた。そして正午頃、輸送司令部より「稚内の受け入れ能力が限界に達しているので、入港先を稚内から小樽に変更せよ」との通信が入り、船首を小樽に向けた。

池田兵長によると、今回は過去二回の輸送と比べ避難民が多く、避難民は体育座りがやっとできる程度のスペースで、膝を曲げたままの姿勢を前日からとり続けていたため、少しでも足を延ばそうと皆が斜めに座っていた。しかも樺太とはいえ、八月下旬でも昼間は暑い。避難民の中には晴れ着を何枚も着込んだままで何日も着替えずに故郷から逃れ、乗船したものもいるため、船内の臭気はひどかった。

また、夜になると雨が降り出し、さらに悪いことに宗谷海峡に差し掛かるとシケがひどくなり船は大きく揺れ、甲板にいる人のためにテントをはってはあったが役には立たなかった。

また、風が吹き抜け、夜半から風雨にもさらされていた上甲板は特に冷たく、体のしんまで冷えた。右舷甲板後部にいた吉田氏によると、白い毛布が配られたというが、全員に行き渡った訳ではない。

斎藤莞爾氏（当時十二歳）は「子どもの考えとして、煙突の側は暖かいだろうと、目の前にある直立したはしごに足を掛けた」（『続・樺太体験記』「樺太体験」）と回想している。

避難民たちは濡れなくて暖かい船内に入ろうとするが、船内はすし詰め状態で空気の流れも悪い上、冷房はなく、熱さと衣服から漂う臭気で気分が悪くなる人々が続出。そのため、各所においてあるタライに飛びつく人が多かった。さらにそのタライの中の嘔吐物が発する臭気により、具合の悪くなる人が出るという悪循環であったが、避難民たちはただ耐えるしかなかった。混雑し揺れる艦内で、タライからただよう臭気に誰もが辟易していた。

魚雷命中

午前三時になると、池田兵長は勤務交替時間を迎え、二番船倉中甲板の片隅の二番船倉側の高さ二メートルの所にあるハンモック置き場によじ登り、それによりかかって仮眠をとることにした。そこは本来の寝る場所ではなかったが、自分の寝る場所は既に避難民に譲っていた。

しかし、午前五時すぎにL19は第二新興丸を魚雷の射程圏内におさめていた。

左舷甲板で眠りについていた山口郁さんは朝五時すぎに起きて、髪をとかしながら、しばらくの間、左手に広がる北海道の風景を眺めていると、汽車が走っていくのが見えた。

その汽車に乗っていたのは、当時中学二年生で留萌の中学校へ通学中の濱本哲也氏であった。濱本氏によると「力昼《りきびる》あたりで、沖の方で大きな音がして、なんだろうと思った」そうである。時間は六時から六時半の間だったという。

ちなみに「力昼」とは、苫前町の一番南で、鬼鹿村（現小平町）との境目の地区であり、苫前方面から留萌方面に内陸部を走って来た鉄道が、海岸沿いに出て来る場所である。濱本氏は「大きな音」はどこから聞こえたかわからなかった。第二新興丸についても、「船は見えなかった」と語る。

第二新興丸では、轟音とともにもの凄く高く上がった水柱が甲板に降り注ぎ、その水の力で、甲板にいた山口さんは右舷舷側に弾き飛ばされた。何が何だかわからないままよろめき、立ち上がったところ、また同じことが起き、再び弾き飛ばされた。それから家族五人で固まっていたが、まさか戦争が終わっているのに魚雷攻撃を受けたと思わず、「どうしたんだろうね」と話していた。

甲板には大きな穴があき、そこにいた人達は亡くなったり、怪我をしていた。その時甲板は大部傾いてきて、船が沈むと思った人々が、我先にと海に飛び込んだり、右舷船内から流されていくのが見えた。山口さんの母親は「船が沈むまで待とう。死ぬときは一緒だから」と言いながら、帯や紐をほどいて家族の体をバラバラにならないようにと縛った。

さらに船が傾いていくと兵隊が来て、「船が六十度に傾いたから、全員反対舷（左舷）の

方に移れ」と言われ、荷物はそのままにして移動した

後部右舷甲板にいた吉田勇氏は魚雷命中の衝撃で起こされたが、目に映ったのは凄まじい光景だった。一抱えもあるメインマストが途中から真っ二つに折れ、下敷きになった人の目玉が飛び出し腹部には破裂した内臓が飛び出しピクピク動いていた。そして船はどんどん傾き、右舷の舷側にいた吉田さんの右手は海水に触れたという。

左舷船倉にいた三上澄子さんは「グラグラっと来て爆発した」という。気がついてみると頭から海水をかぶって、べちゃべちゃになっていた。また船倉内には積まれていた粉味噌が舞い上がり、それが濡れた髪にこびりつき、髪は編んだ様になっていた。すぐ後ろにあった階段と壁、天井が吹き飛ばされ、後ろの壁、つまり右舷船倉との境だった壁があったところからは、海水が流れ込んでいたと語る。

周囲の人は手を折ったり顔に傷を負ったりしていた。三上さん家族は全員無事だったが、町内の女子供を引率して来た伯父が荷物の下敷きになり亡くなっていた。また爆発の衝撃で飛び散った荷物や、天井や甲板から降って来た物の下敷きになっていた人々が、荷物の間から無数の手を上げて助けを求めていたが、海水が入って来て、水位が上がるのに反比例して、その手も下がっていった。

三上さんのすぐ近くで男の子が荷物の下敷きになっていて、それを助けようとしたが、いかんせん子供の力である。荷物をどかすことも、その子を引っぱり出すことも出来ず、水位が上昇して来たため、周囲の大人たちが「お前も引きずられるから離しなさい」と言って三

上さんの手からその子の手をふりほどいた。そして甲板から投げられた荒縄を三上さんの体に巻き付け、甲板に引き揚げた。

荒縄で釣り上げられた時は怖くなかったが、その感情は甲板に降ろされて一変したと言う。そこには足のない人、腕のない人、頭が割れた人がたくさん倒れているのを見た。死んだ人を見たのは、この時が初めてだった。

この時の体験は、何十年にわたって三上さんを苦しめ続けて来た。助けられなかった男の子の夢を見てはうなされ続けたと語る。

次に三上さんより一つ上の階にいたと思われる方の体験を紹介したい。

敷香から母親と兄弟四人で避難して来たAさん（当時十歳）達は上甲板から階段を降りてすぐ下の階の真ん中の船室に入った。そこは電灯が一つで薄暗いが広く、部屋のすみ（壁際）には、ハンモックが積んであり、その側には下の階におりる階段があった。その階段をたくさんの人が下りていくのを見たが、その中には敷香の人が大勢いたという。その階段のすぐ側には、飯台が積み上げてあり、Aさんとお兄さんは飯台をよじ登って座り、足を「ぶ～らぶら」させていた。母親と幼い弟妹はハンモックの上に座った。

船内ではおにぎり等の配給はなく、自宅から持参した乾飯を食べてすごした。そして、そのまま飯台の上で眠りについていた。

突然の出来事であった。兄と飯台の上で眠っていたAさんは「ドーン」という爆発音とともに、飯台ごと床に転げ落ちた。そして少し気を失っていたそうだが、家族はそれに気づか

第二新興丸の被雷箇所

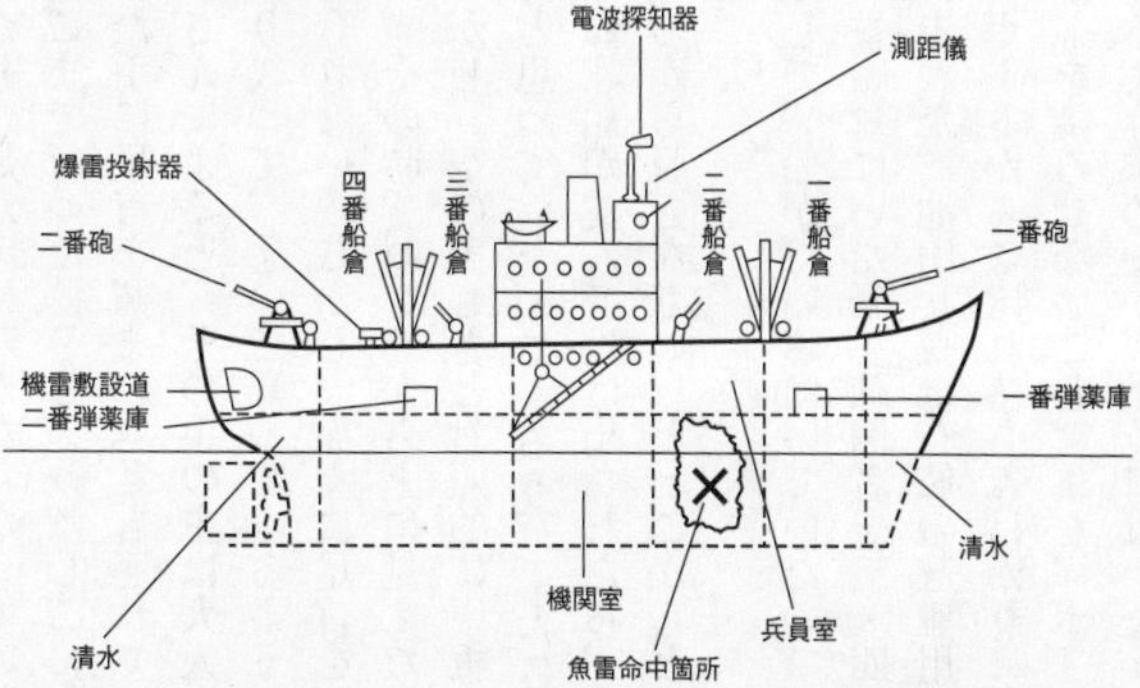

──「慟哭の海」より

なかったようだ。母親の「急ぎなさい」と叫び声で気がつくと、母親と兄は幼い弟妹を背負って、ハンモックのすぐ後ろの壁についていた鉄ばしごを登っていて、頭上にはハッチが開いていた。Aさんは、その時初めて、鉄ばしごがあったことに気がついたという。

そこへ凄まじい勢いで水が流れ込んで、あっという間に水がいっぱいになってきて、色んな物が浮き上がった。幸い、飯台が脚を上にして浮かび上がっていたおかげで、Aさんは飯台の脚につかまれ、体も浮いていた。

飯台の側には下の階に降りる階段があったせいか、周囲は凄い水流で、階段を通じて、下の階に滝のように水が流れ込んでいるのが見えた。部屋の真ん中の壁には大きな穴が見え、そこから赤ちゃんを抱っこしたまま流されていく人も見た。

Aさんは死ぬんじゃないかと思いながら、必死で飯台の脚に掴まった。その頃には、水位はさらに上がり、足が床に着かなくなっていたが、飯台につかまりながら足を水中で動かして、鉄ばしごまで行った。そして鉄ばしごの一番下につかまろうとした時であった。水中から伸びてきた手に足首を掴まれ「私も連れてって……」と言われた。

Aさんによると、その手の主は大人の女性だったという。先に上甲板に上がった母親は声を振り絞って、急いで登ってくるよう叫んでいるが、足を掴まれていては、なかなか鉄ばしごを登れない。しかし、徐々に足首を掴む力が弱くなり、なんとか鉄ばしごを登ることが出来た。その時、ハッチから上に見えた空は青く澄んで綺麗だったそうだ。

しかし、空の美しさと対照的に甲板の上は生き地獄であった。そして誰もが、船はもうだめだと思っていたのであろう。「上に登ったら、着ている物をみな脱げっていうんですよ。もしね、船が沈んで投げ出されたら、寒くて心臓がとまると思って着ていたが、着ていると溺れるから脱ぎなさい、とどこからともなく話が伝わって来たので、肌着一枚になった」という。

そして、船がだいぶ傾いていたので、あちこち掴まりながら、皆で船首に向かって歩いた。一番船倉にいた緊急疎開者を三・四番船倉へ誘導をした池田兵長は、右舷のボートのところに走った。池田兵長は右舷の避難用ボートも担当していからだ。そこで池田兵長が見たのは、ボートからこぼれ落ちんばかりに乗った避難民の姿であった。池田は現状では重すぎてボートを降ろせないこと。また、ボートを下すための要員が七名必要なことを説明し、自ら降りるよう求めたが、動く者はいなかった。その時であった。どこからともなく士官が駆け寄り、ボートに向かって何か叫んだが、何の反応もないので、突然、軍刀を抜いてボート後部のロープを切った。

筆者は池田兵長に、士官が何と叫んだのか何度も尋ねたが、決して話してくれなかった。ただ、この時近くにいたという人物は、匿名を条件に、士官は「お前たちだけ逃げるのか」と叫んでいたと話してくれた。

ロープを切られたボートは、たちまち前方を上にぶら下がる形になり、悲鳴と共にボートに乗っていた人々は海中に投げ出された。さらにこの士官はもう片方のロープを切ったため、空のボートは真下に落ちていった。

これを見た池田達は落ちた人達に慌ててロープを投げ入れ、船に引き上げようとしたが、捕まる人は誰一人いなかったばかりか、浮遊物に摑まり艦から離れていった。そこで海に落ちた人のために浮くものを落としていると、艦上にいる緊急疎開者の中から、自ら海に飛び込む者が何人もでた。池田兵長に、「泳げないから一緒に飛び込んで下さい」と頼んできた人までいたが、池田兵長は「決して飛び込むな」と怒鳴った。その頃、左舷側で無事だったボートは、水兵の手によって降ろされていた。

敵潜轟沈！

三上さんは船倉から甲板に引き揚げられると、船体中央のマストのところに行くよう言われたが、今度は潜水艦が浮上して来た。その潜水艦からは水兵が飛び出して来て、その帽子を見た周囲の大人達は「ロスケの船だ！　ロスケの船だ！」と騒ぎ出した。

　その時であった。突然、総員戦闘配置のラッパが鳴り、拡声器は「総員配置につけ、右舷三十度、国籍不明の潜水艦」と怒鳴った。そして水兵が海軍特別の笛（号笛）でラッパ同様に総員戦闘配置の音を奏でながら、走っていった。

　ホーヒーーホーヒーーヒーホーー
　ホーヒーーホーヒーーヒーホーー
　この水兵は何度も繰り返しながら、艦内を走り回っている。

　この時、船首方向に集まっていたAさんらは、高いところに、スルスルと旭日旗（軍艦旗）が上がって行くのを目撃し、みんなでお祈りしたという。

　また、笛を聞いた池田兵長は「二分とかからず、持ち場の左舷側連装機銃に行き、覆いを外した」。ところが来るはずの弾倉が来ないので、弾薬庫へ行くと、なんと鍵がかかったままではないか。鍵は第一分隊三班左舷班長の伊藤上等兵曹がもっているのだが、どうも第二船倉にいたようで、被雷後、どこにも姿が見えない。そこでやむなくカギを壊し、弾薬を運び出した。

　この時、砲弾や砲身にかける水をバケツリレーしたという話があるが、現実的ではない。十二センチ砲の砲弾の重量は約三十キロで、表面はつるつると滑りやすく、女子供が容易に運べるものではない。また、艦船に搭載されている大砲は砲撃により砲身が熱くなっても水をかけて冷やすという事はしない。この二点を機関銃担当であり、（上記の通り）弾薬庫の鍵を壊して弾薬を運び出した池田兵長に確認したところ「そのような事実はなかった」との回答を得た。

ただし、池田兵長によると、大砲を発射する際に使用する真鍮管（中に火薬が入っている）については、「割合軽いので、大砲まで運ぶようにお願いした」との回答も得ている。恐らく、砲弾をリレーで運んだというのは、真鍮管との誤解と考えるのが自然である。

また、大砲を冷やすために米のとぎ汁のバケツリレーをしたと話す人もいるが、これは機銃との誤認と思われる。また、米のとぎ汁を使うということはあり得ない。この時、前夜に煙突の近くで寒さをしのいだ斎藤氏は、水兵が「水だ！　水を持って来い！」と怒鳴り、バケツリレーにより機銃の銃身に「水がかけられると、もうもうと水蒸気が立ち込めた」のを目撃したと『続・樺太体験』に記している。

池田兵長は機銃弾倉を抱えて階段を駆け上り、機銃に装塡して「装塡良し」の報告をすませた。他の水兵たちも緊急疎開者とその荷物で埋まった甲板を走って配置についた。一番砲、二番砲のカバーをはずし、弾丸を込め、右舷に銃口を向けた。他の機銃も一斉に銃口を右舷の海面に向けた。船橋から敵の推定方位が示され、砲術長の命令が下った。海中に潜む見えない敵に対し、一斉に威嚇射撃を始めたのである。この時、船尾の爆雷投射筒も装塡が完了し、水雷科の将兵はいつでも投射できる態勢にあったが、船倉から流し出されたり、甲板から海中に投げ出された避難民が爆雷の爆発に巻き込まれることを避けるため、泣く泣く、爆雷投射を諦めた。水雷科員の一人は「それ（引用者註：流されていく避難民）を見ながら救い上げてやることのできないはがゆさ……胸をかきむしられる思いだった」（『樺太終戦史』）と回想している。

船橋にいる萱場艦長は「多数の生命を預かっているのだから、なんとしてでも近くの港にたどり着くのだ」（『樺太終戦史資料8』）と部下を叱咤激励した。

その想いは、全乗組員の気持でもあった。しかも、万が一に備え、船を陸地に向け、必要ならいつでも浅瀬に乗り上げて船を座礁させ、一人でも多くの人を救えるよう、あらゆる手配りをしながら、留萌港に針路をとっていた。

池田兵長によると、この時、艦は五ノット位で留萌港を目指しており、救助に当たっている将兵以外の乗組員は皆、潜水艦を警戒し、海上を睨み付けていた。と、その時、左三十度の方向、距離五、六十メートルの海上に肉眼でも潜水艦の潜望鏡と判断できる黒いものを発見。それを見たのは乗組員だけでなく、緊急疎開者も気が付き指をさして騒ぎ出しているうちに、潜望鏡は後方に消えていった。

それからどのくらい時間がたってからであろうか、今度は右舷百二十メートル（三百メートルという説もある）の海上に潜水艦が浮上し始めているのを発見。甲板が海面から顔を出すか出さないかのうちに、今度は第二新興丸の甲板に向けて機銃掃射が始まった。目標となっている甲板には緊急疎開者や救助活動にあたっている水兵達がおり、犠牲者は増えていった。その甲板の各所では悲鳴や「頭を低くしろ」という声が飛び交っていたが、潜水艦の方では上甲板にある十センチ砲に向かって水兵が走っていくのが、池田兵長の目に映った。

と、その時である。萱場艦長が「撃て」の命令を発すると同時に第二新興丸の十二センチ単装砲二基と機銃が一斉に火を吹き、砲弾銃弾は潜水艦に吸い込まれていった。池田兵長によると初弾が命中すると同時に、水飛沫と火薬の煙が同時に空高く吹き上がり、煙が消えると、そこには潜水艦の姿はなかった。池田兵長をはじめ、その場にいた者は「敵艦を撃沈した」「同胞の仇を討った」と思ったそうだ。

三上さんによると、時間的な事は不明だが、この後、拡声器で「艦の機関部に故障がないので、このまま見える北海道に着く」との知らせが聞こえそれまで鬼鹿海岸に向かっていた船は、この後、沖に出て進路を留萌港に向け、傾きながらゆっくりと航行したとのことである。

Aさんは、艦長が船橋から「みなさん、大丈夫です。もう船は沈みません。安心してください」と大声で呼びかけていたのを聞いている。二人のような証言は多少の言葉の違いこそあれ、ほぼ同じ内容である。

山口さんによると、拡声器による右記お知らせを聞くと、みんな喜び、その中には「命が助かった」と言って、樺太から持ってきた食べ物をばらまく人がいたという。また、近くにいた老人は「皇居遥拝」と叫ぶが、水兵が怒って「そんなこと、することない」と言う光景を目の当たりにしたそうだ。

そして、荷物を取りに行った時のことを次のように話してくれた。「からっぽ、全部抜かれてしまっていて『からリュック』。なんも着るものがないの。私のリュック、母さんのリュック。(他の人が私の服を)子供にかけているのを見た。私達の服を着てるの。でも、それは言えなかった」そうだ。そこで、筆者がなぜ言わなかったのかを聞くと「でも、気の毒だもん。向こうだって。気の毒で言えなくて、あげました。みんな」。ただ、お金だけは帯に巻いていたので無事だったのが、不幸中の幸いだった。

Aさんは船は無事だという艦長の声の後、港につくまで「母が今までの(樺太での生活で)楽しかったことの話をして、一生懸命子供達の気持と盛り上げてくれた」ことをよく覚えているという。

満身創痍で留萌港へ

潜水艦を撃沈したと判断した萱場艦長は、部下を叱咤激励し、怪我人への救護活動、並びに船から海に投げ出された人々の救助活動を行ないながら、近くの港、留萌を目指した。乗組員は各々の持ち場で必死だったが艦は右に傾き、なかなか進めなかった。

そうして留萌港が見えるところまでたどり着き、一安心したところに西の方角(海上)から飛行機が一機飛来した。しかし、艦橋後方の中甲板の機銃が持ち場で艦長達が見える位置にいた池田兵長によると、艦橋の方では特に変わった様子は見られず、また飛行機の操縦士も艦橋に向かって敬礼をして飛び去った。その飛行機は友軍機(九四式水上偵察機と思われる)であり、魚雷攻撃を受けた際、大湊に打電したので飛来した、と池田兵長が知ったのは後の話である。

留萌港に向かう第二新興丸を、留萌に近い鬼鹿監視哨の監視員である北川由富二等兵は目撃していた。

北川二等兵によると、焼尻島方面より向かってきた第二新興丸は甲板に人がたくさんおり、真っ黒に見えたため、敵輸送船と判断し、直ちに留萌の監視隊本部に連絡をした。そして船は鬼鹿港に向かっているかのごとく接近して来たが、右舷に大穴を開けているのが見えた。それが港の手前で舵を切り留萌港へ向かって行ったそうである。

この時、鬼鹿港の傍の浜辺から第二新興丸を目撃していたのが、斉藤清二氏である。当時、斎藤氏の家では乳牛を飼育しており、牛乳を注文先に毎朝配達するのが斎藤氏の家族内での役割であった。斉藤氏によると午前五時頃から雷のような音が聞こえ、家族で「あの音はなんだろう」と話していた。いつものように斉藤氏が牛乳配達を終えた六時半頃、鬼鹿の浜辺に人がたくさん集まっていた。

人々の視線は鬼鹿北方の海上に浮かぶ天売島にむけられており、天売島の西側、つまり北海道と反対側の日本海側でピカッと火花が光るのが見え、少し遅れてドーンという音がずっと聞こえてくるが、何も見えない。そして浜にはいつのまにか黒山の人だかりが出来ていて「島（天売島・焼尻島）が砲撃されているんでぇねいか」と話している人もいた。

筆者も肉眼で確認したが、天気がいいと鬼鹿海岸から両島が並んで見えるが、この日はガスがかかっていて、島が見えるか見えないかという視界だったそうだ。

しばらくすると砲声が止み、だんだんと船が前のめりになるような姿勢で浜に向かって来るのが見えた。その船の甲板には手を振っている人が見えるが声は聞こえなかった。

鬼鹿海岸は岩場が多く、そこには昆布が自生していたため、かつては春になると産卵のために鰊がこの岩場に殺到し、俗に言う「群来《くき》」が見られたという。斉藤氏によると、その岩場はあちこちに存在し、その一つ一つに名前が付いていて、地元の漁師も注意して船を操ったという。

そのため、この辺りには、大きな船は入って来なかったが、第二新興丸は「助けて〜」という声が聞こえる距離まで近づいてきた。その距離は浜から目測で二百メートルぐらい、これ以上接近したら座礁するというギリギリのところまで入ってきた。そこで船が一時停泊していたかは定かではないが、この後、三〜四ノットの速度でかろうじて、留萌港に向かった。

第二新興丸の、この日の行動を記した戦闘詳報は発見されていないので断定はできないが、ここまでの証言から推測すると、同船は沈没が避けられないとなった場合、鬼鹿海岸に船を座礁させ、一人でも多くの緊急疎開者の命を救おうとしたことが考えらえる。これは一般論から考えて、決して特異な考え方ではない。本件について、今後も資料・証言を捜していきたいと思う。

満身創痍で留萌港を目指す第二新興丸を発見した漁船の知らせで、留萌港の岸壁には警察官、医師、警防団員、町職員、町内会の人々が第二新興丸の入港を今や遅しと待ちかまえていた。船体前部に多くの海水が侵入し、前のめりで大穴のある右側に傾いていた第二新興丸が着岸したのは、午前九時頃であり、タラップが降ろされるやいなや、救護処置や遺体収容作業が始められた。

生存者は小学校やお寺だけでなく、一般家庭にも収容された。港から収容先まで歩いていった。留萌は坂の多い町である。八月下旬とはいえ、じりじりと焼け付く北国の夏の日差しをあびながら、靴をなくしたものは、熱い地面の上を足の裏には小石をめり込ませて、体中から最後の体力と気力を振り絞って歩いた。

ほとんどの人はびしょ濡れで、顔は恐怖と悲しみに満ち、涙でくしゃくしゃにしながら歩いた。第二船倉及びその付近にいた人達であろうか。顔に血しぶきや、血で染まったコメがついたままで、顔に赤い斑点が出来ているように見える人もいた。その道々では、住民が生存者のために草履や胡瓜などを配っていたという。

その一方で、艦内からはソ連潜水艦の砲雷撃による犠牲者の遺体（男性六十八体、女性百六十一体）が運び出され、岸壁に並べられた。潜水艦の攻撃で家族の行方が分からなくなった生存者が、一体一体、確認をしていた。しかし、五体満足な遺体ばかりではない。作業に従事した警防団員は体に欠損がある遺体とその周囲に落ちている同一人物のものと思われる部位をつなぎ合わせたり、どの体と同じか識別がつかない部位はカマスに入れ、家族を探す生存者はその中に直接自分の手を入れて探した。

第二新興丸が留萌港に緊急入港してきたことは、瞬く間に留萌の町中に広まったようである。

ある人は小舟で第二新興丸に近づき、窓から中を覗いたところ、たくさんの遺体が真っ赤な海水に浮いて行ったり来たりしているのがはっきり見え、何体もの顔もはっきり見てしまい、ショックでその後数日食事が出来なかったという。

湯田克衛氏は仕事中の父親が大急ぎで帰ってきて、家族に「港にやられた船が入ってきた」と知らせた。湯田氏が港に行ってみると、側面に大きな穴が開き、鉄片がめくれあがった船が岸壁に横付けされていた。船から運び出された遺体が岸壁の上に並べられ、筵がかけられていた。その側には町内会役員、警察、憲兵がおり、検死をしていたようであった。

生存者は何人かずつにまとめられ（家族は一緒に）町内会の手配で各家庭に泊めることになったという。父親が町内会の世話役であった湯田家にも家族とおぼしき、三名が宿泊することになった。

しかし、食糧難の時期であり、避難民を泊める家庭には船に積んであった米が配給された。ところが、この配給米は海水に濡れていた上、死傷者の血でそまったピンク色の米で血生臭かった。湯田氏は何回もとげば食べられると思って、樽に米を入れ、足で何回もといだが、一向に臭いはとれない。とは言え、米は暫く食べておらず、結局、その米を炊いて食べたという。同様の話は留萌・小平等に残されている。

湯田家に宿泊した一家は一週間ほど滞在したのち、いずこかへ旅立って行ったという。

山口さんは、米の配給所をしているお宅に泊まった。その家には教員をしているお姉さんがいて、すぐに風呂屋に連れて行ってくれ、きれいにしてくれた上に、着替えの服をもらった。家に戻ると、炊き立てのお米でもてなしてくれたという。

Aさんも一般家庭のおせわになったそうだが、夜、布団に入った時、初めて助かったという実感が湧いてきたという。それまでは、夢の中のことのように感じていたそうだ。

吉田氏は三泊したそうだが、その間、これまでの証言では見られなかった体験をしている。毎日、昼間は車で鬼鹿まで行き、海岸線で犠牲者の捜索活動を行なったというのだ。二人一組で各組二キロの海岸線を担当して遺体捜索を行なったという。この捜索活動の主体となった「団体」は不明であるが、吉田氏によると、敷香町内会ではないかとの事である。敷香の町内会は団結力が強いそうで、乗船時、下船時に自主的に点呼をとり、独自に生存者確認もしていたという。

三船殉難事件――泰東丸

泰東丸（八百八十トン、船長：貫井慶二）が終戦を迎えたのは、留萌港であった。そこで、樺太の大泊港へ回航するようにとの命令が下り出港した。当時、避難民の急増で食糧事情がさらに悪化すること懸念した北海道庁の要請で、緊急疎開船で樺太に備蓄されていた米等を輸送する予定だった。当時、日本中が飢えており「一年分の米は常に備蓄している」と言われていた、樺太の備蓄米は必要とされていた。

泰東丸も千トンの米を船倉に満載し、大泊港で急遽、避難民を乗船させることになり（主に上甲板）、小樽港に向けて出港したのは八月二十一日であった。

泰東丸には陸軍の船舶砲兵が乗船していたが、大本営より戦闘停止命令が出されたため、機銃は覆いをしていた。しかし、兵士達には「見張りだけは充分にせよとの命令」が出されていた。

「運命の日の朝」は、前夜の雨もあがり、甲板にひしめく避難民も、八月の日差しに濡れた衣服を着たまま乾くのを待つ者、服を脱いで手すりなどにかけて乾かす者、暖かい機関室に濡れた衣服を持って乾かしに行く者等、様々だった。

当時、船舶砲兵として乗船していたM氏の回想によると「引揚者はもちろん兵士達も（小樽港に）入港すれば召集解除で家に帰れると大喜び　ひげをそり洗濯をすまして何時でも帰れる用意をしていた」との事であった。M氏はこの後、午前九時から見張に立った。小樽港まであと二時間位だったそうだ。

この時、甲板にいた避難民達は海面の漂流物を見て異変を感じていた。海面にリュックや荷造りした箱を始めとするおびただしい数の浮遊物を発見した避難民達が騒ぎ始めた。一斉に海面を見つめる人々の目には遺体が流されてくるのも映った。それも一人や二人ではない。

それを見た大脇鉄夫一等航海士は、浮遊機雷により被害を受けた船が出たと判断し、左右の見張りを厳重にすると同時に、万が一のために、陸寄りを航海するよう命じた。大脇はこの朝、通信士より正体不明の船のSOSを受信したとの報告を受けていたからだ。誰もが不安になりつつも、もう少しで小樽に着くという事実で不安を打ち消そうとした。それに、船は大部陸地寄りを航行しており、増毛連山の山々の緑はおろか、海岸沿いに立つ家の屋根の色まではっきり見えていた。

突然、他の見張員から「右舷斜め後方より本船にむかって来る魚雷の航跡を発見」との報告が入り、M氏は船橋に伝声管を使って至急報告したそうだが、「船橋ではもう戦争は終わっているのだから魚雷なんか来るはずがない」と信用されなかったとM氏は回想している。ちなみに、泰東丸生存者の戦後回想に、「魚雷の航跡を発見」という証言は他にない。しかし、小笠原丸、泰東丸共に、雷撃を受けているのに、泰東丸だけ雷撃が行なわれなかったというのは不自然である。ただし、泰東丸を攻撃したL19が第二新興丸との戦闘で、潜水艦の前部及び後部にそれぞれ六門ずつあった魚雷発射管または魚雷発射を管制する装置が故障し、魚雷を使用せずに砲撃により、撃沈しようとしたとも考えられる。

潜水艦側の心理からすると、陸地の見えるところで攻撃をするなら、雷撃により泰東丸を沈め、その場を一刻も早く立ち去ろうとしたと考えるのが自然だと思う。もちろん、この攻撃の数時間前に第二新興丸を攻撃した際、反撃を受け、甲板にいた水兵が戦死しており、その意趣返しにわざと避難民が密集している甲板への砲撃による残虐な殺戮を意図したのであれば、話は別である。ただ、L19が戦闘詳報と共に、宗谷海峡の海底で眠っている現状では、その真意を知る術はない。

このような考えから、敢えてM氏の「魚雷の航跡を発見」という回想を紹介した。

「魚雷の航跡を発見」の報告をしたM氏は見間違いではないと信じ其の方向をじっと見つめていた。するとM氏の眼鏡には、キセルのがん首の様な潜望鏡が飛び込んできた。再び「潜水艦だ」と、怒鳴っていると潜望鏡は船の右舷斜め後方より接近して来た。そして突然黒い大きな物体が浮上した。

この時の事を乗船者の一人であった西垣千穂子さんが、外務省管理局引揚課樺太係に提出した書簡には次のように書いてある。

始め艦尾から一〇〇米位もはなれないと思はれる所へ横に浮び上り大きな艦体をすっかり（引用者註：見せた。）甲板をソ聯兵が歩いてゐた（当時高女四年の妹は日本の軍艦だと思っていゐたそうです。）私の見たのはそれから少し経て図のような位置に現れたのをはっきりみました。一度砲撃を受けてから見たものです。

（『南樺太に於ける戦後の日本人の状況』）

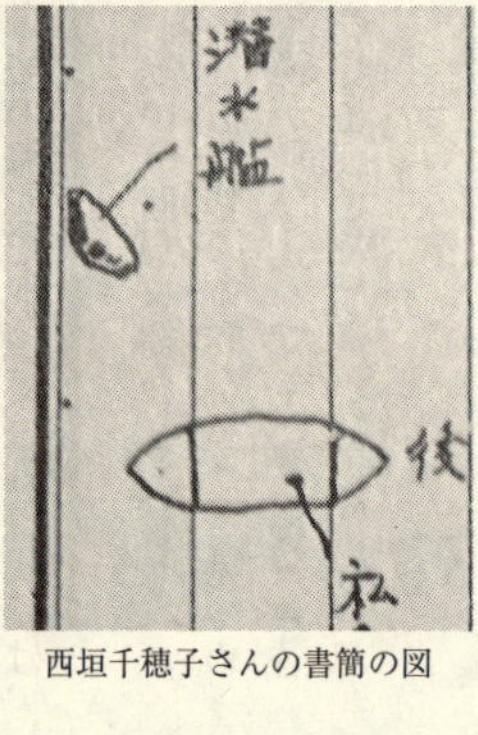

西垣千穂子さんの書簡の図

白旗を揚げた船への攻撃

浮上したばかりのL19の甲板からはまだ海水が流れおちているのに、艦橋付近から二、三人の水兵がとび出し、艦首の砲に取りついて間もなく轟音。泰東丸の前方に水柱が三本上がった。普通に考えると、これは威嚇射撃であり、その意味するところは停船命令である。事実、大脇一等航海士や貫井船長も「威嚇射撃」と判断し、船長はエンジン停止と白旗の掲揚を命じたため、泰東丸の船員たちは食堂のテーブルクロスや白いシーツを必死に振り回し降伏の意思表示をした。

この時、L19は左に（陸地に）向かって舵を切った泰東丸の針路を塞ぐように後方から大きく変針して泰東丸の正面に回っていたため、エンジンを停止させているとはいえ、船がそのまま進み、L19にのりあげないよう、さらに舵を左にきった。

この時の船の動きを鬼鹿監視哨の北川二等兵は「天売島方面から船が来るのが見えた。九時すぎ頃、（泰東丸は）潜水艦に向かったところ、水柱が見えた」と証言している。まさに上記のL19が泰東丸の針路を塞ぐように行動したのが、そのように見えたのであろう。

ここで批判を恐れず、敢えて私見を披露すれば、泰東丸のエンジンを始動させ、そのまま直進し、L19に乗り上げていれば、いくら簡易構造の戦時標準船とはいえ、L19に深刻なダメージを与え、泰東丸への攻撃を回避出来たのではなかろうか。もちろん簡易構造の泰東丸だけに、こちらもダメージを受けたであろうが、多くの人命が救われたであろう。

しかし現実には、泰東丸は停船し、白旗を振って、射撃も出来ないようにして泰東丸は無抵抗で降伏の意を表した。

突然の機関停止をいぶかって甲板に上がっ

緊急疎開船を攻撃したソ連潜水艦L19

た宮下事務長は状況を把握し、皆を落ち着かせようと、「引き揚げ者を乗せた船だから、攻撃を受ける訳はない。何を積んでいるか調べに来るだけだろうから心配しなくていい。みんなその位置で静かにしていてくれ」（『慟哭の海―樺太引き揚げ三船遭難の記録』）と大声で叫び、乗船者の動揺は静まった。

しかし、L19は砲弾と機関銃弾を浴びせ続けた。戦争が終わってちょうど一週間。白旗を掲揚した無抵抗の民間船に無抵抗の民間人、それも女子供が甲板に溢れんばかりに乗っているのを至近距離から確認していながらである。まるで白旗が見えないかのように、停船して射撃がしやすくなった「静止目標」に十センチ砲弾と四十五ミリ機銃弾を一斉に撃ち込んだ。砲弾は信管がついていなかったのか爆発が発生しなかったかわりに散弾のように破片が飛び散り、それらが甲板にいた人々を吹き飛ばし、突き刺さった。「一発で機関はストップ、ボイラーは壊れ、蒸気が吹き出した。貫井船長もこのとき破片を浴びて船橋に倒れたのを大脇は目撃している」（『前掲書』）。

L19の攻撃は船体だけでなく、疎開者も狙い撃ちしたため、疎開者で溢れかえっていた甲板はたちまち阿鼻叫喚の地獄と化した。この時の情景を前述の西垣千穂子さんの書簡から引用したい。

艦砲と魚雷と両方らしくあまり爆風がひどくてさっぱりわかりませんでした。一番ひどい大きな音が五六回なりました。それだけで五分と経たない中に泰東丸がくるくる廻って

泰東丸から引き揚げた無線発信機(左)を展示している小平道の駅おびら鰊番屋

沈んで行きました。沈むまでの甲板上にゐた人達の様子は全部たゞふせてゐましたが、私は倉庫のとびらと一緒にころがり廻ってゐましたがその間に見たものはわけのわからないもののかけらのようなものが目を開くことが出来ない程飛び散っていたこと　ひどく前に伏せてゐた人達が砲撃の度に姿が見えなくなること、首や手足がころがったり肉片が私の頭に沢山かかってきたのです。

(『南樺太に於ける戦後の日本人の状況』)

甲板の上では、爆風と共に身体の部位が四方に飛び散り、あちこちに転がり、助けを求める声、うめき声で溢れかえっていた。その時、甲板での惨状を目の当たりにしていた村上幸次郎さんは、「甲板を逃げまどいながら、潜水艦上の兵士がこちらを見ながら笑っているように見えた、と思った」(『慟哭の海─樺太引き揚げ三船遭難の記録』)。

同様に、当時国民学校四年生であった西垣千明さんも「艦橋で敵兵が笑っていた」(『樺太終戦史』)と姉の千穂子に語っている。

L19の銃砲撃を受ける中、尾上春男通信士は必死に無線室からSOSの無線を送りつづけながら、今朝受信したSOSの意味を悟った。船は左舷に傾き始め、船内にいる避難民、特に、機関室に服を乾かしに降りていた子供達は叫び声をあげながら、必死に戸やハッチを叩き続けたが、助けに行く余裕は誰もなかった。皆、自分のことで精一杯だった。

甲板から海に飛び込む者もいたが、船がどんどん傾いて来たため、滑り落ちる者も増えて来た。無線室からSOSを連打していた尾上通信士も無線が発信出来なくなり、銃弾飛び交う甲板に飛び出し、海に飛び込んだが、その際、乗組員と警備の兵士のみが身につけていた救命胴衣は脱ぎ捨てた。(ちなみに、尾上通信士が必死で連打していた無線発信機は小平町鬼鹿沖から引き揚げられ、道の駅おびら鰊番屋にて展示されている。その無線発信機は引き揚げられた際、尾上氏によって、当時のものと確認されている)

泰東丸は砲撃を受ける右舷に傾きながらもなかなか沈まなかったが、ついに左舷の赤い船腹が見えだし、M氏によれば、「今だ」叫ぶと無傷の兵士だけでなく、それまで立てなかった負傷者まで走る様に海に飛び込んだという。

前述の西垣千明さんも事件が起きた四年生の時に、樺太からの緊急疎開についての文を書き、後に、姉の千穂子さん同様に外務省引揚局樺太係に提出している。そこには国民学校四年生の目線でL19の砲撃開始から泰東丸の沈没までが次のように書かれている。

留萌の沖で何だか「ガン」とものすごい音がして耳がわれそうになりました。みんな

「せんすいかんだ」「しゃがめーしゃがめー」と言ひました。

だれかが「あぶない」と声を出しました。まもなく七・八発音がすると船は次第に傾きました。みんなの後につゞいて死体だらけの海の中にとびこみました。僕は何が何だか分かりませんでした。

（『南樺太に於ける戦後の日本人の状況』）


そして九時五十五分、ついに泰東丸は右舷に大傾斜して沈没した。

鬼鹿監視哨から泰東丸がL19より銃砲撃を受ける模様を目撃し、留萌の本部に連絡をした北川二等兵によると、最後に大きな水柱が上がり、それがなくなったとき、泰東丸の姿も消えていたという。

ソ連潜水艦は泰東丸を沈めた後も、波間を漂う緊急疎開者に銃撃を加え続けた後、潜航していった。

泰東丸を脱出したM氏は、Y氏、若い女性二名、中年の女性の二名の六名で一つのイカダに乗ったが、泰東丸を沈めた潜水艦は百メートル位まで近づき、M氏の目には潜水艦の水兵のあざ笑っている様な顔がよく見えたが、潜水艦はまもなく潜航して行ったとのことである。

海上に取り残された生存者は浮遊物に必死でつかまり、助けを待ったが、力尽きて、多くの人が水底に姿を消していき、生存者は海流に流され、陸地から遠ざかっていった。

この泰東丸がL19に攻撃される様子は陸地からも目撃されていた。

泰東丸撃沈後、鬼鹿村役場は動いた。当時、鬼鹿村役場の社会係であった西村正雄氏は、この時のことを次のように回想している。

酒井繁助役の命令で、部落の小手繰り船に「沈んだ船の人たちが同胞であったら捨てておかれない。船を出してくれ」と頼み、酒井助役と佐藤祐二兵事係と私ら四人が三隻の漁船に分乗して沖に出て二時間ほど捜索した。三隻のうち大きい大福丸が女の死体を一体見つけて収容し、ほかの船は粉みそやハンモックなどを拾い上げて帰った。

(『樺太一九四五年夏』)

女性の遺体を収容した大福丸の船頭であった佐藤吉之進氏の回想は次の通りである。

漁業会の書記が双眼鏡をのぞいて、貨物船みたいのが沈んだといっているところに、役場から船を出してくれというので、おっかなびっくりだったが大福丸を出した。朝早くのときは、霧があってよくわからないが沖合八キロほどだっただろうか。あのときは、もうちょっと左(南)寄りだった。潮の流れでものすごい漂流物が、ちょっと沖に出ただけで流れ寄ってきていた。その中に三十五、六歳の女の死体が浮いていて、それを収容して戻りましたよ。

(『前掲書』)

鬼鹿地区で、当時を知る方々のお話を直接、間接的に聞いたが「助けに行きたいが、戦闘直後でいつ潜水艦が襲ってくるか分からない海へ、船をだすのに、どうしてもためらいがあった」という話を聞いた。非常に正直な気持であり、彼らの心に深い傷を残したと思う。むしろ、よく三隻も出せたものだと思う。この時の体験は、後に、鬼鹿の人々が協力し合っての泰東丸引揚のための活動の原点になっていたのではなかろうか。

溺者救助

泰東丸沈没後、西垣千穂子さんをはじめ、百名以上が七時間以上、漂流した。西垣さんの外務省に宛てた書簡には、漂流中の事も書かれている。

ひどくやかましく泣き叫ぶ声が聞えましたがその後静かになるにつれてあちこちで船員や兵隊が板をしばり合わせて泳ぎついた人をのせたりしていました。中には大声で愛国行進曲を歌ってゐる人もおりました。それに元気づいて私は遠くにいる人に一枚の板につかまりながら行くことを知らせますと皆手を振ってくれましたので三十米位もはなれてゐましたが泳ぎつく事が出来ました。いかだに付《ママ》いてから船員二人自動車の運転手一人赤ちゃんをおぶった母親、子供二人をかゝえた母親二十才位の女の人これだけ居ましたが目の前で二十才位の着物を着た女の人が死んで行き子供二人は流され船員二人と赤ちゃんを背負った母親と運転手はちり〴〵に板きれについてはなれて行き子供をなくした母親と私と二人だけ残りました。日も傾きかけた頃板の上に立って見ますと遠くに赤い旗（着物らしい）をたてたいかだのかたまりが見えるだけで増毛の町の屋根も岸辺も全々見えず相当沖へ出ている事だけわかりました。日暮になって（天候が悪くなったのか疲れのためその様に感じたのかわかりません）掃戒《ママ》艇が来て水から二人を引き上げてくれました。

（『南樺太に於ける戦後の日本人の状況』）

この時、救助にあたったのは特設敷設艦高栄丸と機雷敷設艇石埼である。西垣千穂子さん・千明さん姉弟は高栄丸に、泰東丸から海に飛び込んだM氏は石埼に救助された。

この二隻は八月十五日を稚内で迎え、その後、緊急疎開船として避難民輸送にあたった。当時高栄丸で水測員（ソナーマン）であった関本春雄二等兵曹によると、稚内港を出港したのは、同日夜のことであったという。翌朝、大泊港についたが岸壁は黒山の人だかりでタラップからの乗船では時間がかかるため、舷側から網はしごをおろし、大勢の人が同時に乗船できるようにしていたそうで、立錐の余地のないくらいの人を乗せて、出港した。

関本二等兵曹は「千人は乗せたんではないか」と語る。稚内に折り返す復路は寒く、防寒着を着て避難民が大量にいる甲板の見回りをしていたところ、近くにいた女性から「兵隊さん、毛布はありますか？」と聞かれたので、詳しく話を聞くと「おばあさんが寒くて震えている」との事。関本二等兵曹は急いで自分のハンモックから毛布を引っ張り出し、そのおばあさんに提供したそうだ。

その後、稚内で避難民を降ろし、もう一度大泊との間を往復したのち、二十二日に停戦命令が出て、稚内を出港、日本海経由で横須賀を目指した。そして正午前、高栄丸艦長中垣義幸中佐の船は礼文島と利尻島の間の沖合航路をとった。その時、後甲板で手記によると、「留萌沖三浬」のあたりで、国籍不明機の雷撃を受けた。十人位で「わいわいやっていた」関本一等兵曹は、その様子を次のように語ってくれた。

黄色い飛行機が利尻島の島陰から出てきて、なんだあれは、と言うが早いか、黄色い飛行機が魚雷投下したんですよ。なんだ、魚雷だ魚雷だ、と騒いでいたら、艦長は魚雷を回避したんですよ。よく見えるんですよ魚雷が。私は、当たる当たる、って言っていたら、志賀兵曹が大丈夫だ、大丈夫だ、と言っていたら五十メートルあったんかな。バーと魚雷が通っていくのが見えたんですよ。

この時攻撃して来た国籍不明機について中垣艦長は手記に「米機に非ざる国籍不明の雷撃機二機」と記している。

その後、見張を増やし監視を強化したところ、午後二時頃、ベテランの上等兵曹より「留萌方面海上に日の丸の旗を振りつつ救助を求むる溺者の大群を認む距離五千米との報告」(『第五〇期級会回想録　第一集第十号』)が艦長にもたらされた。だんだん溺者に近づいて行くと、先行していた石埼が外舷から手を伸ばして直接救助を始めていた。しかも艦長の声がよく聞こえる場所であった。関本二等兵曹は水測員であり、艦橋は、その定位置であった。しかも艦長の声がよく聞こえる場所であったという。

艦長は「溺者発見」の報告を聞くと直ちに「第一、第二短艇降ろし方用意」を命ずると同時に「総員配置につけ」と命じた。

関本二等兵曹は探信機のレシーバーをかぶって間もなく、「シュヤッル、シュヤッル」と言う潜水艦のスクリュー音を探知し「潜水艦のスクリュー音らしきもの発見」と、報告した。ちなみに関本二等兵曹が「～らしき」と報告したのは、自信がなかったからではない。どんなに確信していても「スクリュー音」と断定「できる」のは艦長だけであり、水測員である自分ではないという海軍教育に基づく報告の仕方であるそうだ。

すると副長が「艦長、短艇降ろし方止めます」と、上申した。潜水艦がいる海域で、船を止めて短艇を降ろしていたら、潜水艦にとって恰好の標的となるからである。

しかし、艦長は間髪いれず「いや、降ろせ、降ろし方用意」と再び命じ、石埼と共に、溺者救助にあたった。とは言え、中垣艦長は対潜水艦対策を取らなかったわけでなく、手記によると「石埼のみは周辺を高速威嚇航行の上敵潜の浮上を警戒せしめました」とあるが、石埼がこのような行動をとったという資料を現時点では、発見できていない。また、この時、海中に爆雷を投下したと証言する元乗組員もいるが、爆雷爆発時の水圧は、溺者の内臓に深刻なダメージを与え、死に至る場合もあることから、溺者救助と同時に、爆雷投下がなされたとは考えにくい。

関本二等兵曹は、これ以前に駆潜艇に乗艦していた際、溺者救助中に敵潜水艦を発見し、爆雷を投下した場面に立ち会ったことがあるという。爆雷投下・爆発後に救助された溺者の外見は普通であったが、下血が酷く、亡くなったという。

溺者救助活動について中垣艦長は手記に「溺者の中には母に背負われ二間余の丸太に捕まりつゝ、救助された四才の少女も一名ありました。約二浬平方に亘り散在して居りましたが残存溺者全部を救助するに三時間を要しました」と記している。

溺者救助活動は数時間に及び、日が暮れてもなお、探照灯で海上を照らし続けた。艦内では、救助されたを人々を救うべく、風呂の準備、おかゆの準備に全力がそそがれ、軍医や衛生兵は応急処置のために狭い艦内を走り回っていた。若い水兵は体温が低下して意識のない救助者の身体を暖めようと、まわし一本の姿で添い寝し、自らの体温で暖めようとするなど、皆、全力で救護活動を行なった。

しかし、残念なことに、救助後に艦内で落命した方も多数いたようで、関本二等兵曹の話と西垣千穂子さんの書簡によると、高栄丸では二度、水葬がなされたという。石埼でも犠牲者の水葬がなされたが、その場に立ち会ったM氏の回想によると、犠牲者は軍艦旗に包まれ、水兵がラッパで「海ゆかば」を奏でたという。

救助活動終了後、両艦は大湊に向かうが、まだソ連潜水艦の脅威は去っていなかったようである。以下の中垣艦長の手記の一文をご覧いただきたい。

救助後神威岬に向け南下中逆探により敵潜二隻の浮上を探知しました。宵闇迫る午後五時でありました。日出没共早い東経の地理を利用しまして石狩湾内を距岸五百米微速赤二〇を以て無音無灯の航行の下に小樽入港の如く敵を欺く偽航路にて翌朝黎明神威崎《ママ》に達する事とし薄明を利して増速の上神威岬の敵潜伏在海面を無事突破しようと企てました。此の為敵潜の攻撃も見ず無事大湊に入港溺者は駆逐艦に移し北海道に送りました。

(『第五〇期級会回想録第一集第十号』)

この手記によると、石狩湾内にはさらに(ソ連の)潜水艦二隻が待ち伏せていたことになる。八月二十二日午後五時の時点で、ソ連軍の留萌上陸作戦(二十四日上陸)の中止命令は出されておらず、事実であるなら、留萌沖だけでなく、石狩湾にもソ連潜水艦が派遣されていたことを示す重要な記録である。

またこの手記には大湊で救助された人々を駆逐艦が北海道へ送ったとあるが、これは石埼のことと思われる。石埼は生存者百十三名を乗せて大湊から「すぐに函館に取って返し、全員を函館で降ろした」(『慟哭の海―樺太引き揚げ三船遭難の記録』)

生存者を石埼に移した高栄丸はこの後、横須賀を目指したが、航行中新たな命令を受け、大湊に引き返し、同地で武装解除を受けた。

ソ連潜水艦の攻撃は国際法違反

ソ連潜水艦の砲雷撃により、小笠原丸、泰東丸は沈没し、第二新興丸は大破しながらも、息も絶え絶えに留萌港に到着した。この三隻のSOSの無線を北海道の小樽無線局は傍受していた。そこで、同局は小樽警察署に対して樺太引揚三船の遭難を報じ、救助手配を依頼したが、それが功を奏したかは不明である。

一九九一年秋に秦郁彦拓殖大学教授（当時）は、ソ連国防省戦史研究所V・ジモーニン所長代理（当時）に八月二十二日前後の旧ソ連海軍の動向について調査依頼し、その回答が一九九二年九月に届いた。それによると、三船殉難事件は「旧ソ連太平洋艦隊の潜水艦による攻撃だったことがロシアに保管されていた資料」（『毎日新聞』平成四年十月一日第一面）で確認された。

この回答によると「一九四五年八月二十一日から二十二日にかけ、日本船舶に対し、計六回の魚雷攻撃と一回の砲撃を行った」（『毎日新聞』平成四年十月一日一面）とある。さらに潜水艦から「艦隊司令部への報告は『三十一日、日本の小型船を砲撃で撃沈』▷『二十二日にかけ、輸送船に三発魚雷攻撃し、沈没させた』▷『二十二日、輸送船一隻を撃沈、別の船にも損傷を与えた』などとなっている」（『毎日新聞』平成四年十月一日第一面）

この内容からすると、確認されていないだけで、小型船が別に撃沈されている可能性さえある。

ところで、三船殉難事件を戦時国際法で見るとどうであろう。『海上武力紛争法サンレモ・マニュアル解説書』によると、海上において「降伏の意図を知らせる一つの決まった方法はない」。しかし降伏した船舶は「慣習法上の義務に従って攻撃から保護される」。一般に降伏の意図を知らせる方法として「旗の降下―白旗の掲揚―潜水艦の場合は浮上―機関の停止と攻撃者の信号に対する応答―救命ボートへの移乗―夜間は、停船と灯火の点灯」等が認められている。

ちなみに、日本海海戦の際、ネボガトフ海軍少将麾下の第三太平洋艦隊の降伏を日本側が受け入れたのは、白旗の掲揚だけでなく、全艦艇の機関が停止されて、戦闘及び逃走する意志のないことを明確にさせてからであった。

まず、日ソ両国間の意識としてだが、日本はポツダム宣言を受諾し、戦争は終わったという認識でいたのに対し、ソ連は、日本軍は戦闘を継続しているという認識でいた。

小笠原丸と第二新興丸については、ソ連潜水艦からの雷撃で始まっており、降伏の意図は表明する余裕がなかった。また、難船者への救助・保護が慣習法により要求されているが、それは戦闘後であるところからすると、この二隻については、この時期での潜水艦の民間船舶に対する攻撃が合法か違法かというレベルの話であり、慣習法として認められて来た、上記の降伏の要件を、この二隻は満たしていない。

ただし、泰東丸は別である。

ソ連潜水艦は砲雷撃を加える前に浮上している。これに対し、泰東丸は白旗を掲揚し、機関停止をしている。つまり、上記第三太平洋艦隊が降伏した際と同じ行動をとっている。その上、搭載されていた大砲にはカバーがかけられたままで、戦闘を行なう意図がないことも明確にしている。

この状態で泰東丸や同船への攻撃で海上に投げ出された人々へ銃砲撃を加えるのは、明らかに戦時国際法違反である。海上に投げ出された難船者に対する保護が明文化されたのは、昭和二十四年に締結された「海上にある軍隊の傷者、病者及び難船者の状態の改善に関する一九四九年八月十二日のジュネーブ条約」である。しかし、この条約締結以前より降伏した船舶に助命を与える慣習法上の義務が存在しており、それを無視したソ連潜水艦の行為を肯定する法律はない。しかも泰東丸のように、白旗を掲げ、船の動力を止めて降伏の意思表示をしている民間船への攻撃も行なう等、ソ連潜水艦の泰東丸への攻撃は、明らかに国際法違反である。

そうであるにもかかわらず、秦教授の照会により、三船殉難事件がソ連海軍により引き起こされたことが判明して以来、いまだ日露両政府間ではこれらの事実について公式に確認されていない。樺太引揚三船遭難遺族会は事件の真相究明を日本外務省に繰り返し求めているが、いまだ回答はない。また、日本外務省は本件について、ロシア外務省とどのように、どのくらいの頻度で事実関係の照会をしているのであろうか。

現在、水面下で進められているであろう日ロ国境画定交渉において、本件について、日本外務省からロシア外務省に対し、積極的に事実関係の究明を求めることを切に望むものである。

犠牲者やご遺族が戦後、求め続けてきたことは、賠償請求でなく、真実を知ることと、責任ある立場の人物からの謝罪の言葉であろうから。

留萌市内に正覚寺というお寺がある。このお寺はこれら三船殉難事件で九死に一生を得た人々が収容された施設の一つで、「血染めの米」が残されている。「血染めの米」とは第二新興丸の魚雷が命中した船倉に積まれていた米で、魚雷爆発による死傷者の血しぶきで赤茶色に染まっている。この米は見る人にその惨劇を無言で語ってくれる。

また、助かった方々の苦しみはいまだ続いている。第二新興丸の項にて述べた通り、同船に乗船していた三上さんやAさんは自分が助かったこと、周りの人を助けられなかったことを責め続け、助けられなかった人の夢を見てはうなされ続けたと語る。

三上さんが話してくれた夢とは、髪がほどけて頭がザクロのように割れた女の人、荷物の下敷きになっている男の子が手を出して「助けて」と言っている。目が覚めると、助けてと言われて助けられなかった人に申し訳ない気持が一杯で泣いてしまうとのこと。三上さんは目に涙を一杯にためて、筆者に語ってくれた。

Aさんは上甲板に出るために鉄ばしごを登ろうとした際、自分の足を掴んだ女性のことを筆者に話して下さった際、何度も声を詰まらせ、目を真っ赤にしていた。長い間、夢で見続けたそうで、その都度、成仏して下さいと祈り続けて来たそうだ。Aさんは戦後、樺太関係者があまりいない土地に住んでいたため、この話をする相手もなく、ずっと自分の心の中に秘め、自らを責め続けて来たという。

筆者が三船殉難事件で助かった方のお話を聞くと、生き残った自分を責め続けている方に出会うことが多い。これは、三船殉難事件に限った話ではないが、三上さんやAさんのように心に深い傷を負っていながら、今でも自分を責め続けている方は、私が話を聞かせていただいた方より、はるかに多いはずである。

三船殉難事件はまだ終わっていない。

平成二十九年十二月三日、小平町

この日、筆者は小平町で三船殉難事件のインタビューを行なっていた。前日からの大雪で札幌からのバスは遅れ、浜辺には激しい波が叩きつけていた。国道（通称：オロロン街道）沿いの地面には雪が強風に飛ばされて積もっていない反面、路面は凍結していた。

これまで、三船殉難事件のインタビューは老若男女、軍民を問わず乗船者を対象に行なってきたが、乗船者と陸にいた人とでは、立ち位置（精神的、物理的）が違う以上、違うモノが見えていたのではないか。また陸から目撃した人の方が戦後七十二年（捜索時）たった現在、生存者が多いのではないかという考えからこの年の夏以降は、乗船者だけでなく、陸上からの目撃証言も集めていた。その成果は既に本章に記した通りである。

とは言え、なかなか目撃証言が集まらず、留萌市、小平町出身の方々の力をお借りし「現在八十五歳以上で会っていただける方」という条件で手当たり次第に証言者探しを行なった。いわゆるローラー作戦である。これには、小平町で町おこしに積極的に取り組んでおられる

小平の沈没現場近くの仮埋葬地跡に建てられた慰霊碑

K社長と留萌市のE氏の存在があって初めて出来たことである。実際、K社長は筆者がインタビューを行なっている傍でありとあらゆる伝手をたどって、インタビューを受けて下さる方を捜して下さり、SさんとF夫妻に辿り着いた。

Sさんは終戦時十二歳で、三船殉難事件の際、小平町鬼鹿（当時は鬼鹿村であった）の海岸のすぐ近くまで接近した第二新興丸を目撃している。

Sさんと母親は多くの地元の人々と一緒に海岸に集まって船を見ていると、海岸に接近してくる第二新興丸と海岸の間に水柱が立ったことや、鬼鹿海岸のすぐ近くで船が停止していたこと、鬼鹿村でも「血染めの米」が食糧として配給されたことなどを覚えていた。それだけでなく、この事件後、海岸にご遺体が上がると、自宅から線香を持って現場に走って行った記憶について話していただいていた時、Sさんの口から思いがけない言葉が飛び出した。

「鬼鹿近辺には複数の仮埋葬地があり、その一つにはまだ仮埋葬されたままのご遺体が残っている可能性がある」というものであった。

早速仮埋葬地に行ってみることにし、Sさんにその仮埋葬地があった場所へも案内していただいた。そこは深い葦原の中にあり、Sさんなしでは見つけることは困難な寂しい土地であった。ただ、その周辺には以前お寺があったとの証言を、別の方からいただいた。

それ以上にショッキングな話を聞かされたのは、F夫妻からであった。

F氏は終戦直前、七月十五日の米艦隊のよる室蘭艦砲射撃を体験した経験を持ち、地元に戻ったのは、三船殉難事件の前後で、事件当日、地元にいたか明確な記憶がないと話された時であった。

F夫人が突然、予想外の話を始められた。

F夫人は亡きお姑さんの言いつけで、三船殉難事件の犠牲者らしき女の子のご遺体を、F家の方々の手でF家のご先祖様同様にご供養されているというのである。

今まで、海岸に漂着した三船殉難事件の犠牲者の遺体は地元の方々の手で、仮埋葬された。そしてご遺族がわからず、最後まで引き取り手がなかった方々は各自治体ごとに、集められてご供養されてきたとされているのだから、筆者は驚かずにはいられなかった。

F夫人がここまで話すと、F氏も何か思い出したかのように話し始めた。

F氏によると、事件からそんなに日がたたない時期に三名の小学生ぐらいの女の子の遺体が海岸にバラバラに流れ着いた。彼女達が姉妹親類なのか、赤の他人なのか何もわからない。ただ、体は傷んでおらず、きれいだったという。

そこで、町内会で話し合い、集落のはずれの墓地近くの山道の脇に、漂着したままの姿で

犠牲者の少女が眠る可能性がある仮埋葬地

並べて埋葬したという。それを不憫に思ったF氏のお母様がF家のご先祖様同様に、彼女達のご供養を「私的」に続け、F夫人に引き継がれた。しかしF夫人は、自分達も九十になり、もし、何かがあったら、その子たちのご供養を引き継いでくれる人がいなくなるということを非常に心配されていた。

そこで、仮埋葬地を確認しようと、F夫人に同行をお願いしたところ、生憎、怪我をされており、同行は難しいということであったため、場所、特に目印を詳しく聞き、K社長、E氏と共に仮埋葬地探しに向かった。

仮埋葬地の目印となる集落の墓地とその脇の山道までは順調に辿り着けた。この墓地は集落の人が亡くなると、都会にでた家族が墓地ごと動かしていることで、きれいに手入れがなされている墓所も、集落としては消滅に向かっていることが感じられた。奥様の話にあった墓地の脇の山道を登り、それらしきところを見つけたが、問題はここからであった。

この辺りも海岸付近同様に、風の通り道となるようなところは、あまり雪が積もっていなかったが、山道の脇で山陰となる場所であったため、三十センチほどの雪が積もっていた。おかげで、F夫人からうかがった仮埋葬地の目印が、全て雪で覆い隠されていたのである。F夫人の言葉を頼りに、だいたいの「あたり」をつけて、素手で雪をかきわけて捜した。埋葬してある場所には塩ビ管の花さしがあり、小石がおいてあるとうかがっていたので、それが出てくることを信じて、ひたすら掘った。手は寒さで痛くてたまらないが、この雪の下で、恐らくは縁もゆかりもない土地で七十年以上眠って来た子供達をなんとか見つけようと作業を続けた。まず埋葬地を確認し、後日発掘したら、身元特定につながる手掛かりが出てくるかもしれない。

現代のDNA鑑定技術を持ってすれば、もしかしたら、親族を捜せるのではないか。さすがに子供達をご両親に会わせることは出来なくても、兄弟ならもしかしたら、生きているかもしれない。そうすれば、七十数年ぶりの家族の再会である。

もし、この子供達が自分の子供だったら、自分はどうするだろう。絶対見つけるんだ。その言葉しか頭には浮かばなかった。

この気持はK社長もE氏も同じだった。しかし、なかなか見つからず、探す範囲も広げ、三十分ぐらい経った頃であろうか。

「ここじゃないか！」

E氏の声が周囲に響く。そこへ駆け寄り、雪をかき分けると、湯呑や目印として聞いていた塩ビ管もみつかり、漸く仮埋葬地を確認出来た。

それから三人で手を合わせ、般若心経を詠んでいたら、自然と涙があふれ出てきた。

その後、F夫妻宅に報告に向かったが、恥ずかしながら、零れ落ちる涙をこらえることが出来なかった。今まで、ひっそりと、知らない土地で眠る子供達を不憫に思うと同時に、そんな子供達をF家の人々は、ご先祖様と同様にご供養を続けて来た気持を思うと、たまらなかった。その上、F夫人は「自分たちは何も特別なことをしているのではない。人として当たり前のことをしているだけだ」と澄んだ目で微笑みながら、何度も、普通に話されていたのが忘れられない。

F家の玄関先で、埋葬地発見の報告と自分達が何とかするので時間が欲しいとお願いをし、辞去させていただいた。

翌年一月、筆者はにF家と墓地に眠る子供達に経過報告に訪れた。当初は十二月の雪の感じから、一人で行くつもりであったが、そのことをE氏に話すと「先生一人では絶対無理だし、危ない」とのアドバイス。ここは地元の方のアドバイスを聞くべきだろうと考え、改めて同行をお願いしたところ、頭にかぶる毛糸の帽子から長靴まで全部用意してくださった。

当日、F家に途中経過を報告したのち、墓地に車で向かった。除雪がきちんとされている道はよかったが、それは集落の外れまで。そこからは腰より深く積もった雪道にE氏提供の装備に身を固め、「雪中行軍」を開始した。雪とはほとんど縁のない千葉県育ちの筆者は一歩前に進むだけで息が上がる。玉のような汗が吹き出し、二、三歩歩いては休むというのを繰り返しながら、進んだ。雪で本来の道がわからず、熊笹の空洞を踏み抜き動けなくなる事、複数回。なるほど、樺太や北海道にいた旧軍将兵は階級、年齢に関係なく、スキー訓練をした理由を身をもって理解した。

大幅に想定時間を過ぎ（E氏曰く、「予定通り」）墓地に到着し、十二月の時以上の雪をかき分けて、線香を手向けて手を合わせ、改めて、この子供達を家族・友人・親戚の人達が眠る所に連れて行くという決意を新たにしつつ、往路の教訓を活かしながら、来た道を引き返した。

筆者は引き続き、陸上からの、三船殉難事件の目撃者証言を探し続けているが、同時に、犠牲者が流れ着いた地区を調べなおしている。事件当時の事情を考えると、他にも地元の人々の善意で埋葬されたまま、犠牲者として公的に把握されていない人がいるのではという疑問を持っているからである。

鬼鹿の人々の話によると、増毛・小樽方面から鬼鹿海岸に色々なものが流れてくるという。鬼鹿海岸付近は潮の流れが速く、浜に上がらない漂流物は北の苫前方面に流れているとのこと。

そうして知ったのが、増毛町共同墓地、留萌市黄金岬、小平町鬼鹿海岸（道の駅・おびら鰊番屋前）以外に、小平町と苫前町にも慰霊碑が各一基あるという事実だ。小平町には、現在使われていない火葬場があるが、その周囲にはかつて、犠牲者の仮埋葬地があり、いまそこには誰も訪れることもなく、ひっそりとしている。この仮埋葬地に埋葬された犠牲者は身元が全員判明して、ご遺族が引き取ったそうである。

苫前町には、道の駅（公営宿泊施設）の敷地の一画に、慰霊碑があるが、これは樺太から引き揚げてこられた高田利吉氏が中心となって建立されたもので、増毛・留萌・小平同様に、かつては毎年慰霊祭が行なわれていた。苫前町史によると、同町の南部地区の海岸に四十体前後の犠牲者が漂着したとあり、その事を記憶されている方がいまもお元気である。

野沢哲美氏（当時十歳）によると、現在慰霊碑がある場所のすぐ近くの漁港で海上で発見された四体の検死が行なわれていたのを目撃したという。当時、漁港のすぐ近くに住んできた野沢氏は「浜辺で作業をしていた漁師たちが、潜水艦の潜望鏡らしきものが海岸を横切って行くのを目撃した」という噂が三船殉難事件後に流れていたという。

苫前町に漂着した犠牲者も町内の墓地に無縁故者として仮埋葬されたが、昭和五十年にそのうち、三名のご遺族が見つかり、引き渡されたと昭和五十年の「広報とままえ10月号」には書かれてある。しかも同紙によると、犠牲者の内、二名は泰東丸、残り一名は小笠原丸に乗船していたと書かれている。となると、鬼鹿沖で沈められた泰東丸以外の犠牲者が海流に乗って流されて来ている可能性がある。

苫前町の北にある羽幌からフェリーで二時間の所に位置する天売島（羽幌町）に行き、聞き取り調査を行なうと、木崎昭蔵氏（当時十三歳）から島の留萌対岸の浜辺に男女二体のご遺体が別々に漂着したのを目撃し、その後、海龍寺に埋葬されたという話を聞けた。木崎氏は海龍寺の檀家総代だそうで、同寺はご住職が常時いるお寺ではなく、対岸の苫前町の晃徳寺の坂川資樹住職が兼務住職をされており、直接お会いして、本件の確認は出来なかった。ただ、後日電話で話をお伺いしたところ、お寺に埋葬したことは初耳だそうで、この事は晃徳寺には伝わっていなかった。しかし海龍寺には、三船殉難事件犠牲者のお位牌があったかもしれないというお話だったので、今度はご住職にお願いし、スケジュールを合わせて天売島に調査に行きたいと思う。

天売島は樺太からも潮が流れてくるようで、ソ連参戦から間もないころ、天売島北部海面に焼玉船が漂流して来たのが発見され、港に曳航されてきた。木崎さんも港にいったところ、警察官が現場検証中であったそうだ。その船は昆布巻きにした鰊をかますに詰め、それを山積みにしていて、操舵室の天井には機銃掃射による穴が無数に開いていて、エンジンを撃ち抜かれて自力航行が不可能な状態だった。操舵室にいた二名は死亡、船倉にいた二名は助かり、天売島近くまで潮の流れに乗って漂流してきたという。時期と船荷からすると、明らかに樺太島沿岸で海産物の輸送を行なっていた際、ソ連機の攻撃を受けたものと思われる。

これらの出来事は羽幌町史には記載されていないが、海龍寺に埋葬されたり、警察が検視を行なっているところから考えると、なんらかの資料が残っている可能性はあるので、さらに調べたいと思う。また、苫前町での取材の際「三船殉難事件の犠牲者は羽幌町（北海道側）やその北の初山別村の海岸にも漂着している」との情報を得た。

この情報提供者の立場から考えると、情報の確度は低くないと判断できる点と、小平の三体、海龍寺の二体と共に、それが事実であると証明されたなら北海道庁が犠牲者数を割り出した際、羽幌町、初山別村は含まれていなかった点から、従来の犠牲者数一七〇八名が書き換えらえることになるだろう。しかも戦後七十三年もたち、その存在を知る人がいなくなり、誰からも供養されていない可能性もある。

犠牲者数を書き換えるためではなく、七十三年間、寂しく眠って来た方々がいるのであれば、家族、親戚、友人、知人達と一緒に眠れるようにし、ご供養するために、調べるのである。

これらの点を考慮に入れ、三船殉難事件の体験者・目撃者探しと並行して、犠牲者の漂着情報も集めていきたいと思う。

第二新興丸の溺者救助に当たった特設敷設艦高栄丸。昭和51年、解体を前に横須賀で係留中（関本春雄氏撮影）

第六章　ソ連軍政下の樺太を生き抜いた一人の日本人

樺太に残された三十万人

八月二十三日、ソ連軍は日本人の島外への移動を禁じたが、決死の覚悟で同日深夜、大泊港から最後の緊急疎開船が稚内に向けて出港した。それでも、大泊の町は避難民であふれたままで、北部からは豊原に次々と流入し続けた。『樺太終戦史』には「中西豊原支庁長の記憶によると三市町が受け入れた避難民は六万人といい、このうち豊原市では最終的に三万人に上った」と記されている。

南樺太全土で残された日本人の数は、約三十万人にのぼった。

ソ連軍は八月二十四日に樺太の首府である豊原市に進駐し、翌二十五日には大泊を占領。かくして、樺太島内の主要都市は全てソ連軍の占領下に入った。

そして樺太庁にかわり軍政を始めたソ連軍は、日本の軍人、憲兵、警察官などは段階を踏んで逮捕する一方で、樺太各地ではソ連兵による略奪、婦女暴行が頻発し、治安は短期間で悪化した。ソ連軍は市民に対して八月二十七日に「即刻職場に復帰し生産の増加を図れ」との命令を布告した。これを知った避難民たちは、苦労して避難して来た道を故郷に向けて戻り始めたが、戦場になった地域には、戻っても住む家がなかったり、先に戻った者達に占拠されていることも多々あった。

しかも米英豪の占領地と違い、ソ連占領地に住む日本軍人、日本人は戦犯に指名され逮捕されるか否かに関係なく「日本」への引き揚げがいつ始まるかもわからず、日を追って不安がまし、日本人の心を蝕んでいった。

その一方で、九月二十三日になると、クリューコフ大佐を長とする民政局が設置され、軍に代わって、樺太の行政に携わっていくようになった。

しばらくすると、ソ連軍とドイツ軍の戦闘により、町という町が灰燼に帰したウクライナ地方からは多くのソ連人が移住してきたり、樺太を占領するソ連軍人がその家族を呼び出し、日本人とソ連人の共同生活も始まった。職場においても、当初は日本人が運営していたところに、ソ連人が送り込まれ、役割を交代していき、様々な悲喜劇が見られた。

引揚者の方々のお話を伺うと、この時の体験が引揚後の生活やものの考え方に大きな影響を与えたように思う。

ある日本人の証言

終戦時の樺太について、調べ始めてからよく感じる事の一つに、樺太からの緊急疎開した避難民や引揚者が意外と自分の周囲におり、自分や妻の友人の親族にいるという話を度々聞いた。そして、ご存命でありお話ができる方には、ご無理のない時間、状態でインタビューをさせていただいて来た。

その中で、三十年来のお付き合いである先輩・牧田晃潤氏のお母様が樺太からの引揚者であったということを偶然知った。そのような話は今まで一度も聞いたことはなく、これには驚かされた。お母様は、現在もお元気で、早速インタビューをさせていただいた。

その内容は、新鮮であっただけでなく、当時のソ連の政策なども伺える貴重なものだった。ソ連占領下でありソ連人との間に友好的な関係を築きながらも嫌みがなく、したたかに力強く、そして明るく生活をしていた日本人の話で、筆者の好奇心を大いに、掻き立てるものがあった。

本来、筆者は先の大戦の終戦時の樺太戦を専門分野としており、戦後の樺太での日本人の生活については、様々な先行研究があり、引揚者の戦後回想も残されており、書くのは控えてきた。しかし、何度も言うが、以下の体験談は筆者の好奇心をくすぐるものであり、是非、読者の皆様にも紹介したいと筆を執った。一人でも多くの読者の記憶に留められたらと思う。

日本統治時代の生活

牧田兼子さん（旧姓：工藤）は昭和六年、樺太南部の多蘭内《たらんない》近郊の東伏見湾に面した幌内保《ほろないほ》で生まれ、引揚時までずっと生活していた。

兼子さんの祖父・工藤石太郎氏が樺太に移住したのは、日露戦争の砲声が聞こえるか聞こえないかという明治三十八年で、礼文島から磯船で若い衆と一緒に来島し、木材の伐採や農場、焼酎工場、牧場を経営した。当時の樺太には日本各地から新天地を求めて多くの人が移住してきたが、その人達の中で、働きたい者は工藤家に泊まり三食振る舞われ、畑仕事や山に木を切りに行ったりしながら仕事探しをしていた。困っている人の世話をし、宿と食事の面倒をみるのは、工藤家では普通の事で、祖母は常に「功徳をつみなさい」と言い続けており、疑問に思うことはなかった。そのためか、困っている人達が絶えず出入りしていたという。その教えは牧田家にも受け継がれている。工藤家は裕福で、幼いころから体が弱かった兼子さんが健康になれるように牛乳を飲ませようと、北海道からわざわざ乳牛を取り寄せ、それから絞った牛乳を毎日飲んでいたそうである。

それでも十一月三日の明治節を過ぎ、雪が降り始めて、兼子さんの咳が酷くなると本家のある青森に渡り、冬の間は「青森」で避寒をしていた。それは戦争が始まる昭和十六年まで続いた。

戦争が始まると午前中は授業、午後は先生の指示で出征兵士の家に援農に行くという生活が始まった。

援農の代わりに、兵隊の食糧にとクラスで山にフキを取りに行くこともあった。樺太のフキは子供が葉の下に隠れられるほど大きい。それをトラックに運び、一杯になると、兵隊がどこかへ持って行って、加工していた。

学校ではコーリャンのご飯を食べていたが、家では父親が隠しておいた白米を食べた。魚はよく食べた。鮭鱒をはじめ魚がよく取れ、戦争中でも暮らしやすく、困ることはなかった。

昭和十九年、幌内保には飛行場が出来、トラックに乗せられて小学校から飛行場に連れて行かれて、渡された苗を格納庫の上に植えた。

格納庫は滑走路の両脇にあり、土がかぶせられていて、最初はただの大きな穴としか思えなかったそうである。植える際、間隔を開けて植えなさいと先生から指示があり、枯れないようにと丁寧に友人と植えたという。

しかし、その飛行場に日本機が降りないまま、昭和二十年の八月十五日を迎えた。

ソ連占領下の生活

最初はボーっとしていたが、父が「こんなことしてられないよ、青森に帰る支度をしなければ」と言い、放牧していた牛は山に放して、帰り支度を始めた。「八月二十日ごろまでは大泊に早くいかなければ」と言っていたら、緊急疎開船三隻が沈んだとの情報が入った。そこで父は「大泊は危ない。北海道まですぐだから、機帆船をチャーターしよう」と言っていたところに、それを聞きつけた朝鮮人が「旦那、船を用意しますよ」と言って来たので、大金を前払いして船の手配を依頼した。ところが船が用意出来た時には、村にソ連軍が進駐し、船のある浜の入口にはソ連兵の歩哨が立っており、船にたどりつけなかった。

ソ連兵が村に来たのは八月の末か九月の上旬だった。

ソ連兵がこちらに向かってくると、何処からか電話連絡が入り、近所に知らせるや否や、女子供は逃げ、山や防空壕やらに隠れた。そして家には大抵、年寄りと男の人が残った。しばらくすると、ソ連兵は大きなタイヤのトラックでやって来て、各家に土足で上がり込み、時計をくれと言って強奪し、さらに家探しして、金目のものを盗って行った。

工藤家での最初の略奪の時はおばあさんと父親が家に残っていた。土足で上がり込んだソ連兵におばあさんは「靴を脱げ」と一喝し、同時にジェスチャーでそれを伝えると不思議とソ連兵は靴を脱いだという。そして「好きな物を持っていけ」と言って、文字通り好きにさせたそうだ。ソ連兵が帰ったあと、辺りを伺いながら、兼子さんの母親が帰宅しソ連兵が荒らした後を片付けようとすると、おばあさんは「そのままにしておけ」と言ったという。

おばあさんは元来、几帳面な性格の方だったそうだが、「そのままにしておけば、次に来たソ連兵が、もう何も残っていないと思って帰るだろう」と考え、そのように言ったそうだ。

しかし、毎日のようにどこかの部隊が来て掠奪を繰り返し、帰る時は必ず、牧場に戻って来た牛を一頭ずつ連れて行った。恐らく食糧にされたのであろう。

ソ連兵は腕時計、万年筆の他に赤い着物、三尺を喜んで持って行った。三尺は赤やピンクのものもありマフラーにしていたようだ。

また、この頃はソ連兵の捕虜となることを嫌い、脱走した日本兵があちこち逃げていた時期である。工藤家にも逃げ込む日本兵がおり、着ている軍服を脱がせて、民間人の服をあげたりした。兵士の中には「山に鉄砲を埋めて来た」「シベリアに連れて行かれると困るから」と言って一般人になりすましている人も多かったという。

ソ連兵による治安悪化は半年ぐらい続いたという。後述するが、近くにソ連兵が駐留したため、その後も勝手に侵入して、物を持っていくので、鍵が必要になった。しかし、後に、村に来たウクライナからの移住者達はそのようなことはしなかったという。ソ連政府は独ソ戦で荒廃した地域から樺太に移住者を送り、日本人の住む家にほぼ強制的に同居させ、様々なトラブルが発生したという話はよく聞くが、工藤家は違った。

真岡駅前を行進する、占領軍のソ連軍兵士たち

兼子さん曰く「庶民は良い人達だった」。物を盗って行くのは兵隊だけだったそうだ。

ソ連兵たちは村に進駐してから夜間訓練を度々行なっていたという。工藤家は大きな家であったので、そのような時は家の半分はシューバを着た兵隊が「占領」した。彼等は大きな鍋を持参し、スープを作ってパンで食べていた。雪中訓練の休憩時には、寒さに強いソ連兵も「占領」した室内で暖を取っていた。

話は前後するが、ソ連兵に散々持って行かれた上、日本には帰れないと諦めたのは十月半ば頃だったそうだ。「今度も帰れないの、今度も帰れないの」というのが、二回あった。諦めると父親の行動は早かった。雪が降る前に北海道に密航するつもりで未収穫だった、作物を家族総出で収穫した。まず、畑からビートを抜かせて、サイロに土のまま突っこみ、ジャガイモ、南瓜、ゴボウ、白菜も急いで取った。今までは人にやってもらっていた収穫を初めて自分達で行ない、とにかく疲れたという。兼子さん曰く「昭和二十年が一番忙しかった」。そんな時、ソ連軍占領下での生活に、大きな幸運をもたらす嬉しい出来事があった。

ソ連兵が略奪に来なくなった十一月頃、山に逃げ込んでいた牛が三頭戻って来て、翌年子供を産んだ。牛にはビートや、雪の上に頭がでている草を刈ってきて、たべさせた。おかげで、ミルクがとれるようになり、それを売ることにより、ソ連兵達と親しくなった。

朝起きると、家の前にソ連兵が並んでいる。彼等は牛乳が欲しくて一升瓶を持って駐屯地がある浜から二キロの道を歩いて毎日、買いに来た。その代金に軍票の他にも米、砂糖、白パンや酸っぱい黒パン、他にも色々なものを持って来たので、助かった。

ところが、翌年二月の日本での新円切替の時は、同時に樺太の軍票も使えなくなり、牛乳のおかげで貯まった軍票も新円と交換する分だけ取っておいて、残りは持っていても何の役にも立たないので、欲しかったらどうぞと木箱に入れて道路にだして、道行く人にあげた。その日の暮らしに困っていた人は、この軍票で新しいお金を交換できるのだから、助かったことであろう。近くに住む朝鮮人はこれからも樺太に住むと考えたのか、ただ軍票を貰って行っただけでなく、自分達がもつ「日本円」のお札を持参し、置いていったという。

昭和二十年の冬になると、学校が再開され、女学校の生徒は校長室で校長先生が教えてくれたが、翌年にはソ連人が入って来て、彼らが授業を行なったそうである。

カピタン夫妻との交流

兼子さんの記憶では、幌内保の飛行場に一番機が飛来したのは、昭和二十一年の春だった。ただ、外務省管理局引揚課樺太係札幌調査班が昭和二十六年に調べた『南樺太に於ける戦後の日本人状況』によると、幌内保飛行場にソ連機が飛来したのは、昭和二十年八月二十四日、当初留萌にソ連軍が上陸予定だった日となっている。同資料によると、同日午前七時頃「ソ連機四機に七、八十名のソ連軍着陸進駐シ《ママ》来り其の后に増加シ《ママ》て総数千五百名位となった」とある。話の流れには影響はないが、念のため、付言しておく。

初めて飛行機が飛来した時は外にいた。飛来した飛行機の機体の赤星が「見た時は丸く見えた」ため、「あ、あれは日本の飛行機だ！」と思ったそうだ。

低空で飛来したパイロットも、人々が手を振るのが上空から見て嬉しかったのか、着陸後牧田さんの集落にジープで来て、米や砂糖をお土産にくれた。これをきっかけにパイロットと工藤家の交流が始まった。

兼子さんはこのパイロットを「カピタン」と呼ぶ。

カピタンは休みの度に、砂糖や米を入れた三角に丸めた新聞紙を持って遊びに来てくれたので、楽しいだけでなく助かったそうだ。樺太ではビートを栽培しており、それを製糖工場で砂糖を取り出していたが、それらの工場は全てソ連軍に接収された。それまでは簡単に袋で買っていたが、手に入らなくなっていて、各家庭ではビートを煮て甘いものを作っていた。

半年してカピタンの奥さんも来たので賑やかになった。浜の空き家には部下の兵隊が入った。

カピタンの奥さんも米や砂糖を持って来てくれた。そうすると、兼子さんの母親が「わるいわね」と言って、持って帰れないであろう帯や着物をプレゼントした。すると奥さんがブラウス等に仕立て直してくれ、工藤家にお返しのようにプレゼントしてくれた。

それ以外にもカピタンの奥さんの所に、母の帯や着物を持って行くと、ブラウスを縫ってくれたり、縫い方を教えてくれたりした。

兼子さんはカピタン夫妻に可愛がってもらっていて「カーチャ」(「かねこ」という名前の音から名付けられた)と呼ばれ、クリスマスには「車で送ってあげる」と言われて豚の丸焼きがメインのパーティーに招待された。家の裏で兵士が豚をくるくる回して火で焼いていて切ってくれたが、かわいそうで、食べられなかった。

実はこの豚はカピタン家の室内で飼われていて、兼子さんが遊びに行った際、よく遊んでいた豚であった。カピタンの家では豚を室内で飼っていたのに、兵士達がよく掃除をしていためか、臭くなく、室内も豚の匂いがしなかったそうだ。

カピタン夫妻や兵士達は兼子さんに心を許していたのであろう。「日本に帰れば自由で何でも喋れるから良いよ」「お前たちは日本人でよかったんだよ」と自由の良さを一生懸命に説かれる事が度々あった。そして何かあると「スターリンのことは絶対悪く言ってはいけないよ」「変なことを言っちゃいけないよ。チョルマだからね」と、カピタンから教わったと語る。

また、この時期、村には日本人の慰問団も来て、歌ったり踊ったりして楽しみ、皆で「寸志」を渡した。ちなみに、牧田さんより年配の方で当時、慰問団に所属されていた方の戦後回想によると、この慰問団は「楽団カッコー」という名称で、樺太各地を慰問していたという。

当時、ソ連芸術院のすすめで「楽団カッコー」「楽団サガレン」「内幌アンサンブル」「劇団トロイカ」がソ連軍の樺太占領後に結成され、年内に初公演も終え、その後、樺太各地を慰問していた。『樺太終戦史』によると「劇団は久保田万太郎の〝短か夜〟チエホフ〝犬〟など、楽団は日本の古い流行歌が主で、思想的なクサ味が薄かったので日本人に歓迎された」。

ウクライナ人移住者との共同生活

昭和二十二年八月になると、ウクライナからコルホーズの団体で二十家族が村に移住して来た。工藤家は彼らのために、家の半分の二部屋を提供し、二家族が入った。彼らは押入れ

樺太の日本人の子供をあやすソ連軍将校

をベットにして、カーテンを引いていたという。その中には女の子（リョウーシャ：妹さんと同じ歳）もいて、すぐに仲良くなった。子供たちは遊びながらロシア語を覚えたようで、特に妹さんは流ちょうにロシア語を話していたという。リョウーシャは同じ家に住んでいて、毎日、工藤家側に来て一緒に遊んでいたので、リョウーシャはお母さんに「そっち（筆者注：工藤家）にばかり行ってるんじゃない」とよく叱られていた。それでも遊びに来て、工藤家で一緒に味噌汁を飲んだり、ご飯を食べて、夜には一緒に踊った。

兼子さんがリョウーシャにお雛様をあげたら、すごくよろこんでいたそうだ。少女たちの好みに国境はない。

日本人もウクライナ人達と一緒に働いたが、彼らは時間が来ると、仕事がちょっとだけ残っていても——日本人ならやってしまう量——止めてしまい、父親はそれを見て、よく笑っていた。

それでもコルホーズの人との共同生活は仲良くでき、変な人にはぶつからなかったと言う。ウクライナ人達と一緒に医者も来たが、医者は医者でも獣医だった。樺太の統治者が日本人からソ連人に変わっても兼子さんの咳は冬になると酷くなる。ソ連製の薬を獣医が兼子さんに投与するのを怖がった母親は、医者に頼らず、民間療法を選んだ。当時樺太では咳がでるとツンドラの苔を取って来て、煮てそれを湿布にしていた。

引き揚げ

引き揚げの知らせはハジャインと呼ばれるコルホーズ長が、日本人宅を一軒一軒まわって、言葉と身振り手振りで行なった。

工藤家では余っていた軍票は麻袋につめていたが持って帰れないので、朝鮮人にあげたところ、日本のお金をくれたという。

また、日頃から日本に引き揚げた時のために、日本のお金をソ連兵に見付からないようにカメに入れて、外の馬糞の山に隠していた。

そのお金と藁とキレをいっしょにはさんで、草鞋をあんだり、竹の杖には節を抜いて、細かく詰めた。一生懸命百円札を折って詰めた。帰国の際、真岡の税関を通る時だけ、その草履をはいたという。

それだけでなく、お母さんは着物の褄にはダイアの指輪を隠しておいた。それは結婚するときに「何も財産を分けてやることは出来ないけど、困ったら使うように」と言われて当時（明治）のお金で五百円で三越で買ったもの（家一軒買えた）だそうで、戦争中も供出しなかった。その事を兼子さんは、「金の指輪は出したけど、ダイアの指輪は出さなかったのよ。

非国民なのよ」と、笑いながら話してくれた。

そのダイアの事を親戚は皆知っていて、青森に引揚後、親戚のお医者さんが五万円で買ってくれたおかげで土地を買い、家がたてられたそうである。

この引き揚げのための荷造りをしている時、不思議な出来事があったという。近所の人がこっくりさんをやって、いつ帰れるかを聞いていた。ソ連側の知らせが信じられなかったのであろう。

その時「私は工藤の稲荷じゃ。私を連れて帰っておくれ。帰ったらば何倍も働くから。是非連れて帰ってくれ。荷物を持って帰るよりも、私を連れて帰ったほうが働く。連れて帰る気はさらさらないようだから」。実際連れて帰る気はなかったそうだ。誰もが着物一枚でも多く持って帰ろうとしていた時である。

しかし、「お告げ」を聞いた人は、伝えないと自分の体に良くないことが起きると思って、工藤家のおばあさんにその事を伝えに来た。それを聞いたおばあさんは「やはり神様はお連れしなければならない」と言って、家の中のお堂でお祀りしていた神様（お稲荷様、観音様、他）を連れて帰るために、他の荷物を置いていくことにした。今でも青森の実家で祀られており、一族は繁栄している。

具体的にその繁栄ぶりを書くと、本筋からずれるので割愛するが、お稲荷様の「お告げ」を信じるのであれば、現在でもお稲荷様は工藤一族のために八面六臂の大活躍をされている。

筆者はお稲荷様のお仕事が、この本の売れ行きにも、良き影響を及ぼしてくれることを心から願うばかりである。

幌内保を出る前に、ハジャインが財産目録を作ってくれた。それには畑の所有面積とお金がいくらあるか、動産、不動産、持ち帰れないソ連の軍票まで全財産がかかれていた。

その目録を税関で見せ、目の前でソ連の軍票は全部置いて「これで全部です」と告げたところ、台帳と見比べただけで、何も調べられなかった。父親が「お金を持っていないと、税関で調べられると聞いていたので、見せた。お金（軍票も）を見せなかった人、ないと言った人は徹底的に調べられていた」そうだ。

樺太から連れてきた木像のお稲荷さま

またもや話が前後するが、幌内保から汽車で真岡の送還収容所に向かう時、家族がバラバラになってもいいようにと、母親はそれぞれのリュックの中には三日分のおにぎりや赤飯を入れておいた。コルホーズのウクライナ人はビスケットも焼いてくれて、何日かかるかわからないから最後に食べるようにと言って、渡してくれた。

この時、兼子さんは酷い咳に悩まされていた。かつて肋膜炎にかかったこともあり、この時は気管支炎が酷く、水が溜まっていたそうだ。そのため、ソ連側の指示で、おばあさんと一緒に客車に乗せられたのでどこかに連れて行かれるのではないかと思って心配だった。他の人達は貨車に乗せられたが、二人だけ客車に載せられた。どこで客車が切り離されるかわからないので、家族と一緒にいたかった。そこで、みんなと同じ貨車で良いとソ連側に言ったが「咳が酷いから、みんなと同じ車は汚くてだめだから客車へ」と言われて連れて行かれた。「真岡に行くから大丈夫と」と言われても、心配で仕方なかったそうだ。

一方、ソ連兵に連れて行かれたのを見ていた人達は、兼子さんは咳が酷くて病気で死んだと思われていたらしい。青森に引揚後、みんなに「かねちゃんね、あなたは死んだことになっているよ」と言われたという。なお、青森への帰路、札幌医大で見てもらったら、「影はあるけど大丈夫」と言われたそうだ。

かくして工藤家の人々は昭和二十三年六月、無事青森に引き揚げることが出来たのである。

あとがき

戦後、日本のメディアや引揚者の中には、樺太での八月十五日以降の悲劇を日本軍が対ソ戦を強行したから起きたと考える人達がいるが、果たしてそうであろうか。八月十五日以降、日本軍が停戦命令が届くまで戦い続け、国境から十六キロ地点で踏みとどまっていたおかげで、民間人が避難する時間を稼ぐことができた。

これは「解釈」ではなく「事実」である。

国境地帯を防衛していた歩兵第百二十五聯隊が、第八十八師団司令部からの停戦命令に従って停戦協定を結んだのは八月十八日。それ以降、三度軍使を派遣して樺太全土での停戦協定が成立したのが、八月二十二日である。日ソ停戦に至るまで、三度も軍使を派遣せざるを得なかったのは、ソ連軍が停戦を拒んだためである。

八月二十日に真岡に上陸したソ連軍にいたっては、（上記軍使とは別に）二度にわたり現地部隊が派遣した軍使を射殺している。しかも、二度目の軍使射殺は、八月二十二日の停戦協定成立に基づいて派遣した軍使である。

なぜ、こうした樺太での悲劇は知られていないのであろう。理由はわからないが、この戦闘期間中に起きた様々な悲劇が沖縄とは対照的と言ってもいいくらいマスメディアで取り上げられることはなかった。

しかも同じ北海道以北に位置する島で、千島列島の占守島での対ソ戦はしばしば取り上げられているのに、樺太が取り上げられないのは、不可解の一言に尽きる。

樺太での対ソ戦について取り上げることに、何か問題でもあるのだろうか。

沖縄には慰霊の日があり、戦没者を皆で悼む日があり、マスコミは全国的に取り上げるが、樺太では戦闘があったということ自体が知られておらず、日本国内で最後の地上戦が行なわれたにもかかわらず、慰霊の日がないばかりか、マスコミにも取り上げられないのは何故だろうか。

一昨年に樺太に取材に行った際、これは日本国内の問題だけでなく、ロシア側にも原因があるのではないかと思わされた

この年はロシア連邦共和国のプーチン大統領の来日が決定し、安倍首相との間で北方領土返還交渉についてなんらかの進展があるのではないかと、多くの日本人が期待していた年でもあった。

この時の筆者の樺太取材旅行は、肝心なところで必ず「何か」が起き、予定していた取材はほとんど実行できなかった。

筆者の最大の目的は民間人が無差別に殺された真岡の戦闘の生き残りで、現在も同地で生活している残留邦人にインタビューであった。このインタビューのため、人を介して事前に先方(以後、Aさん)と連絡を取り、当日はAさんと日本人通訳の三人でのインタビューのはずであった。通訳の方に同席していただいたのは、戦後七十一年（当時）たち、Aさんにとってロシア語の方が日本語より話しやすいであろうことを考慮してのことであった。

約束の場所へ行くと、なぜか予定外の人物（以後、Bさん）もAさんと一緒に待っていた。Bさんは Aさんの友人と名乗るアジア系ロシア人であったが、やたらと筆者に日本語で話しかけて来るので、なかなかAさんとのインタビューに入れなかった。そこでBさんには失礼かと思ったが、強い意志を持って、Aさんに話しかけた。

まず、Aさんにソ連軍上陸時の真岡の様子を質問したところ、突然、Bさんが強い口調で筆者にはわからない言語でAさんに「何か」を言った。その瞬間、テーブルの空気が変わった。

それ以後、Aさんは何を聞いても「忘れた」としか答えてくれない上、通訳の方の表情が明らかに変わっていた。筆者は帰国すれば、普通の生活がおくれるが、Aさんは一人で真岡で暮らしていかなければならない。また、この日だけでもAさんに会うまでに色々な出来事があり、大幅に予定は狂っていた。それらを考えると、インタビューを中止した方がいいのではないかと強く思い、その旨を通訳の方に相談してみたところ、即座に「止めましょう」との返事。

この瞬間から筆者の樺太「取材」旅行は樺太「観光」旅行に変わった。それでも、筆者にとって、ロシア人が統治する「サハリン」と呼ばれる島は好奇心の対象であり、楽しく、珍しくもあったため、つい、日本にいる感覚で行動してしまった。

そのためかどうかはわからないが、とにかく数多くの〝出来事〟に遭遇した。これについて悪意に満ちた解釈をするのであれば、筆者の事をプーチン大統領訪日前に、日本人の反ロ感情をかきたてるネタ探しに来た迷惑至極なヤポンスキーと考えた「当局者」がいたのかもしれない。そして日ロ友好のためにそのヤポンスキーの不貞な企みを阻止したのかもしれない。

もちろん、このような解釈は筆者の一方的な想い込みかもしれないので、それらの出来事の詳細について、ここに書くのは差し控えたい。

ただ、旅の最後に遭遇した出来事をひとつだけ記しておきたい。帰国時、ユジノサハリンスク空港（大沢飛行場）で預けた筆者のキャリーバックを新千歳空港で受け取った時、それにつけておいた南京錠が消えていたのだ。

読者諸兄もご存じの通り、このようなトラブルは海外旅行では珍しい話ではない。幸い、キャリーバックの中身は無事だったが、だからこそ筆者は、そこに「あるメッセージ」が込められているのではないかと考えてしまった。

そもそも簡単にあいてしまうような南京錠ではない。ロシア人が支配する島に行くために購入した頑丈な鍵である。

しかも無事だった荷物の中には、現地でいただいたウオッカをしまっておいた。その名も「クレムリン」。実に美味しいウオッカであった。

失礼を承知で私見を述べさせていただくが、かつて禁酒令が布告された際、ウオッカ製造に必要な物資が瞬時にスーパーから消えたり、アルコール飲みたさに入浴剤を飲んで命を落とす人がいるような国で、「泥棒」がウオッカを見落とす「偶然」が起きるとは思えない。

樺太における対ソ戦研究は、タブーなのであろうか。

日本人の歴史の一ページに、戦後無視され続けて来たこと――樺太にいた人々の苦しみや悲しみ、汚名を着せられた軍人達の「もう一つ」の真実――を書き残そうという行為は、平和を乱す行為なのであろうか。

戦争中の体験から、数少ない旧軍関係資料を全否定し、記憶のみを歴史の真実とする考えの方々もいる。記憶を後世に残すことは、大切なことである。また、当時のことについて、引揚者にしか、理解出来ない感情があるのも、当然のことである。

しかし、人の記憶は、不確実である。劣化したり、混合したり、新たに作り出されることもある。従って、体験者の証言を資料として使用する際は、検証が必要である。

例えば、第三者と似た証言の有無、第三者の証言や現存する資料との整合性、証言内容自体の合理性等である。これを「記憶」を「証言」として歴史家等が使用する際、これを怠り、歴史家が求める「記憶」を、そのまま「証言」として使用すると、史実とは著しくかけ離れた「物語」が誕生する。

人間の記憶とは曖昧なものである。その人にとって耐えがたい出来事と遭遇した場合、自分の心を守るために無意識に「あの時、ああすればよかった」が「あの時、ああしていた」と書き換えられることがある。

また、記憶の混合。例えば、戦後、米軍の太平洋の島々での上陸作戦の記録フィルムを繰り返しテレビで見ていて、それがソ連軍の上陸の目撃記憶と混合してしまう。

例えば樺太の海岸に水陸両用戦車が上陸してくるというような「記憶」である。当時のソ連軍は海からの上陸作戦で使用出来る戦車は保有していなかった。

そして単純な記憶違い。皆さんは、五日前の夕食を全部正確に覚えておられるであろうか。少なとも筆者は覚えていない。それが七十数年も前の記憶である。もちろん、五日前の夕食と七十三年前の死ぬより辛い記憶とでは、印象が全く違うが、全てを正確に覚えていられるとは断言できない。その記憶に戦後の考え、感情、他人から聞いた話がかぶさり、記憶が改ざんされてしまうこともある。

例えば日本軍がいなかった場所にいた事になっていたり、日本軍とソ連軍が停戦交渉もしていない時にソ連軍のいない場所で、ソ連軍立ち会いの下で武装解除していたり。

その記憶の元になる出来事にしても、それが客観的で正確かという問題もある。

これは軍人に戦闘の際の出来事を伺う際、筆者が注意していることだが、ソ連軍のように大砲を多く持ち、砲撃も上手な軍隊から大量の砲撃を受け、ソ連兵の攻撃を受けたら、現場の兵士は普通、自分の場所が敵の主たる攻撃目標となっていると思うのではなかろうか。それを確認するには、同じ時期の違う場所で戦っていた人の証言や、各戦場の情報が報告される上級司令部の資料の確認も必要である。その人の立場（階級）によって、持っている情報の量と質が違う。そうなると、いくら記憶が正しくても、それの「判断」が「正当」なものかは、別の問題である。

歴史を後世に伝えるのに「想い」は大切だが、「客観性」・「合理性」・「信ぴょう性」を欠くものを、少なくとも筆者は「史実」と判断しない。

ここまで書くと、筆者がインタビューした方の中から「自分の証言」が信じられないから、本文に反映されていないのか、と言うお叱りを受けるかもしれないが、決してそういうことばかりではない。

使いたくても、描いている場所、時間、主題、話しの流れから考えると、どうしても「引用できる場所がない証言」が非常に多い。実際、本書でも前作の『知られざる本土決戦　南樺太終戦史』で用いることができなかった証言を用いている。今回は用いることが出来なくても、違うテーマで文を書く時使うために、「とってある」ものもある。

それらの中で、今回どうしても本文で使いたかったが、文脈上、使える場所がなく、泣く泣く、諦めた証言をここで一つだけ紹介したい。

それは中川康三氏から伺った。葉書の話である。

中川氏は当時敷香中学に通う中学生だったが、学徒義勇戦闘隊として、国境地帯に派遣される前日の八月十四日、東京にいるお兄さんに今生の別れをしたためた葉書を敷香のポストに投函したそうだ。

日付からわかる通り、玉音放送が流される前日に葉書は投函されたのである。翌日からは全島的に北海道への緊急疎開が本格化し、船も手荷物より人を優先して乗船させている。この日に樺太の北の町である敷香で投函された葉書は、多少時間がかかったが、東京のお兄さんの元に届いたのである。

誰もが自分の命を最優先にしていた時期に、平時と変わらず粛々と郵便ポストから葉書を回収し、幾人もの郵便関係者の手によって、敷香から大泊まで運ばれ、さらに避難民であふれかえる緊急疎開船に「乗船」させて宗谷海峡を渡り、ついには遥か彼方の東京まで、葉書は届けられた。たった一枚の葉書から見える、勤勉で生命の危険を感じる状況下でも、粛々と業務をこなしていった郵便関係者に、ただただ、感動するばかりである。

中川氏がこの事実を筆者に話してくれたおかげで、こうして、多くの人に当時の名もない普通の日本人の活躍をお伝えできたことを、大変、うれしく思う。

皆さんが、拙著をお読み下さったのも何かのご縁だと思う。これを機に、もし、お近くに樺太からの緊急疎開者（昭和二十年八月十三日から二十四日にかけて樺太から避難した人）や引揚者（昭和二十一年十二月以降樺太から日本政府統治地域に戻った人）がいたら、樺太での話に耳を傾け、当時の苦しみを一緒に感じていただければと思う。そして、後世のために記録に残しておいては、いただけまいか。

話がずれてしまったので、本題に戻したい。

戦後七十三年が過ぎた上、多くの一次資料がソ連軍に押収されたまま、多くの研究者がそれにアクセスできない以上、「証言」を無視できない。それだけに、拙著では筆者が精査の上、信ぴょう性が高いと判断した「証言」、及び、理論的には信ぴょう性が高いと判断できるが、それに関する「証言」が少ない、または皆無なため、読者の皆さんから情報を集める意味で使わせていただいたものもある。たとえそれが、筆者の誤認を指摘するものであってもである。より、多くの「証言」を集め、その精査を行なうことは大切である。

そうして筆者が集めた「証言」、それに基づく文章が、ソ連＝ロシアへの敵愾心を煽っていると感じる方がおられるかもしれないが、それは大きな誤解である。

筆者はロシアに対し、千年にわたって恨み続けようとか、謝罪や賠償を要求しようとも考えていないし、そうなるように読者を扇動する気は毛頭ない。むしろ、日本が置かれる安全保障環境から考えると日米同盟を基軸とした上で、ロシアは手を結ぶ必要のある潜在的パートナーだと考えている。例えるなら、日露戦争後に日英同盟を国防・外交の基軸としつつ、日露協商を存在させたように。

これは単に日本の国防上の理由だけでなく、東アジアの平和・安定の為に必要な事だと確信しているからである。

ロシアは外交巧者で、先の大戦では痛い目にあった相手であり、先の大戦後、平和条約は結ばれず、国境も画定出来ていない。しかし、その相手が先の大戦末期から戦後――主に戦後だが――にかけて日本国内である樺太で引き起こした事を知らずして、どうやって手を結ぼうというのであろうか。

平和条約締結交渉や国境画定交渉を行う前に、相手をよく知り、妙に理解のある態度をとらずに、真岡を始めとする樺太各地でソ連軍が引き起こした蛮行の数々や三船殉難事件について謝罪を要求するくらいの交渉を行ってもよいのではなかろうか。

そのような要求をしたくらいで交渉が決裂するのでは、まだ、条約締結の時期ではないという事であろう。

なぜなら、ロシアにとっても日本と手を結ぶメリットは国防・経済分野においてある。少なくとも、日本側には、急がなければならない利点や理由はない。

本書は広義には東アジアの平和の為、狭義には先の大戦末期及び、戦後に樺太で起きた事を歴史の狭間に埋もれさせず、日本人の歴史の一ページにしっかりと刻み込む事を目的に書いた。

この目的を達成するには、一人でも多くの人に本書を手に取っていただき、読んでいただき、周囲の方々に勧めていただきたい。その読者の中からもっと詳しく知りたいという方には、筆者の前作である『知られざる本土決戦　南樺太終戦史』をお読みいただきたい。

ただ、本書は前作を単純にまとめたわけではない。前作の内容に加え、前作出版後に調べた事、前作では取り上げられなかった資料、証言も書き加えた。さらに第六章のように、ソ連軍政下の樺太をたくましく、しかし穏やかに生き抜いた人々の証言も描いた。

筆者はジャーナリストではなければ、樺太出身者の子孫でもない。

にもかかわらず、たくさんの人々の証言を得る事が出来たのは、上記の筆者の想いを理解していただいた多くの人々のご好意あっての事である。この場をお借りして、心からの御礼を申し上げたい。

インタビューで血涙流れる体験談を聞かせて下さった方々、貴重な資料をご提供いただいた方々、研究を進めるうえで有益な、ご教示いただいた方々にも、この場を借りて、心よりの御礼を申し上げたい。

また、筆者の取材で出会った、ある町での出来事も書かせていただきたい。

今年（平成三十年）のゴールデンウィーク後、北海道苫前町で四日ほど取材をさせていただいた。今まで調べた限り、同地には手掛かりが少なく、E氏（小平で一緒に三人の女の子のお墓を発見した人物）を介して、役場の職員さんをご紹介いただき、当時の資料が残っていないか相談してから始める予定であった。

ところが、役場に着き対応してくださったのは森利男町長ご自身で、さすがにこれは驚いた。そして町長自ら、町内の樺太に関係のある話をお聞かせ下さった上に、町内の歴史に詳しい方を町の内外にかかわらず、直接、電話をかけてご紹介下さり、ただただ感謝と感激の無限ループであった。

また、同町の池田文敏教育長も貴重な時間を割いて下さり、無縁故者墓地の調査を始め、町内に残る樺太・及び三船殉難事件の情報収集にご協力いただき、町を挙げてのご厚意にただただ、感激するばかりであった。

苫前町の道の駅の一郭に立つ三船殉難の慰霊碑

見ず知らずの無名の一研究者の為に、ここまで親切にして下さるのは、戦後、樺太や台湾からの引揚者に手を差し伸べ、五、六十戸の住宅を建設し、快く受け入れ、生活支援を行った町の気風が、まだ色濃く残っているからなのであろう。

余談ではあるが、筆者は北海道に取材に行く際、必ず道内最大のチェーン店を誇る某コンビニエンスストアーに立ち寄り、必ず道内メロンで作られたソフトクリームを食べている。このソフトクリームに使われているメロンは全てこの苫前産のもので、これは某ブランドメロンに押されている、苫前のメロンを何とか知ってもらおうと、森町長が某コンビニエンスストアー社長にトップセールで売り込み、北海道の産品を大切にしようという社長の英断で決まったという。

この話は町内の農家の方から直接聞いた話であり、森町長にも某コンビニエンスストアー社長にも確認したわけではないが、このような話が町民から出てくるのは、森町長が信頼されている一例ではないかと思う。

この場をお借りして、筆者が申し訳なさ過ぎて恐怖を感じるくらい親切にして下さった、森町長、池田教育長、E氏には心からの感謝を申し上げたい。

また、サハリン・樺太史研究会の白木沢旭児先生と鈴木仁氏の、お心遣いと多大なるご協力に、心からの感謝を申し上げたい。この一年、サハリン・樺太史研究会で学んだ事は、軍事史という視点からぶれずに樺太史の研究を続けていく覚悟を決めさせてくれた。

〈敬称略、順不同〉

秋澤知世子、厚谷昇、赤代正、相原秀起、阿部美知雄、有沢準一、石原司、池田外雄、池田正二、池田文敏、池端哲、飯沢信、市山保、越前好子、越前幸廣、遠藤正之、小野雄次、大和田郷、奥田富蔵、角谷亨仙、金澤正信、川渕務、笠原英夫、笠原美智子、笠原昌史、賀戸三夫、木崎昭蔵、岸擴、北川由富、北川好子、工藤英麿、小林侃四郎、小宮悟、佐藤枝美子、佐藤英子、佐藤登、佐藤雅博、斎藤清二、斎藤智恵子、坂川資樹、椎名宏智、白府睦子、鈴木きよ子、鈴木利孝、関本春雄、瀧川司、辻井泰輔、釣巻晃、寺﨑正信、中川康三、永谷保彦、名畑睦美、西村巖、ニコライ・ワシリエヴィッチ・ヴィシネフスキー、野沢哲美、橋本嘉方、橋本不二子、畑中一三、畑中浩美、八戸正秋、濱本哲也、濱本恭子、浜本照子、福谷秀夫、福谷初子、伏屋貴子、布施英子、古田夏也、細川伸哉、牧田兼子、丸子清、丸子澄江、丸山重、三上澄子、武藤誠、森利男、森川利一、森脇洋三、森脇たつ、村上英正、安本玲子、柳谷雅彦、山口郁、湯田克衛、吉川雅子、吉田順平、吉田勇、吉田英子、吉本三郎、依田真由美、米倉礼子、渡辺正機、渡邊三男

また、色々とお世話になったにも関わらず、ご本人の強いご要望、及び、紙幅の関係でお名前を書けなかった方々、インタビューに応じていただきながら、文中に取り上げられなかった方々に心から御礼とお詫びを申し上げたい。

前作に引き続き、かなりご多忙な中、筆者の電話及びメール攻めにお付き合い下さり、有益な助言・指導を賜った光人新社第二書籍編集部長の坂梨誠司氏にも心からの感謝を申し上げたい。

我が家の危機的経済状況の中、経綸の才を発揮して北海道遠征費用の捻出と銃後の護りを全うしてくれた妻にも心からの感謝を捧げるものである。しかし、研究に終わりはない。終戦前後の樺太での出来事について、日本人の歴史に書き残さなければならないことは、まだまだある。

今年の八月十五日も、東京の日本武道館で天皇・皇后両陛下が、全ての戦没者に祈りを捧げられた。

最後に樺太に於いて命を落とされた全ての方々には、心からの祈りを捧げたいと思う。そして、どうか、この本を読んでくださった読者の皆様だけでも、戦没者に祈りを捧げる機会があれば、考える機会があれば、樺太で命を落とされた方々のことに思いを馳せ、一緒に祈りを捧げていただければと切に願うものである。

樺太で亡くなった方も、沖縄で亡くなった方も、広島で亡くなった方も、東京で亡くなった方も同じ人間であり、日本人である。命の重さに軽重はない。亡くなられた場所、亡くなり方で命の重さが変わる事はない。亡くなられた方にとって、その死を忘れられることは辛いことだと思うが、そもそも知られていないということはもっと悲しまれることではないだろうか。

平成三十年九月

藤村建雄

【参考】 師団の戦時編制（3単位師団、昭和15年の第4師団）

（数字は編制人員）

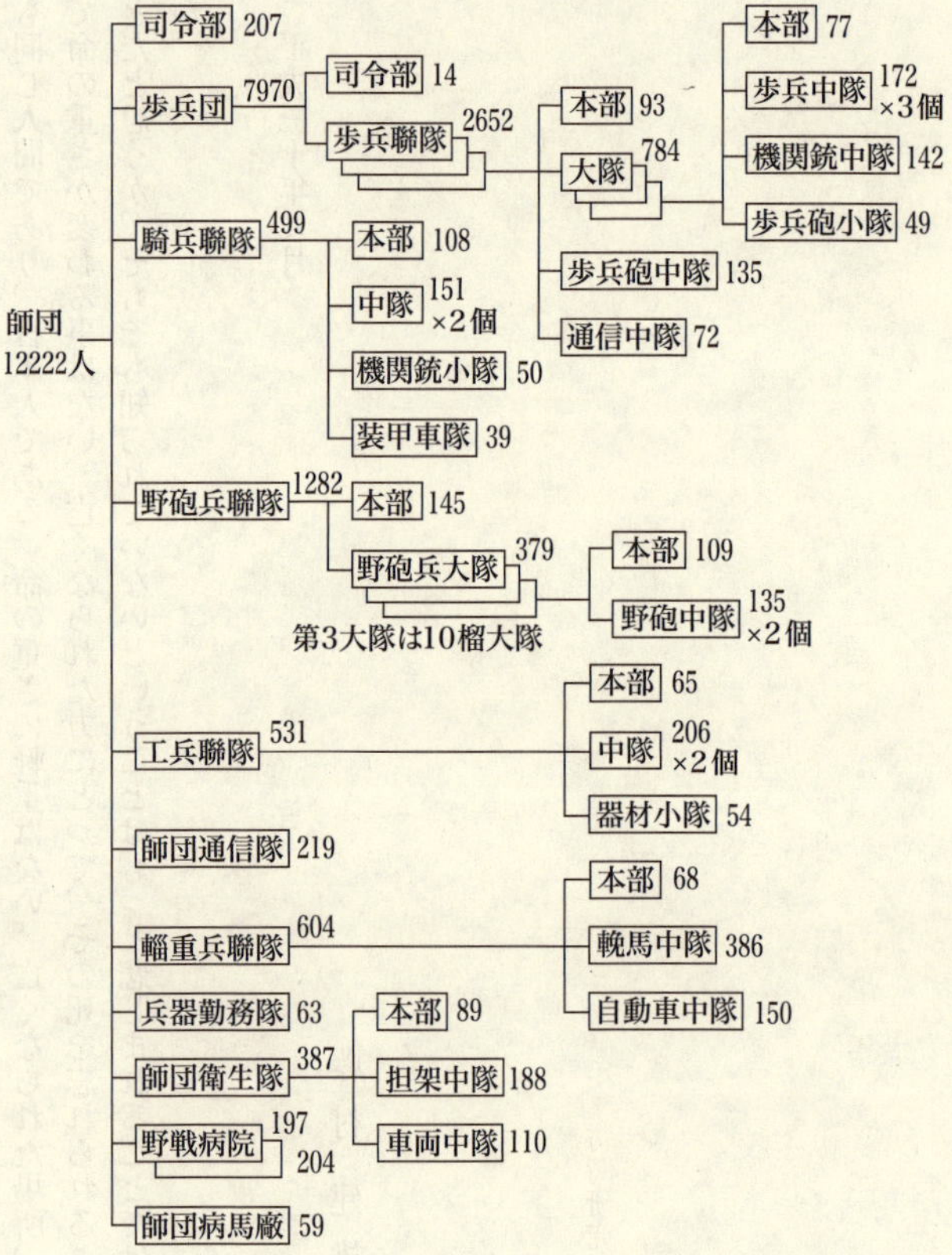

3単位師団（歩兵3個聯隊を基幹にした師団）は、昭和12年9月第26師団を最初に逐次編成・改編されていくが、その編制は編成の時期・地域・装備火砲・車両等により一定でなく多様な編制であった。そのため、師団の編成定員が20,000名前後の師団も多い。第88師団は上図とは編制が違い、騎兵聯隊は存在しないが、歩兵聯隊の規模は大きく、昭和20年に編成完結の時点での編制定員は20,388名であった。

参考文献

防衛研修所戦史室『樺太・千島・北海道方面陸軍作戦の考察』北海道立文書館蔵
『北方軍第五方面軍関係聴取録』防衛研究所蔵
田熊利三郎『第五方面軍作戦概史』防衛研究所蔵
『歩兵第百二十五聯隊関係綴』防衛研究所蔵
『北東方面陸軍作戦聴取記録』防衛研究所蔵
『第八十八師団関係聴取綴』防衛研究所蔵
『歩兵第百二十五聯隊戦闘詳報』防衛研究所蔵
『陸軍少佐吉野貞吾手記』防衛研究所蔵
復員局調製『本土作戦記録第四巻附録　樺太及び千島方面の作戦』(1950年)防衛研究所蔵
防衛研究所編『連合国との折衝関係事項其四』防衛研究所蔵
『眞岡の対ソ戦に対する山沢大佐回答』防衛研究所蔵
『眞岡の対ソ戦に対する仲川少佐回答』防衛研究所蔵
北島幸一『歩兵二五聯荒貝沢熊笹峠を中心とする戦闘概況』防衛研究所蔵
『歩兵第二十五聯隊関係聴取録』防衛研究所蔵
山澤饒・鈴木康夫『歩兵第二十五聯隊眞岡附近の戦闘概史』防衛研究所蔵
復員局調製『本土作戦記録第四巻附録　樺太及び千島方面の作戦』(1950年)

厚生省引揚援護局資料室編『終戦時における内外地第一線軍隊の概観』（１９５８年）
防衛研究所編『連合国との折衝関係事項其四』防衛研究所蔵
復員庁第二復員局総務部総務課在外部隊調査班『樺太情報（速報五十九号追加並修正）』（１９４６年10月）
北海道総務部行政資料室編『樺太基本年表』（北海道、１９７１年）
増毛町『戦時災害報告書』増毛町役場蔵
外務省管理局引揚課樺太係『南樺太に於ける戦後の日本人の状況』（１９５１年）
海軍兵学校　第五〇期級会回想録　第一週第十号（１９６１年）
ニコライ・ヴィシネフスキー氏講演記録　２０１７年12月２日
ソビエト連邦海軍艦隊人民委員部作成、ＮＨＫ訳『艦隊第一潜水艦隊司令官へ』留萌市立図書館蔵。
コノネンコ海軍少佐、ＮＨＫ訳『潜水艦Ｌ－19の行動』留萌市立図書館蔵
防衛研修所戦史室編『北東方面陸軍作戦（２）千島・樺太・北海道の防衛』（朝雲新聞社、１９７１年）
樺太終戦史刊行会『樺太終戦史』（全国樺太連盟、１９７３年）
樺太終戦史刊行会『樺太終戦史資料８』北海道立文書館蔵
樺太終戦史刊行会『樺太終戦史資料10』北海道立文書館蔵
樺太終戦史刊行会『樺太終戦史資料11』北海道立文書館所蔵
苫前町史編さん委員会『苫前町史』（苫前町、１９８２年）
中野校友会『陸軍中野学校』（非売品、１９７８年）７４６頁
ビクトル・ニコラエビッチ・パグロフ著、近末義弘訳『幹部学校記事』「南樺太及び千島戦史その１」（陸上自衛隊幹部学校、１９６７年）防衛研究所蔵

ビクトル・ニコラエビッチ・パグロフ著、近末義弘訳『幹部学校記事』「南樺太及び千島戦史その2」（陸上自衛隊幹部学校、１９６７年）防衛研究所蔵
ビクトル・ニコラエビッチ・パグロフ著、近末義弘訳『幹部学校記事』「南樺太及び千島戦史その3」（陸上自衛隊幹部学校、１９６７年）防衛研究所蔵
ビクトル・ニコラエビッチ・パグロフ著、近末義弘訳『幹部学校記事』「南樺太及び千島戦史その4」（陸上自衛隊幹部学校、１９６７年）防衛研究所蔵
人道法国際研究所著・竹本正幸監訳『海上武力紛争法サンレモ・マニュアル解説書』（東信堂、１９９７年）
中山隆志『一九四五年夏最後の日ソ戦』（中央公論新社、２００１年）
木村汎『日露国境交渉史』（中央公論社、１９９３年）
藤田昌雄『日本本土決戦』（潮書房光人社、２０１５年）
西村巌『南樺太（概要・地名・史実）』（協業組合高速印刷センター、１９９４年）
矢野牧夫『昭和十九年夏、樺太の炭鉱閉山』（樺太の歴史を学ぶ会、２００６年）
ソ連共産党中央委員会附属マルクス・レーニン主義研究所編、川内唯彦訳『第二次世界大戦史10巻』（弘文堂、１９６６年）
『日本地理大系』10巻（改造社、１９３０年）
成田潔英『王子製紙社史第四巻』（王子製紙社史編纂所、１９５９年）
鈴木康夫『樺太防衛の思い出　最終の報告』（私家版、１９８９年）
鈴木裕『北緯50度線の青春』（私家版、２００４年）
新井武夫『嗚呼樺太警察最後のとき』（私家版、１９８６年）
丸山重『樺太戦記』（東京図書出版会、２００５年）

鈴木孝範『樺太国境守備隊の終焉』(私家版、1995年)
大橋一良『失われた樺太』(私家版、1995年)
マリノフスキー、石黒寛訳『関東軍壊滅す』(徳間書店、1968年)
『樺太国境に軍旗を仰ぐ』(私家版、1987年)
高杉健太郎『樺太・終戦から引揚まで』(私家版、2002年)
前田貞夫『ハマナスの丘』(私家版、2005年)
松永守人『大戦を偲んで一軍医樺太従軍記』(私家版、2006年)
阿部一男『混沌の日々　嗚呼樺太警察官訓練所』(北海道出版企画センター、1991年)
小嶋正吉『実録・樺太の終戦秘史』(御園書房、1987年)
高橋憲一『札幌歩兵第二十五聯隊誌』(大昭和興産、1993年)
吉岡武雄編『ツンドラ　歩兵第二十五連隊戦友誌』(私家版、1993年)
樺太逓友会『追憶の樺太逓信』(樺太逓友会、1988年)
「小笠原丸遭難事件をめぐって」『電気通信』28巻224号(1965年8月)
樺太警友会北海道支部札幌フレップ会編『遥かなり樺太』(樺太警友会北海道支部札幌フレップ会、1980年)
引揚体験集編集委員会『生きて祖国へ6　悲憤の樺太　樺太篇』(国書刊行会、1981年)
引揚者団体北海道連合会『敗戦、引揚の労苦』(引揚者団体北海道連合会、1991年)
平和祈念事業特別基金『平和の礎　海外引揚者が語り継ぐ労苦Ⅱ』(平和祈念事業特別基金、1993年)
平和祈念事業特別基金『平和の礎　海外引揚者が語り継ぐ労苦Ⅲ』(平和祈念事業特別基金、1993年)

北海道恵須取会『沿海州の見える町―恵須取町小史―』１９８８年
『樺太恵須取の想い出』樺太恵須取会
金子俊男『樺太一九四五年夏』（講談社、１９７２年）
『昭和史の天皇ゴールド版６』（読売新聞社、１９８０年）
『戦争を知らない世代へ⑱北の海を渡って―樺太引揚者の記録』（第三文明社、１９７６年）
『孫たちへの証言第10集』「山本美恵子手記」（新風書房、１９９７年）
札幌郷土を掘る会『続・樺太体験記』「樺太体験」（札幌郷土を掘る会、２０１２年）
川嶋康男『九人の乙女一瞬の夏』（響文社、２００３年）
北海道新聞社編『慟哭の海―樺太引き揚げ三船遭難の記録』（北海道新聞社、１９８８年）
大西雄三『悲劇の泰東丸　樺太終戦と引揚げ三船の最後』（みやま書房１９８４年）
『私たちの証言　北海道終戦史』（毎日新聞社、１９７４年）
吉村昭『総員起シ』（文藝春秋　１９８０年）
谷川美津枝『女たちの太平洋戦争』（光人社、１９９５年）
どうしんウェブ（北海道新聞）http://dd.hokkaido-np.co.jp/news/society/society/1-0169711-s.html
２０１５年８月19日アクセス
http://www.yomiuri.co.jp/hokkaido/feature/CO012871/20150107-OYTAT50068.html　２０１５年
１月７日アクセスよみうりオンライン北海道版平成27年４月19日
ＮＨＫ戦争証言スペシャル「運命の22日間千島・サハリン（樺太）はこうして占領された」２０１
２年12月８日
海上自衛隊鹿児島地方協力本部ＨＰ
http://www.mod.go.jp/pco/kagoshima/kachihon/mini/kajimini10.html　２０１５年５月15日アク

セス
『丸別冊 北海の戦い 第14号』（潮書房、1990年）
『毎日新聞』平成4年10月1日第一面
『毎日新聞』平成17年8月19日版
『樺連情報』昭和50年8月1日第三面
『樺連情報』昭和50年8月1日第四面
『樺連情報』昭和47年9月1日第五面
『樺連情報』平成9年4月1日第二面
『樺連情報』平成9年8月1日第四面
『樺連情報』平成10年2月1日第三面
『樺連情報』平成10年3月1日第二面
苫前町「広報とままえ10月号」（1975年）
増毛町「広報ましけ9月号」（1995年）
樺太豊原会『鈴谷3号』（樺太豊原会、1985年）
樺太豊原会『鈴谷4号』（樺太豊原会、1986年）
樺太豊原会『鈴谷11号』（樺太豊原会、1993年）
樺太豊原会『鈴谷23号』（樺太豊原会、1990年）

光人社ＮＦ文庫書き下ろし作品

NF文庫

証言・南樺太 最後の十七日間

二〇一八年十一月二十一日 第一刷発行

著 者 藤村建雄

発行者 皆川豪志

発行所 株式会社 潮書房光人新社

〒100-8077 東京都千代田区大手町一-七-二

電話／〇三-六二八一-九八九一(代)

印刷・製本 凸版印刷株式会社

定価はカバーに表示してあります

乱丁・落丁のものはお取りかえ
致します。本文は中性紙を使用

ISBN978-4-7698-3095-5 C0195

http://www.kojinsha.co.jp

NF文庫

刊行のことば

第二次世界大戦の戦火が熄《や》んで五〇年——その間、小社は夥しい数の戦争の記録を渉猟し、発掘し、常に公正なる立場を貫いて書誌とし、大方の絶讃を博して今日に及ぶが、その源は、散華された世代への熱き思い入れであり、同時に、その記録を誌して平和の礎とし、後世に伝えんとするにある。

小社の出版物は、戦記、伝記、文学、エッセイ、写真集、その他、すでに一、〇〇〇点を越え、加えて戦後五〇年になんなんとするを契機として、「光人社NF（ノンフィクション）文庫」を創刊して、読者諸賢の熱烈要望におこたえする次第である。人生のバイブルとして、心弱きときの活性の糧《かて》として、散華の世代からの感動の肉声に、あなたもぜひ、耳を傾けて下さい。